PATRI MÔNIO BRASI LEIRO

Este livro foi revisado segundo o Acordo Ortográfico da Língua Portuguesa de 1990, em vigor no Brasil desde 2009.

EDIÇÃO
Ana Cecilia Impellizieri Martins

ORGANIZAÇÃO
Mônica Sanches e
Instituto Pretos Novos

COORDENAÇÃO EDITORIAL
Meira Santana e Joice Nunes

ASSISTENTE EDITORIAL
Bruna Ponte

CAPA E PROJETO GRÁFICO
Dupla Design

COPIDESQUE
Gabrielly Alice da Silva e Iuri Pavan

REVISÃO
Jade Medeiros

AGRADECIMENTOS
Ao saudoso deputado David Miranda, cuja verba parlamentar foi fundamental para a existência deste livro, assim como a participação de Petrúcio Guimarães dos Anjos, Rafaelle e Raquel dos Anjos, Carla Marques, Marco Teobaldo e Penha Santos. Agradecimentos especiais para Israel Ofaraê, Marcelo Monteiro, Dolores Lima e Antônio Carlos Rodrigues, fundadores do IPN; e para toda a equipe do Instituto Pretos Novos.

IMAGEM DE CAPA
Slave Market at Rio de Janeiro, Edward Finden, 1824. Acervo FUNDAÇÃO BIBLIOTECA NACIONAL.

CIP-BRASIL. CATALOGAÇÃO NA PUBLICAÇÃO
SINDICATO NACIONAL DOS EDITORES DE LIVROS, RJ

P941

Pretos novos do Valongo : escravidão e herança africana no Rio de Janeiro / organizador Mônica Sanches. - 1. ed. - Rio de Janeiro : Bazar do Tempo, 2024.

ISBN 978-65-85984-27-0

1. Valongo, Cais do (Rio de Janeiro, RJ) - História. 2. Negros - Rio de Janeiro (RJ) - História. 3. Escravidão - Brasil - História. I. Sanches, Mônica.

24-94404 CDD: 981.53
CDU: 94(815.3)

Gabriela Faray Ferreira Lopes - Bibliotecária - CRB-7/6643

BAZAR DO TEMPO
PRODUÇÕES E EMPREENDIMENTOS CULTURAIS LTDA.

Rua General Dionísio, 53 – Humaitá
22271-050 – Rio de Janeiro – RJ
contato@bazardotempo.com.br
www.bazardotempo.com.br

PRETOS NOVOS DO VALONGO

ESCRAVIDÃO E HERANÇA AFRICANA NO RIO DE JANEIRO

MÔNICA SANCHES [ORG.]

BAZAR DO TEMPO

Cais da Imperatiz

FOTOGRAFIA DE CESAR BARRETO

1774

Mônica Sanches

Há 250 anos nascia o território carioca hoje conhecido como Pequena África. Podemos fazer essa afirmação se tomarmos apenas um decreto de uma autoridade como ponto inicial da presença negra e africana nesta região da cidade do Rio de Janeiro, o que não contempla a imensidão desta História que se passou lá, pois falamos de um povo que veio do mar, chegando em ondas e causando revoluções. Em terra firme, de tudo foi feito para apagar o legado dessa força, todas as violências possíveis, encobertas por camadas e camadas de terra, lixo e reformas urbanas.

A coordenação deste livro, a convite do Instituto de Pesquisa e Memória Pretos Novos (IPN), representa a continuação da maior reportagem da minha carreira, tanto em duração quanto em impacto social e pessoal.

Desde a descoberta do Cemitério dos Pretos Novos, no início do ano de 1996, acompanho a luta da família de Merced Guimarães para manter viva a memória do local. Também acompanhei as transformações na região da Pequena África e fiz várias reportagens sobre o Cais do Valongo antes até que as escavações arqueológicas começassem, pois, graças aos amigos pesquisadores do IPN, já sabia da importância daquele sítio.

Bebendo das mesmas fontes, aprendi que, em abril de 1774,[1] o vice-rei marquês do Lavradio assinou uma ordem para a transferência das atividades ligadas ao desembarque e ao trato dos escravizados para o Valongo, então um bairro isolado do centro do Rio. A ideia era restringir a chegada e o comércio naquela região, criando uma grande engrenagem repressiva, que contava inclusive com um terreno que servia de última morada aos recém-chegados que não resistissem à viagem – ou seja, nem depois da morte, os corpos poderiam sair do Valongo.

1_J. C. Nara Júnior, "Análise do arrendamento do imóvel do Cemitério de Pretos Novos do Valongo (30 de abril de 1774)", *Acervo*, Rio de Janeiro, vol. 34, n. 3, p. 1-21, set./dez. 2021.

O marco de 250 anos não é para ser comemorado, mas sim discutido, pois as cicatrizes daquele tempo, devido à forma como aquela parte da cidade foi ocupada, continuam visíveis.

O letramento histórico sobre o território que é oferecido aos moradores e turistas nos circuitos de herança africana, os novos espaços culturais, as rodas de conversa e de música e, principalmente, a recuperação do patrimônio ancestral por parte dos próprios afrodescendentes provocaram uma mudança que tive a honra de testemunhar de perto nos últimos 28 anos. Hoje, o Circuito de Herança Africana, com a agitação do Largo da Prainha, atrai mais visitantes do que grandes pontos turísticos do Rio de Janeiro, como o bondinho do Pão de Açúcar.

Tudo bem diferente de 1996. A descoberta dos vestígios do cemitério naquele ano marca o começo deste ciclo de identidade e resgate que agora colhe os frutos de séculos de resistência. Tudo ali me intriga desde o dia em que fiz a primeira reportagem sobre o assunto na TV Globo: o Rio antigo que brota do chão; a perseverança da família Guimarães dos Anjos, que luta para evitar que a memória daquele território seja soterrada; e a indiferença de algumas autoridades na verdadeira saga pela preservação do patrimônio. Nunca mais larguei a pauta. Em 9 de julho de 2017, entrei ao vivo do Instituto de Pesquisa e Memória Pretos Novos na cobertura sobre a escolha do Cais do Valongo como Patrimônio Mundial da Humanidade e ganhei um diploma de sócia benemérita do IPN, título que me enche de orgulho.

A dona da casa, onde o cemitério foi descoberto, abre as portas nesta coletânea de artigos para relatar, em primeira pessoa, o que viveu com o marido e as três filhas desde que os primeiros ossos e outros vestígios dos pretos novos surgiram no chão da família durante uma obra. Nesse dia, alguns sonhos pessoais ficaram impossíveis, e começaram a surgir missões difíceis. Ninguém conta melhor essa odisseia do que Merced Guimarães dos Anjos.

As descobertas dos sítios arqueológicos do Cemitério dos Pretos Novos e do Cais do Valongo motivaram uma série de estudos sobre aspectos do principal "negócio" que havia dominado a região cerca de dois séculos atrás, impulsionando a economia da Corte do Rio e de todo o Brasil.

"Acontece que os pretos novos foram muita gente." A frase de Ynaê Lopes dos Santos situa o leitor e dá a dimensão do tema logo no primeiro texto do nosso grupo de pesquisadores. Ela também nos conta quem eram essas pessoas e quais eram as suas as origens no continente africano.

Considero impossível que alguém, nos dias de hoje, tenha noção do que era a travessia pelo oceano Atlântico até os portos brasileiros e das condições em que se amontoavam pessoas à força nos navios do tráfico. Mas existe um grande conjunto de dados que fornecem as bases para pesquisas extensas, inclusive de autores brasileiros, que estão levando esse conteúdo para milhões de leitores. Para descrever os desafios dessas viagens, escalei Laurentino Gomes.

Cláudio de Paula Honorato nos conduz pelas lojas do "mercado de almas" do Valongo, revelando a rede de intermediários que recebia esses africanos e os interesses em jogo nas mudanças dessa atividade pela cidade. O texto traz detalhes sobre o funcionamento do maior complexo escravista do Brasil, como os nomes dos proprietários – alguns com de mais de dez "lojas" na região.

A chegada ao Rio de Janeiro significava novos riscos, novas doenças para corpos já tão fragilizados. A mortalidade, após alguns desembarques, e o desrespeito com a vida e a morte dessas pessoas eram tão grandes que o Cemitério dos Pretos Novos em nada lembrava a imagem que temos de um campo-santo. Como explica Júlio César Medeiros da Silva Pereira, em seu texto, "os cadáveres ali sepultados foram queimados, desarticulados, quebrados, retorcidos e espalhados pelo terreno; depois foram revolvidos, remexidos e reagrupados de acordo com tamanho e tipo; e enfim recebiam, vez ou outra, uma pequena camada de terra sobre seus restos mortais, que geralmente eram deixados à flor da terra".

Os arqueólogos Andrea Lessa e Reinaldo Tavares fazem sondagens e explorações no Cemitério dos Pretos Novos há mais de dez anos. No artigo que assinam juntos, eles contam como encontraram o esqueleto mais preservado do cemitério, que pertenceu a uma mulher jovem respeitosamente denominada, pela equipe, de Bakhita, em homenagem à Josefina Bakhita, primeira santa africana e padroeira dos escravizados. Eles também trazem novidades sobre a vida dessas pessoas desde a infância na África. Como dizem, os ossos falam.

A questão de um espaço funerário dedicado aos corpos de escravizados na antiga sociedade carioca se arrastou por séculos. O descaso das autoridades e a participação da Igreja Católica nesse processo são analisados na pesquisa de João Carlos Nara Jr. Entendemos como o entorno da Igreja de Santa Rita, que até o início do século XVIII era usada apenas para sepultamentos de nobres e de seus cativos mais próximos, passou a receber muitos corpos, assim como a praça pública em frente à igreja, por mais de cinquenta anos. Como a demanda não parou de crescer, foi preciso transferir as atividades para o terreno onde hoje fica a sede do Instituto de Pesquisa e Memória Pretos Novos. O artigo também provoca reflexão sobre os diferentes destinos que os dois cemitérios de escravizados tiveram.

A religiosidade das vítimas não parece ter sido motivo de preocupação ou qualquer tipo de cuidado durante os enterros, a julgar pela forma como os achados se apresentam. Não é preciso praticar, tampouco conhecer os rituais dos terreiros de religiões de matrizes africanas para perceber que se trata de outra camada de crueldade, que vai ao infinito e além. Marcelo Monteiro e Cláudio Zeferino exploram essa conexão com o Divino, que, apesar de tantas tentativas de quebra, se mantém com a tradição dos antigos e a força dos novos.

No comando dos terreiros, das cozinhas e da resistência encontramos as mulheres que viviam na região do Valongo. Monica Lima fala da coragem daquelas que fugiam ou articulavam escapadas para os quilombos. A força das mulheres pretas, que tocavam seus negócios nas ruas, manteve uma rede de informações e solidariedade.

Elas enfrentaram a perseguição e a intolerância religiosa por muitos anos. Em seu artigo, Eduardo Possidônio afirma que operações policiais empreendidas pelo Império e pelo Estado republicano afastaram as casas de umbanda e candomblé para o subúrbio do Rio e para regiões da Baixada Fluminense. Mães e pais de santo foram tratados como criminosos, seus cultos foram interrompidos, e seus objetos sagrados foram apreendidos, formando a coleção que permaneceu na Polícia Civil por décadas até o final feliz que o leitor descobrirá.

Entre os muros e bancos das igrejas católicas, pretos e pretas também buscaram união em torno da fé, formando irmandades que até hoje marcam a arquitetura de várias capitais do país, com igrejas belíssimas, patrimônio erguido graças às contribuições dos devotos. No texto de Marcos Coutinho, aprendemos como essas irmandades se organizaram no Rio de Janeiro e conseguiram ajudar fiéis com alforrias e com a garantia de enterros conforme seus desejos.

Seguindo a trilha daqueles que sobreviveram ao mercado do Valongo e de seus descendentes, chegamos aos habitantes dos zungus. O significado de "zungu", derivado de "casa de angu", abrange outras atividades além da contribuição na alimentação de uma população marginalizada. Os zungus do Valongo eram pontos de encontro "de escravos e libertos, africanos e crioulos,[2] pobres urbanos em geral. Eram também ambientes para eventos religiosos e musicais, moradias para os residentes na cidade e até mesmo para os recém-chegados. Os zungus eram espaços de construção da identidade". Assim nos ensina Carlos Eugênio Libano Soares sobre a resistência dos habitantes dos zungus, alvos constantes das batidas policiais.

O tempo passou, e o Estado brasileiro não deu trégua à perseguição e expulsão dos pretos e pobres da região central do Rio. E fez mais na produção de leis racistas ainda pouco conhecidas, proibindo a imigração de africanos e negros para o Brasil. Como explica Jorge Amilcar de Castro Santana, essas legislações foram construídas quando a eugenia estava em voga. Ele conta o caso do médico brasileiro que, em 1911, num congresso em Londres, previu que uma política com a imigração de milhões de europeus para o Brasil produziria um país de imensa maioria branca no prazo de cem anos.

Pois exatamente um século depois, em 2011, o Cais do Valongo ressurgiu como símbolo de tudo o que foi dito até aqui, gigante na sua

---

2_O termo "crioulo" é usado para denominar pessoas negras nascidas no Brasil no contexto de sua acepção histórica. (N.E.)

força e na sua materialidade. Quem se envolveu nesse processo sabe que fez história, por isso terminamos com Milton Guran e os bastidores do caminho até a concessão do título de Patrimônio da Humanidade pela Unesco.

Processando as informações que esses autores trazem, aprendi como é importante cultuar os antepassados, mas que também devemos ter empenho diário em nos tornarmos "ancestralizáveis", ou seja, dignos de servir como faróis para as próximas gerações. É o que buscamos fazer com este livro.

Cemitério dos pretos Novos
FOTOGRAFIA DE ALEX FERRO

O CHÃO DA MINHA CASA

Merced Guimarães dos Anjos
Diretora-presidente do IPN

Tudo começou com o desejo de reformar a nossa casa, um sonho comum para uma família com três filhas pedindo mais espaço. As surpresas viriam por causa da localização do imóvel: rua Pedro Ernesto, 36, no bairro da Saúde, zona portuária do Rio de Janeiro – uma região ligada havia vários anos à nossa família.

No dia 22 de janeiro de 1996, iniciamos as escavações para verificação do solo. Os pedreiros ligaram para a nossa empresa assustados, alegando terem desenterrado uma ossada enorme. Achamos que era brincadeira, pois existem lendas de tesouros perdidos em casas velhas, e o nosso pedreiro era muito brincalhão. Quando chegamos em casa, o que vimos nos deixou paralisados. Eram muitos ossos no chão, misturados ao entulho das escavações. Os pedreiros diziam que podiam ser vestígios de animais domésticos dos antigos proprietários, mas confirmei que eram, sim, ossos humanos. Usamos uma escada que estava nos fundos, perto da obra, como estante para apoiá-los.

O que fazer? Começamos a revirar o entulho e encontramos crânios, tíbias e outros fragmentos. Fui ao mercadinho próximo e pedi várias caixas de papelão, e me perguntaram o motivo: "Para guardar os ossos que achei", respondi, e imediatamente fiquei surpresa com o que disse. "Ossos?", indagou o comerciante. Contei o acontecido, todos pararam para ouvir, e o comentário foi geral: "Joga fora, devolva pro buraco, isso trará vários aborrecimentos." Levei as caixas para casa e então comecei a separar e retirar mais ossos do entulho.

Naquela noite, foi difícil assistir à TV, dormir ou fazer qualquer coisa senão pensar no que encontráramos. Nós já tínhamos ouvido falar que havia um cemitério de escravizados no bairro. Contamos tudo por telefone a um delegado conhecido de uma amiga, e ele nos aconselhou a ir à delegacia mais próxima para pedir uma autorização para levar os ossos a um cemitério e enterrar. Enquanto isso, o medo já assombrava as minhas filhas, que diziam que não morariam mais na nossa casa.

No dia 24 de janeiro de 1996, recebemos um representante do Departamento Geral de Patrimônio Cultural (DGPC) da Prefeitura do Rio e uma arqueóloga do Instituto de Arqueologia Brasileira, instituição privada que já prestou serviços para a prefeitura. Quando viram todas aquelas ossadas, ficaram surpresos e disseram que parecia realmente um cemitério, talvez de escravizados ou indígenas. Começaram a fotografar os ossos, o local de onde foram retirados, e mediram as dimensões dos buracos. Explicaram que fariam um trabalho de salvamento, retirando todos os ossos e alguns objetos, tais como pedaços de louças e miçangas, entre outras coisas ali expostas e misturadas ao entulho. Nesse mesmo dia, eles embrulharam os ossos com papel higiênico e guardaram em sacos plásticos, organizando os quatro buracos abertos no solo.

Durante meses, ficamos "catando" objetos e ossos junto com uma arqueóloga e um ajudante de pedreiro. Parecia um garimpo, e era muito interessante o trabalho de salvamento. O desagradável era a casa inteira cheia de pó e sujeira, pois todo o entulho que foi retirado dos buracos permaneceu lá (aproximadamente 7 m^3), ou seja, um caminhão; a terra era peneirada com as mãos (porque a peneira não dava conta daquele solo molhado ou duro demais), depois ensacada e posta no corredor de casa. Nesse trabalho, além de ossos, encontramos miçangas cilíndricas muito pequenas, furadas no centro, azuis-escuros e claros; outras maiores arredondadas, brancas e azuis; materiais parecidos com pregos enferrujados; cerâmicas de barro com imitação de alças nas laterais; pedaços de louças coloridas como jarros, pratos e xícaras; cacos de garrafa de um tom bem escuro e com uma boa espessura; um objeto de barro cozido que se prende em rede de pescar; até um chumbo feito a mão, tipo uma pirâmide, com um furo na parte mais fina (uma chumbada de pesca); sem contar as várias conchas. Esse entulho ficou anos aguardando autorização de descarte, até que um dia o descartamos, pois não vinham mais peneirar.

Tínhamos um solo cheio de ossos, mas nenhuma ideia da profundidade. O primeiro buraco já estava com 1,5 m e parecia ter muito mais o que desenterrar. Descobrimos o histórico de solo pantanoso da região, e o nosso arquiteto, muito preocupado, nos aconselhou a consultar um engenheiro com experiência em cálculo de estrutura. O primeiro profissional a fazer essa análise concluiu que teríamos que bater estacas, o que não seria possível, pois abalaria a nossa estrutura e a do vizinho. Chamamos outro engenheiro, que nos instruiu a parar as escavações e não tampar os buracos existentes, pois poderia comprometer a estrutura, o que também prejudicaria a exploração. Ele também apontou uma solução: construir uma laje na superfície do solo, tipo um *radier*, que suportaria o peso de parte da construção. Isso também atrapalharia o trabalho arqueológico, mas permitiria a exploração sem perigo de desmoronamento em outra área maior. Para seguir nesse projeto, seria preciso demolir a parte da casa onde estava localizado o único sanitário, além da copa, cozinha, área de serviço e um dos quartos. O custo da obra também aumentaria bastante.

As coisas começaram a complicar, e a feliz ideia de realizar uma obra para melhorar o conforto da família virou um "pesadelo". No dia 13 de fevereiro de 1996, foi realizada a primeira reunião para debater nossa situação. Além dos arquitetos e de um engenheiro, participaram do encontro o representante do DGPC e a arqueóloga. Falamos sobre o nosso temor da desapropriação, e ficou acordado que a demolição parcial do imóvel seria a melhor maneira de resolver os dois assuntos: o projeto da obra e a exploração arqueológica.

Dias depois, a descoberta chegou à imprensa, e a casa ficou cheia de equipes de TV, jornais e revistas. O que havia nos buracos também já tinha despertado interesse acadêmico. Estudantes e pesquisadores da Universidade do Estado do Rio de Janeiro (Uerj) ficaram impressionados com o que viram e nos convidaram para uma visita ao laboratório do departamento de arqueologia. Após reuniões adiadas para as quais levamos arquiteto e advogada, nosso projeto encontrou uma barreira na prefeitura: o imóvel era patrimônio histórico, informação que soubemos só naquele momento – com um baita sermão! Apesar da paciência quase infinita, meu marido chegou a afirmar que tamparíamos tudo e desistiríamos da obra.

Já em março de 1996, o DGPC recebeu nosso projeto de reforma do imóvel. As primeiras tentativas de acompanhamento desse processo já mostraram que o caminho seria longo. Depois, na antiga Companhia Estadual de Águas e Esgotos do Rio de Janeiro (Cedae), encontramos uma planta do imóvel do ano de 1913 e então descobrimos que a construção datava de 1866, e a fachada era bem diferente.

Nossa casa foi parar no *Fantástico* no dia 28 de julho. O radiestesista Georges Charbel Farah, especialista em detectar campos energéticos, veio a convite do programa realizar uma medição telúrica. O pêndulo, uma espécie de régua, balançava bastante para um lado e para outro. Charbel ficou um tanto confuso, com as mãos frias e suando. Disse que ali havia muitas manifestações telúricas (fantasmas de escravizados?) e queria saber como convivíamos com aquela energia. Respondi que vivíamos sem anormalidades, nada de assustador – a não ser quando a Rachel, uma das minhas filhas, viu um homem negro assistindo à TV, ouviu ruídos, e quando, antes mesmo do achado, minha outra filha, Gabrielle, reclamou que não dormia direito, pois ouvia batuques de madrugada, que pareciam "macumba".

Três dias depois, três visitas especiais provaram o impacto que essa memória tem o poder de provocar: Carole Boyce-Davies, escritora caribenha-americana premiada, atual presidente do departamento de inglês na Howard University, em Washington, D.C.; Rick Santos, então professor da Universidade Estadual de Nova York (Binghamton University); e a escritora Conceição Evaristo. Eles queriam detalhes do achado. Assim que mostrei os buracos e retirei um pouco da terra que cobria um dos crânios, Carole e Conceição ficaram muito emocionadas e começaram a chorar. Carole bateu várias fotos. Comentamos sobre o racismo no Brasil, sobre como é muito difícil uma pessoa negra se tornar juiz, médico, coronel, mesmo nos dias de hoje, com as políticas afirmativas.

Dezesseis meses após o pedido, nosso projeto foi aprovado, mas não tínhamos mais dinheiro para a reforma. Além disso, nenhum órgão se posicionava sobre a exploração arqueológica. Já o sobrenatural continuava a nos rondar. Uma astróloga e um radiestesista que participavam de um evento na mesma rua quiseram fazer uma visita, que contou com mais aparelhos girando, principalmente no quarto de minha filha Gabrielle. Ao lado da cama, a janela; do outro lado, o buraco com um crânio à flor da terra. Mais perguntas sobre como nossas filhas se sentiam nessa situação. Mais respostas sobre dores de cabeça e barulhos de tambores à noite. Mais revelações sobre um suposto passado de bruxas na nossa família...

No dia 28 de fevereiro de 1998, tivemos que sair da casa. Havia risco de o telhado e as paredes dos fundos desabarem. A casa começou a apresentar rachaduras e vazamentos, além das pragas que atacavam as vigas de madeira. Estávamos sem dinheiro para obra e sem teto, provisoriamente abrigados no auditório da nossa empresa de controle de pragas e vetores.

Cerca de um mês depois, conseguimos uma reunião na Secretaria Municipal de Cultura, em que foi reforçada a importância daquele sítio arqueológico, já que um achado semelhante nos Estados Unidos não teria nem um terço da quantidade de vestígios encontrados em nossa casa. Fomos informados de que a prefeitura queria "ativar" o sítio e, quem sabe, desapropriar toda a área após a avaliação do imóvel por um perito judicial. Ressaltamos que gostaríamos que a exploração arqueológica acontecesse desde que continuássemos morando na casa após os trabalhos, pois gostávamos do bairro, o terreno tinha 150 m², 130 m² de área construída, e o projeto poderia expandi-lo a uns 230 m². Gostamos de casa e não de apartamento, pois temos cães, gatos, papagaio, e o valor da desapropriação não seria suficiente para comprar outro imóvel daquele tipo.

Dentro das nossas possibilidades, escolhemos uma casa velha e desvalorizada naquela área ligada à nossa família para reformar ao nosso gosto. Era direito nosso. Porém, passados três anos, nossa verba para as obras estava bem defasada. Pedimos à prefeitura que, após as escavações e pesquisas, nos ajudasse financeiramente para repararmos a estrutura da casa (os acabamentos seriam por nossa conta), e nos pediram um orçamento. Nossa situação – morando no auditório da empresa – foi lamentada por todos. Saímos da reunião com muito medo de perder nosso lar. Em abril do mesmo ano, com os poucos recursos que tínhamos, começamos a reforçar as estruturas para, de alguma forma, retomar a obra do imóvel onde existiam dois patrimônios – a casa de uma família e o tesouro arqueológico. Os dois corriam riscos, mas, naquele momento, sentimos que não havia qualquer preocupação em relação ao único patrimônio da nossa família.

Uma solução possível para o impasse começou a tomar forma em agosto de 2001 quando, ao caminhar pela minha rua e passar pelo

Centro Cultural José Bonifácio, o diretor do local me chamou e disse que a direção do Arquivo Geral da Cidade do Rio de Janeiro gostaria de nos conhecer. No dia seguinte, liguei e pedi para falar com Antonio Carlos Austregésilo de Athayde, então responsável pelo Arquivo, que nos atendeu e marcou uma reunião. No encontro, Athayde foi muito gentil e nos falou do Cemitério dos Pretos Novos, que estava no solo de nossa casa. Nós esclarecemos que o cemitério estava por baixo de toda a rua. Ele nos perguntou se tínhamos medo de morar lá, e esclarecemos que gostávamos da casa e não tínhamos interesse de sair e nem de ser desapropriados. Citamos a Lei nº 3.924, de 26 de julho de 1961:

> **Art 13.** A União, bem como os Estados e Municípios mediante autorização federal, poderão proceder a escavações e pesquisas, no interesse da arqueologia e da pré-história em terrenos de propriedade particular, com exceção das áreas muradas que envolvem construções domiciliares.
> **Parágrafo único.** À falta de acordo amigável com o proprietário da área onde situar-se a jazida, será esta declarada de utilidade pública e autorizada a sua ocupação pelo período necessário à execução dos estudos, nos termos do art. 36 do Decreto-lei nº 3.365, de 21 de junho de 1941.[1]

Nessa ocasião, lembramos que, desde o dia do achado, avisamos que sempre autorizaríamos pesquisas em nossa casa e fizemos o convite para uma visita.

Ao chegar, Antonio Athayde ficou impressionado. Fez perguntas sobre a nova estrutura em alvenaria, que ainda estava sendo construída, e viu que o andar acima da laje já tinha paredes. Nós dissemos que, após três anos vivendo entre buracos de escavações e mais dois anos e meio num auditório, estávamos voltando para a casa ainda naquela semana, de forma improvisada, o que era uma grande alegria para toda a família. Depois de muitas promessas, trocas de governos e ne-

1_BRASIL, Lei nº 3.924, de 26 de julho de 1961.

nhuma ação, decidimos tentar reconstruir o nosso sonho. Conversamos a respeito da exploração arqueológica, sugerimos o texto da lei mencionada, que fala sobre a ocupação temporária, lembrando que existiam mais áreas no terreno para o início de novas explorações arqueológicas. Além disso, havia algumas casas abandonadas, incendiadas ou invadidas em terrenos próximos onde a prefeitura também poderia conduzir pesquisas. Por exemplo, dois imóveis ao lado da nossa casa estavam fechados. Athayde nos contou que havia o interesse de construir um museu na rua. Salientamos que a nossa casa era muito estreita para isso e que as casas incendiadas eram perfeitas. Ainda demos a ideia de colocar uma placa em memória dos pretos novos, o que, caso a prefeitura não o fizesse após a conclusão da nossa obra, nós iríamos encomendar, como fizemos.

Tivemos logo depois uma nova reunião, dessa vez no Arquivo Geral, com muitas pessoas: a equipe de pesquisa do Instituto de Arqueologia Brasileira, alguns historiadores e uma representante do DGPC. Esta última abriu a conversa: falou sobre a obra da casa, que estava irregular, pois não havia autorização. Expliquei a situação da nossa família, que a prefeitura simplesmente nos deixara sem qualquer assistência, e disse também que poderíamos até recorrer judicialmente, pois estávamos desabrigados por causa da morosidade, da falta de entendimentos, ou seja, da irresponsabilidade do poder público.

Nesse momento, começou a discussão sobre a desapropriação. Relatei que, quando o DGPC emitiu a licença de obra, um ano e meio depois de termos dado entrada no projeto, já não tínhamos mais dinheiro para a execução e tivemos que mudar os planos. Sugerimos que houvesse a escavação em pontos do térreo da casa, como uma área nos fundos e na área da sala e cozinha. Esses cômodos não estavam prontos (sem piso), e, após as escavações, a prefeitura deveria nos entregar as áreas com os buracos tapados. Também citamos a situação de outros imóveis disponíveis para pesquisas arqueológicas na mesma rua.

Ainda em 2001, no início de novembro, mês da Consciência Negra, o Athayde planejou o seminário *Cotas da escravidão*. O evento foi maravilhoso. No dia 6 de novembro, foi inaugurada uma exposição com o tema *Africanos novos na Gamboa: um portal arqueológico*. Várias peças encontradas na minha casa estavam ali expostas: ossos, cerâmicas e outros objetos. Havia um catálogo contando a história do sítio arqueológico e até uma foto minha com o meu marido, Petrúcio. Athayde mostrou-se uma pessoa sensível, mas era uma exceção. Com os eventos, recomeçou a enxurrada de reportagens. E sempre com as mesmas perguntas: se tínhamos medo de morar em cima de um cemitério, como tínhamos achado os ossos?

Na mesma época, um pai de santo veio aqui em casa preparar o local espiritualmente e pedir permissão para que as pessoas viessem. Como todo médium, o babalorixá conceituado e conhecido, ao chegar, revelou que se sentiu mal, começou a suar e a ofegar. Segundo ele, era necessário realizar um ritual para limpar a casa. Ele também nos disse que o trabalho era de grande responsabilidade e, que, se o fizesse de maneira errada, sofreria as consequências.

No domingo, dia 18 de novembro de 2001, o babalorixá chegou com vários médiuns. O ritual era de ofertas de comidas para orixás. Para o ritual, arrumaram uma toalha no piso da área dos fundos e, em cima dela, colocaram várias oferendas, em respeito à memória dos ancestrais sepultados naquele terreno. Com molho de ervas, água e pipoca nas mãos, os médiuns começaram a cantar e percorrer como se estivessem varrendo toda a casa, cantando e passando as ervas pelas paredes e pelo chão, salpicando, subiram e desceram, deixavam pipocas nos cantos da casa. Em certa hora, chamaram-nos para receber a limpeza com as ervas, depois pegaram os frangos e começaram um ritual, passando-os pelas paredes e cantos da casa. Sempre cantando. Após esse ritual, várias velas foram colocadas, uma em cada andar. O impressionante é que elas queimaram sem deixar nenhum resíduo de cera no prato. Deixaram junto um tipo de tigela de louça branca com canjica branca e pediram que, no dia seguinte, jogássemos três pequenos baldes de água na rua. No dia 20 de novembro, eles voltariam para retirar as tigelas e realizar um evento cultural, com comidas e rituais de candomblé.

Os preparativos também envolveram a equipe do Arquivo Geral, que colocou na fachada da casa um galhardete e no muro dos fundos um banner enorme com os dizeres: "Marco da escravidão – Cemitério dos Pretos Novos – Aqui começa uma nova história. Reinício das escavações arqueológicas dia 20 de novembro (Zumbi dos Palmares), 14h. Rua Pedro Ernesto, 36". Em toda a vizinhança, foram colocados vários galhardetes avisando sobre o evento, com direito até a carro de som.

Chegado o dia 20 de novembro, havia a banda da Guarda Municipal, coral da terceira idade, ritual de candomblé, comidas típicas e cortejo do Afoxé Filhos de Gandhy. Chegou um caminhão com palanque sonorizado, a Guarda Municipal, a Polícia Militar (PM) e a Companhia de Engenharia de Tráfego do Rio de Janeiro (CET-Rio) para fechar todo o trecho da rua Pedro Ernesto.

O pessoal já estava preparando a sala de jantar para servir as comidas típicas. Na mesa grande, coberta com uma toalha branca, havia várias tigelas contendo vatapá, caruru, acarajé, arroz com frango, uma iguaria embrulhada em folha de bananeira, banana frita, farofa, ovo cozido, feijão-fradinho, entre outros pratos.

A nossa casa foi aberta para visitação pública pela primeira vez. O livro de presença tinha mais de 250 assinaturas, sendo que muitas pessoas não conseguiram assinar. Nesse dia, calculamos ter recebido mais de quatrocentos visitantes numa área de 130 m². Era gente de todo tipo e lugar. Eu fiquei sentada por algum tempo na escada que dá para o corredor, assistindo ao entra e sai de repórteres e pessoas que vinham homenagear os mortos. Até um muçulmano veio fazer uma oração no muro dos fundos da casa e comentou que vários africanos que estavam enterrados poderiam ser muçulmanos. Também compareceu um senhor bem idoso, vestido com uma capa, coroa de rei e cedro na mão, representando Zumbi dos Palmares – era Eduardo Santana, que fora pai de santo e massagista do Vasco. Entre 2001 e 2005, passamos a abrir para visitação em datas especiais.

Amigos, vizinhos, pesquisadores, ativistas do movimento negro e jornalistas começaram a frequentar a nossa casa para ver com os próprios olhos o que restara do Cemitério dos Pretos Novos. A partir desse convívio e da troca de experiências, conseguimos começar a compreender a dimensão da história que estava sob os nossos pés. Fizemos muitas amizades e estabelecemos muitas conexões com aquelas pessoas que nos traziam conhecimento e conforto para aquela situação de descaso e abandono que estávamos protagonizando. Com a ajuda delas, foi criado em 2003 o site www.pretosnovos.com.br.

Com nossos próprios recursos, compramos em 2005 dois imóveis ao lado da nossa casa com o objetivo de ampliar o terreno, construir uma garagem e ter uma outra opção de renda no futuro. Enquanto isso, a nossa casa e suas memórias à flor da pele seguiam abertas para pesquisadores, religiosos, jornalistas, militantes do movimento negro e o público geral em ocasiões cada vez mais frequentes.

No dia 13 de maio de 2005, junto com os amigos Marcelo Monteiro, Antonio Carlos Rodrigues, Dolores Lima e Israel Evangelista-Ofaraê, decidimos fundar o Instituto de Pesquisa e Memória Pretos Novos (IPN), com a missão de pesquisar, estudar, investigar e preservar o patrimônio material e imaterial africano e afro-brasileiro, cuja conservação e proteção sejam de interesse público. A ênfase era no sítio histórico e arqueológico do Cemitério dos Pretos Novos, sobretudo com a finalidade de valorizar a memória e identidade cultural brasileira ligada à diáspora africana e de combater o racismo. Era um projeto muito ambicioso para uma família que até então não tinha conhecimento em gestão de uma organização não governamental, principalmente dentro de um campo tão específico, que envolveria arqueologia, história, antropologia e museologia.

A primeira vitória em um edital público veio em 2009, quando fomos selecionados para atuar como ponto de cultura. O IPN iniciou as atividades de oficinas de história sendo a primeira instituição da Pequena África a oferecer, durante todo o ano letivo, formação sobre a história, a arqueologia e as memórias da escravidão no Rio de Janeiro e na região portuária. Hoje já realizamos quase 480 oficinas, com mais de 35 mil participantes.

No mesmo ano, a chegada do pesquisador, curador e grande amigo Marco Antonio Teobaldo deu impulso para planos desejados havia muito tempo. A primeira exposição permanente do Museu Memorial Pretos Novos foi produzida com a ajuda de voluntários e pou quíssimos recursos, um valor tão pequeno que, para bancar as impressões, tivemos que usar até o pagamento prometido pelo trabalho de pesquisa histórica e curadoria do Marco Antonio Teobaldo, que acabou também tirando dinheiro do próprio bolso para apoiar a exposição. Pela primeira vez, os visitantes puderam ver o trabalho dos arqueólogos sobre os indícios das brutalidades impostas aos corpos dos africanos recém-chegados, vítimas do tráfico internacional. Em 2010, veio o primeiro reconhecimento, quando o IPN foi vencedor do prêmio Rodrigo Melo Franco de Andrade, oferecido pelo Iphan, na categoria "Proteção do patrimônio natural e arqueológico".

Após anos de espera por novas pesquisas no sítio arqueológico do Cemitério dos Pretos Novos, o professor Reinaldo Tavares ingressou no mestrado em arqueologia pelo Museu Nacional (UFRJ) em 2011, com o objetivo de realizar pesquisas no solo do cemitério. Com base em vários estudos, a equipe do Museu Nacional e o professor Reinaldo foram em busca da presença de vestígios, inclusive usando um equipamento capaz de escanear o solo. A exploração começou no imóvel de número 32, com sondagens em várias camadas. Nas primeiras, surgiram vários tipos de achados, como pedaços de louças, indícios de uma fogueira e de ocupações em diversas épocas prováveis. Como explica o professor Reinaldo na sua dissertação:

> A setenta centímetros de profundidade, concluímos que estávamos em um novo nível de ocupação em função da nova granulometria e características físicas do sedimento, das características dos fragmentos de cerâmicas e dos artefatos. Continuamos nossa sondagem e encontramos a setenta e três centímetros [...] fragmentos de cerâmica corrugada tupiguarani, no mesmo nível estratigráfico que fragmentos de cerâmicas de barro, modeladas em torno, e uma alça de jarra. Fomos levados a crer, pelas evidências, que além de um novo nível de ocupação estávamos em um sítio de contato. Demos um salto do século XVII para o século XIX, [...] mas estávamos claramente diante de um novo arranjo cultural. A presença de um número maior fragmentos de cerâmicas tor-

neadas em relação às notoriamente indígenas nos deu indícios de um contexto de contato com europeus.[2]

A noventa centímetros de profundidade, os vestígios aparentemente desapareceram. A equipe concluiu que a sondagem do imóvel de número 32 deu negativo para a localização do Cemitério dos Pretos Novos. As pesquisas sobre os achados nesta primeira sondagem estão em andamento, assim como segue a curadoria das peças encontradas.

Os arqueólogos tinham poucas pistas. A principal eram mapas dos séculos XVIII e XIX. Seguindo-os, deram início, em junho de 2011, a uma nova sondagem no imóvel de número 34, onde, como explica o professor Reinaldo, "encontramos um contexto bem diferente da primeira sondagem: com inúmeros fragmentos de ossos humanos, enfim encontramos, à flor da terra, o Cemitério dos Pretos Novos".[3] Nas camadas onde foram descobertos os vestígios desse genocídio, os arqueólogos também acharam muito lixo, assim como nos níveis imediatamente superiores, sinal de que, durante e após o encerramento das "atividades funerárias", o terreno pode ter sido usado como um tipo de lixão da cidade, revelando mais camadas de desrespeito ao campo-santo, além de mais aterros e níveis de apagamento dessa memória até a ocupação imobiliária e a transformação do local em área residencial.

A terceira e última sondagem surgiu de modo acidental devido a uma rachadura que foi crescendo no piso do mesmo imóvel, bem perto da porta, que seria a entrada do museu para a rua. Como conta o curador Marco Antonio Teobaldo, que presenciou a cena durante uma tentativa de reparo do piso, "bastou apenas retirar a primeira placa de cimento que veio um crânio que parecia ser de um bebê". O arqueólogo Reinaldo Tavares também relata que, nessa sondagem, "foram evidenciados ossos longos, arcadas dentárias e fragmentos de crânio huma-

---

2_R. B. Tavares, *Cemitério dos pretos novos, Rio de Janeiro, século XIX: uma tentativa de delimitação espacial*, 2012, p. 124.

3_Ibid., p. 129.

no".[4] A porta do museu mudou de lugar, não poderia ser mais ali. Hoje os visitantes entram pelo número 32.

As atividades do IPN foram crescendo e ocupando o número 32, onde, em setembro de 2012, um sonho antigo que renasceu numa conversa com o curador Marco Antonio Teobaldo, finalmente se realizou: a inauguração da Galeria Pretos Novos de Arte Contemporânea. "Nosso objetivo era criar um fluxo entre novas obras de novos artistas contemporâneos que ajudassem a contar um pouco da memória do que está no Cemitério dos Pretos Novos e também nas redondezas, na Pequena África, falando sobre história, arqueologia e também sobre as consequências desse passado, como o racismo", explica Teobaldo, revivendo as lembranças da época. "Começamos com exposições sem nenhum recurso, buscando focar na produção de artistas pretos e pretas, quando os editais não tinham espaço para esses talentos. Fomos pioneiros nisso também." A galeria funciona até hoje no mesmo local, com mais de 25 exposições realizadas. Em 2016, o curador Marco Antonio Teobaldo venceu o prêmio Ações Locais, da Secretaria Municipal de Cultura, pelo trabalho realizado na Galeria Pretos Novos de Arte Contemporânea. Com o valor do prêmio, foi elaborado o primeiro catálogo de exposições da galeria.

Em 2015, começamos a oferecer cursos de pós-graduação em História da Cultura Africana e Afro-brasileira, e, desde então, setecentos alunos já frequentaram treze turmas formadas nessa programação. Nossa participação na formação de guias do Circuito de Herança Africana é antiga e constante. Somente nos dois últimos anos, formamos duzentas pessoas, em cinco turmas, com cursos presenciais e à distância. No mesmo período, realizamos a capacitação de 75 professores na temática da Pequena África.

A exploração arqueológica seguiu avançando em direção a novos desafios. A nossa rua passou por grandes mudanças entre 2014 e 2015, nos preparativos para Jogos Olímpicos e Copa do Mundo, para a implantação do VLT, que exigiu uma ampla escavação. O Instituto de Pesquisa

---

 4_Ibid., p. 146.

e Memória Pretos Novos deu todo tipo de apoio, infraestrutura e logística, e firmamos nossa parceria por intermédio do arqueólogo Reinaldo Tavares, que prestou consultoria, coordenou e acompanhou as etapas de escavação na frente do Cemitério dos Pretos Novos e o processo de higienização e identificação em laboratório dos restos humanos encontrados. Como cita um estudo elaborado pelos arqueólogos envolvidos nessas escavações:

> Durante as obras foi identificada no leito da via pública a existência de ossos de animais não humanos (bovídeos) e alguns restos humanos, além de fragmentos de adornos (contas), louças e outros vestígios da cultura material da sociedade urbana que habitou a região do Valongo no século XIX. [...] a sobreposição de residências causou tamanha perturbação no pacote arqueológico que partes dos remanescentes ósseos foram parar no subsolo da via pública. Ossos esses que ao serem encontrados durante a realização de obras de infraestrutura urbana no decorrer do século XX, foram novamente ocultados em trincheiras e buracos escavados entre as robustas tubulações de abastecimento de água e gás, formando novos pacotes de fragmentos de ossos.[5]

O ENCONTRO COM A BAKHITA

Nenhuma das três intervenções arqueológicas anteriores teve sucesso em encontrar esqueletos inteiros. Em 1996, foi feito somente o salvamento das ossadas e artefatos encontrados na residência de número 36; alguns achados em camadas superficiais surgiram em etapas posteriores (2011-2012 e 2014-2015). Somente no fim de 2016, foi iniciada a pesquisa que teve por objetivo escavar o subsolo do Cemitério dos Pretos Novos, em local escolhido no imóvel de número 34, identificando os contextos funerários e buscando, pela primeira vez, encontrar indivíduos em conexão anatômica e em boas condições de preservação

5_Reinaldo Tavares; Nelson Pereira Mendonça Junior; Andrea de Lessa Pinto, *Pesquisa arqueológica no Cemitério dos Pretos Novos – 2017: nota de pesquisa*, 2017, p. 5.

para estudos de arqueologia funerária. Esse trabalho consistiu em uma escavação sistemática em uma área de 4 m^2, e importantes evidências relativas às práticas de tratamento dos cativos mortos começaram a ser recuperadas. O resultado mais impactante veio em maio de 2017, quando começou a ser evidenciado um conjunto formado por mandíbula, maxila, dentes e vértebras cervicais. Pesquisas indicaram que se tratava de uma jovem que morreu com cerca de vinte anos de idade.

No mesmo ano, o projeto de renovação do Memorial Pretos Novos foi o vencedor do quarto prêmio Nacional de Expressões Culturais Afro-Brasileiras, em categoria especial. Com o valor do prêmio, pudemos ampliar a pesquisa e criar uma segunda exposição permanente. Em 2018, conquistamos o prêmio do Instituto Brasileiro de Museus (Ibram). Fizemos melhorias necessárias, mas ainda estávamos longe de ter uma estrutura à altura da memória guardada no local.

Entre 2020 e 2022, enfrentamos trocas de governos, paralisia nas atividades ligadas à memória de toda a região da Pequena África e a pandemia da covid-19. Mas, graças a um recurso de emenda parlamentar, avançamos na terceira etapa do Memorial Pretos Novos, concluída em junho de 2022, com a reabertura do espaço e a inauguração da nova exposição permanente. Nela, o visitante aprende sobre as diferentes civilizações africanas e suas contribuições para as ciências, as tecnologias e as artes. Segue lendo reproduções de anúncios de compra e venda de escravos publicados em jornais de época e documentos ligados ao antigo cemitério. Protegidas por vidros, estão expostas algumas peças encontradas nas pesquisas e escavações. Na medida do possível, a/o visitante pode até acompanhar ao vivo o trabalho de uma equipe de arqueólogos, como explica o curador do Memorial Pretos Novos, Marco Teobaldo: "Conseguimos incluir, além da pesquisa acumulada durante todos esses anos, um laboratório de arqueologia, transformando a exposição permanente num acervo vivo."

Estimamos que cerca de 250 mil visitantes tenham conhecido o nosso museu-memorial. Em abril de 2024, o Instituto de Pesquisa e Memória Pretos Novos foi declarado Patrimônio Cultural da cidade do Rio de Janeiro devido à sua relevância histórica, social e cultural para o município. Mesmo com o reconhecimento da Unesco a respeito da importância do sítio arqueológico do Cemitério dos Pretos Novos, como parte integrante de seu projeto A Rota dos Escravos, e do título Patrimônio Cultural da Humanidade para o Cais do Valongo em 2017 (fazemos parte do tripé arqueológico e histórico formado também pelo Quilombo Pedra do Sal), ainda trabalhamos sem nenhum apoio financeiro por parte do poder público para manutenção do espaço, um importante local de memória que, como tantos outros, sobrevive sem política pública específica para sua preservação. Só conseguimos manter nossas portas abertas graças às contribuições dos visitantes. Emendas parlamentares de deputados e deputadas têm sido fundamentais para os nossos projetos, como os circuitos de herança africana, oficinas, saraus e outras atividades culturais e educacionais que oferecemos gratuitamente. A nossa resistência é o que garante a continuidade dessas ações. O que de fato nos interessa é poder preservar esse patrimônio e colaborar para que essa história não seja esquecida. Por isso, estamos aqui.

REFERÊNCIAS

BRASIL. Lei nº 3.924, de 26 de julho de 1961. Dispõe sobre os monumentos arqueológicos e pré-históricos, 1961. *Coleção de Leis do Brasil*, vol. 5, p. 44. Disponível em <https://www2.camara.leg.br/legin/fed/lei/1960-1969/lei-3924-26-julho-1961-353715-norma-pl.html>. Acesso em 5 jul. 2024.

TAVARES, Reinaldo B. *Cemitério dos Pretos Novos, Rio de Janeiro, século XIX: uma tentativa de delimitação espacial*. Dissertação de mestrado orientada por Tania Andrade Lima. Rio de Janeiro: Museu Nacional/Universidade Federal do Rio de Janeiro, 2012.

______; MENDONÇA JUNIOR, Nelson Pereira; PINTO, Andrea de Lessa. *Pesquisa arqueológica no Cemitério dos Pretos Novos – 2017: nota de pesquisa*. Rio de Janeiro: IPN; Programa de Pós-graduação em Arqueologia/Museu Nacional/UFRJ, 2017.

Nègres a fond de calle,
Johann Moritz Rugendas,
Rio de Janeiro, 1825.
ACERVO FUNDAÇÃO BIBLIOTECA NACIONAL

QUEM ERAM OS NOSSOS PRETOS NOVOS

Ynaê Lopes dos Santos

Pretos novos.

Era assim que os africanos escravizados recém-desembarcados eram chamados em solo brasileiro.

Pretos novos.

Um vocativo simples e direto que não deixava dúvida de que a vida desses homens e mulheres havia mudado.

Geralmente atribuímos positividade ao adjetivo "novo". Isso porque um dos seus significados é "aquele que nasceu ou apareceu recentemente", ou então "aquele que tem pouca idade". De um modo ou de outro, a palavra "novo" carrega um horizonte de possibilidades e expectativas.

Tudo isso diz respeito aos pretos novos do Brasil. Mas o vetor estava invertido. As possibilidades impostas a esses homens e mulheres estavam balizadas por uma nova condição, por um novo status social: a escravidão. Uma morte social que, como muito bem nos demonstrou Orlando Patterson,[1] obrigou milhares de "pretos novos" a refazerem a vida por meio de uma outra gramática, muitas vezes desconhecida até então: a violência sistêmica imposta pelo escravismo moderno.

Dito de outra forma, esses pretos novos eram homens e mulheres africanos que, independentemente de suas origens e idades, eram obrigados a renascer no Brasil sob a condição da escravidão. E, fossem crianças de três ou quatro anos, jovens de quinze anos ou mulheres maduras de 47 anos, assim que aportavam no Valongo, tinham pouca idade na vida de escravizados, e era preciso nascer de novo.

Mas não há como dissociar a novidade cruel imposta aos pretos novos da sua condição racial. A escravidão que lhes era imposta estava diretamente ligada à cor preta de sua pele. Eram pretos novos, porque antes de tudo eram pretos. Há muito, os estudos apontam como a escravidão moderna se diferenciou de outros sistemas escravistas existentes na história da humanidade, justamente por condicionar a escravização à pertença racial de grupos humanos específicos, os grupos dos não brancos.

 1_O. Patterson, *Escravidão e morte social: um estudo comparativo*, 2008.

Desse modo, os indígenas também não foram poupados. Durante boa parte dos séculos XVI e XVII, diferentes sociedades dos povos originários se tornaram peças-chave na construção do sistema escravista, tendo suas vidas e corpos moídos pelas engrenagens da colonização que se construía. Não por acaso, por muito tempo, eles foram chamados de *negros da terra*, para que não restassem dúvidas de que a racialização imposta pelos brancos europeus trazia consigo a possibilidade da escravidão.

Mas, de acordo com os termos da época, os indígenas não eram novos, eles eram da terra. Ser novo era, em certa medida, o que diferenciava a escravização de indígenas e africanos. Ser novo era o que facilitava (ao menos no início) a escravização dos pretos africanos em terras *brasilis*.

Acontece que os *pretos novos* foram muita gente.

Diferentes estudos apontam que aproximadamente 4,8 milhões de africanos escravizados aportaram em terras brasileiras entre 1530 e 1850.[2] Homens e mulheres africanos que foram obrigados a reinventar suas vidas sob o signo da escravidão. Desses quase 5 milhões de africanos, aproximadamente um milhão desembarcou no Valongo, depois de uma viagem tão horrenda que era entendida como uma morte em vida. E, de fato, entre 10% e 20% dos africanos que embarcavam nas costas africanas morriam antes de chegar às Américas, fosse por doenças adquiridas nos navios negreiros, por fome, por tristeza ou por puro deleite pérfido dos traficantes, que muitas vezes escolhiam um ou dois escravizados para "servir de exemplo" nos castigos que pretendiam afugentar qualquer ideia de levante em alto-mar.

Os horrores dos tumbeiros eram tamanhos que outro percentual significativo de africanos morria pouco depois do desembarque. No complexo do Valongo, esses pretos novos que sobreviviam apenas alguns dias em solo americano eram enterrados em campo-santo, mas com poucos rituais, nenhum que levasse em consideração os ritos fúnebres das sociedades das quais eram originários.

2_F. Alencastro, "África, números do tráfico atlântico", in L. M. Schwarcz e F. dos Santos Gomes (orgs.), *Dicionário da escravidão e liberdade*, 2018, p. 60.

A existência de um cemitério de pretos novos como parte constitutiva do maior complexo de desembarque do tráfico transatlântico de africanos escravizados no mundo é, por si só, uma prova de que não existe nem existiu escravidão sem violência. E as camadas eram muitas. Uma delas foi, justamente, a pouca terra que se jogava sob os corpos daqueles homens e mulheres pretos, como que para lembrá-los de que, mesmo mortos, eles já não eram tão mais gente.

Mas a histórica nunca é uma só.

Os lados são muitos, e, como dito, os *pretos novos* também.

E a mesma terra que lhes negou os sete palmos na hora da morte apresenta, ainda que a contragosto, os indícios que nos permitem entender quem eram os pretos novos, cuja vida escrava foi dura e breve.

A ÁFRICA DOS PRETOS NOVOS

Não há compreensão possível da história do Brasil na vigência da escravidão que não passe por uma percepção mais aprofundada do peso político, econômico e social exercido pelo tráfico transatlântico de africanos escravizados. Essa é uma máxima que fica especialmente evidente no caso do Rio de Janeiro, uma capitania e, depois de 1822, uma província onde o infame comércio foi responsável pela construção das maiores fortunas conhecidas. Os dados mais confiáveis que temos sobre o tráfico transatlântico para o Rio de Janeiro são do Trans-Atlantic Slave Trade - Database. A tabela a seguir trata do desembarque de africanos escravizados na região sudeste durante os anos de funcionamento do Cais do Valongo (1774-1831).

Os dados do Slave Trade apresentam que os pretos novos vinham de diferentes portos africanos. Ainda que seja difícil mapear as origens específicas, pois o tráfico foi uma empresa que adentrou o interior do continente africano com o passar dos séculos, essas macrorregiões permitem duas conclusões. A primeira é uma visão geral da diversidade de origens africanas, tendo em vista que muitas viagens foram feitas de portos da macrorregião da África Ocidental (Senegambia, Biafra, Costa do Ouro e Benin). A segunda conclusão é sobre a permanência (historicamente construída desde o século XVII) da presença de centro-africanos no desembarque do Cais do Valongo.

PROCEDÊNCIA DE AFRICANOS ESCRAVIZADOS PARA A REGIÃO SUDESTE 1774-1831

	SENEGÂMBIA	SERRA LEOA	COSTA DO OURO	BAÍA DO BENIN	BAÍA DE BIAFRA	ÁFRICA CENTRO-OCIDENTAL	ÁFRICA ORIENTAL E COSTA ÍNDIA	TOTAIS
1771-1775	0	0	0	0	0	13236	0	13236
1776-1780	0	0	0	0	0	44014	0	44014
1781-1785	0	0	0	0	0	55437	0	55437
1786-1790	0	0	0	0	0	63643	0	63643
1791-1795	0	0	0	0	0	69672	0	69672
1796-1800	0	0	0	230	0	59429	1684	61343
1801-1805	0	0	0	398	0	66213	4324	70935
1806-1810	0	0	0	698	2430	75035	8161	86324
1811-1815	416	0	655	742	6707	97163	11186	116869
1816-1820	187	0	373	0	189	99781	28896	129426
1821-1825	0	24	0	430	1657	105982	45843	153936
1826-1830	465	0	244	355	531	159036	61667	222298
1831-1835	0	0	0	0	0	0	1255	1255
TOTAIS	1068	24	1272	2853	11514	908641	163016	1088388

TRANS-ATLANTIC SLAVE TRADE – DATABASE.

Por meio da análise correlata dos dados obtidos no Trans-Atlantic Slave Trade – Database e dos números levantados pelo historiador Manolo Florentino,[3] é possível observar que, entre 1774 e 1831, o mercado do Valongo foi, em média, responsável pela entrada de aproximadamente 35% dos africanos escravizados desembarcados nos portos da América portuguesa. As variações dessa percentagem estiveram, em grande parte, relacionadas com as demandas criadas pelas transformações do mundo atlântico. Exemplo disso pode ser verificado em 1808. Por meio de outros dados disponibilizados pelo Trans-Atlantic Slave Trade – Database, no ano da transferência da Família Real, praticamente 12 mil africanos escravizados desembarcaram na região sudeste da Colônia, dos quais quase dez mil no porto do Rio de Janeiro. Nesse ano, o cômputo geral dos portos do sudeste era praticamente o mesmo que a somatória dos desembarques feitos nas demais regiões

3_M. Florentino, *Em costas negras: Uma história do tráfico de escravos entre a África e o Rio de Janeiro (séculos XVIII e XIX)*, 1995.

da América portuguesa. Interessante notar que este foi o primeiro ano, desde a Revolução do Haiti (1791-1804),[4] que a importação de africanos escravizados para a capitania da Bahia não fazia frente aos números da região sudeste. Ao que tudo indica, a transferência da Corte portuguesa reforçou a escravidão no sudeste no mesmo período em que o surto açucareiro que reaquecera a economia do Recôncavo Baiano começava a sentir a pressão da competitividade gerada pela produção cubana, que ganhava o mercado mundial.

GRANDES ÁREAS DE PROCEDÊNCIA DOS AFRICANOS ESCRAVIZADOS NO RIO DE JANEIRO (1774-1831)

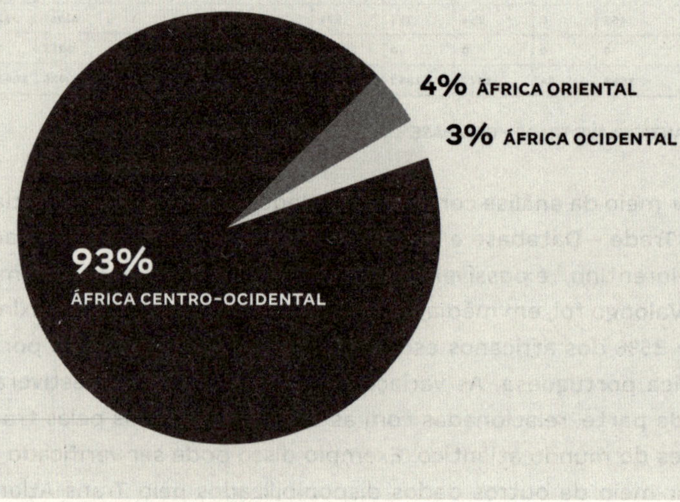

GRÁFICO ELABORADO PELA AUTORA.

4_A rebelião de escravizados em Saint-Domingue entrou para a História como a Revolução Haitiana. Ocorrida entre os anos de 1791 e 1804, ela foi protagonizada por escravizados e pela população negra livre, que ressignificaram os ideais do Iluminismo e da Revolução Francesa, racializando-os. A revolução foi responsável pelo fim da escravidão e da colonização naquela que era a colônia mais lucrativa das Américas e pela criação da segunda república americana, a primeira que não tinha escravidão e onde os negros gozavam da cidadania.

AFRICA
According to the best
AUTHORITIES
ATLANTIC OCEAN
ETHIOPIAN SEA
SOUTHERN OCEAN
INDIAN OCEAN
BARBARY
ZAARA OR THE DESART
NEGROLAND
GUINEA
ETHIOPIA
UPPER ETHIOPIA
LOWER ETHIOPIA
ABYSSINIA
NUBIA
EGYPT
CONGO
ANGOLA
BENGUELA
MATAMAN
MONOMOTAPA
HOTTENTOTS
MADAGASCAR
ZANGUEBAR
AJAN
ADEL
MAGADOXA
Tropic of Cancer
Tropic of Capricorn
Equinoctial Line
British Statute Miles
C. of Good Hope
Madeira I.
Kururka
Abutua
The Serem
The Sunda
Madeira I.

MAPA 1 – GRANDES ÁREAS DE PROCEDÊNCIA DOS AFRICANOS ESCRAVIZADOS NO RIO DE JANEIRO (1774-1831)
Principais áreas de procedência de escravizados do Rio de Janeiro entre 1790 e 1815. Mapa de Louis Stanislas d'Arcy de la Rochette, *Africa*, 1811.

DAVID RUMSEY MAP COLLECTION.

(CAREY, M. *Africa according to the Best Authorities*, 1811) Neste mapa, que representa a África Ocidental, é possível observar duas importantes áreas de procedência dos africanos escravizados que trabalharam no Rio de Janeiro entre 1790 e 1815. No círculo preto, estão os portos de embarque da África Ocidental, dos quais Elmina (1) e Calabar (2) eram os responsáveis pelo embarque de grande parte dos escravizados que, no Brasil, ficaram conhecidos como Minas, Iorubas, Ibos, Fulani, Hauçá. Em azul, está destacada a região da África Centro-Ocidental, que na época era a principal provedora de africanos escravizados para o Rio de Janeiro, graças às longevas relações dos comerciantes luso-brasileiros com as elites locais dessa região. Dos portos de Mayuma (3), Loango (4), Malemba (5), Cabinda (6), Boma (7), Ambriz (8), Luanda (9) e Benguela (10), embarcaram os milhares de congos, angolas, benguelas, monjolos, quiloas, rebolo e cabindas que executaram os mais diferentes trabalhos na capital colonial e, depois de 1808, na Corte portuguesa em Além-Mar. Ainda que, nesse período, fosse incipiente o comércio com as sociedades da África Oriental, é importante frisar que o tráfico com essa região já existia e que, ao longo do século XIX, ganharia um peso significativo na composição dos escravizados do Rio de Janeiro.

KAFFOUT
Kaffaba
Koaffe
Dgomba
KotaKolee
YOS or YADOOS
a Warlike Nation
which always fight on Horse-back
DOMINIONS OF THE CONSH
CONSHA
King of the SUZEES
Mandingas
Impracticable Mountains
L.Dul
Dar Kulla
Kulla R.
K.DOM OF DAHOMÉ
Loocamee
Mahees
Abomé the Royal Town whose Inhabitants eat the flesh of their enemies when taken prisoners
Ashante
Gaboo
Ewin
ARDRA
Ardra
K.DOM OF BENIN
Benin
GOLD COAST
Old Calabar
BIAFARA
Ebos
BIGHT OF BENIN
C.Formoso
CALBONGOS
Rio dos Camaroons
I. de Fernando Po
BIGHT OF BIAFARA
OF GUINEA
I. do Principe
Princes I.
The Jeagas
R. Gabon
Extensive Forests in which are found the Largest Elephants in Africa
They are inhabited by the Memos called also
S.T THOMÉ
I. des Rolas
C. de Lopo Gonçalves
Bank bak a Nation of Dwarfs who are all Elephant hunters
K.DOM OF
Anno-bon
Mousol
First Meridian through London.
15
20
1
2
3
4
5
6
7
8
9
K. OF LOANGO
Loango Bay
Dinjee
Rio de Congo
K. OF CONGO
S. Salvador
B. da Fine
B.t dos Ambres or Ambriz Bay
LOANDA S. Paulo
ANGOLA
R. Coanza
Benguela a velha
MATAMBA
Samba
MOC

Por mais que tenha se firmado como o maior porto do tráfico transatlântico da América portuguesa, com exceção de dois ou três anos, o percentual de africanos escravizados que desembarcavam no Rio girou em torno dos 35%. Todavia, dois aspectos começaram a mudar a partir de 1808. O primeiro deles pode ser atestado por meio do exame da tabela acima: a partir de 1808, o volume do tráfico tornou-se cada vez maior. As razões desse aumento eram as transformações causadas pela Era das Revoluções (Revoluções Haitiana e Francesa, o abolicionismo inglês e o processo de independência das Américas), mas também as mudanças sofridas, interna e externamente, pelas sociedades africanas envolvidas no tráfico.

Os estudiosos que trabalharam com o tráfico transatlântico para o Rio de Janeiro apontam que as relações estabelecidas entre as elites fluminenses e as diferentes sociedades africanas envolvidas no comércio desde meados do século XVII ainda surtiram efeito na composição étnica do segmento escravizado do Rio, composta, majoritariamente, de africanos oriundos da costa centro-ocidental do continente. A proibição do tráfico ao norte da linha do Equador em 1807 acabou reforçando ainda mais esse padrão, embora o número de navios negreiros provenientes da África Oriental tivesse sofrido um significativo aumento entre os anos de 1811 e 1830.

No cômputo geral, os homens e mulheres designados como cabindas, congo, angola e rebolo formaram a maior parte dos escravizados na cidade-Corte. Isso fica evidente pelos dados já apontados nos estudos sobre tráfico, no exame dos anúncios de jornal e até mesmo na grande importância que a Irmandade de Nossa Senhora do Rosário e São Benedito dos Pretos Pobres (composta principalmente dos angolas)[5] teve na história da cidade. Entretanto, as diversas releituras e ressignificações feitas por esses africanos escravizados foram cruciais para suas respectivas experiências no cativeiro, inclusive do

5_Fundada no século XVII, a Irmandade de Nossa Senhora do Rosário e São Benedito dos Pretos Pobres reunia pessoas negras e promovia a religião caótica, uma vez que seu acesso a igrejas era restrito e reservado a pessoas brancas. (N.E.)

que diz respeito à possibilidade de sair dessa condição. Atualmente, muitos trabalhos que examinam de forma correlata as origens africanas e a vida escrava no Rio de Janeiro deram especial destaque para a trajetória do grupo mina — nome dado aos escravizados oriundos da Costa da Mina. Embora tal designação tenha sofrido uma série de mudanças ao longo do período escravista (principalmente durante a vigência do tráfico), esses estudos têm ressaltado que homens e mulheres classificados como minas desenvolveram, no Novo Mundo, certa aptidão para a execução de serviços urbanos. Seu "tino para os negócios", em muito decorrente de práticas comerciais vivenciadas e/ou herdadas do continente africano, seria uma das razões pelas quais homens e mulheres minas (escravos e libertos) conseguiram controlar boa parte das barracas do Mercado do Rio de Janeiro ao longo do século XIX.

A diversidade das "Áfricas" presentes no Rio de Janeiro não foi notada apenas pelos viajantes, que muitas vezes se sentiam em pleno continente africano. As autoridades que governavam a cidade sabiam, ou melhor, aprenderam que a origem dos africanos escravizados tinha implicações significativas no cotidiano da cidade, sobretudo no que diz respeito às práticas que alguns grupos encontraram de lutar por melhores condições de vida e, em alguns casos, pela liberdade.

Deste modo, mesmo que as ações policias tenham partido da premissa de que "todo preto era um suspeito em potencial", as autoridades administrativas da cidade e os senhores de escravizados criaram alguns estereótipos sobre as origens africanas dos escravizados, a partir de um olhar que era ao mesmo tempo racista e que levava em consideração interesses econômicos da classe proprietária. Por outro lado, os pretos novos que sobreviveram à travessia Atlântica, e foram vendidos nos barracões do Valongo, ressignificaram as origens que lhes foram atribuídas pela escravidão. Os nomes dos portos de embarque em África se transformaram em sobrenomes nessa nova vida que esses homens e mulheres viveram no Rio de Janeiro. E ao ressignificar esses portos como suas "nações", os pretos novos recriaram identidades que forjaram e fundamentaram a maior cidade escravista das Américas, ampliando também os sentidos da liberdade de uma sociedade alicerçada pela escravidão.

Como bem escrito e cantado por Jorge Ben Jor, "Angola, Congo, Benguela, Monjolo, Cabinda, Mina, Quiloa, Rebolo: eu quero ver quando Zumbi chegar, eu quero ver! Eu quero ver o que vai acontecer!".

REFERÊNCIAS

ALENCASTRO, Felipe. "África, números do tráfico atlântico", in SCHWARCZ, Lilia Moritz e GOMES, Flávio dos Santos (orgs.). *Dicionário da escravidão e liberdade.* São Paulo: Companhia das Letras, 2018.

FARIAS, Juliana Barreto. *Mercados Minas: africanos ocidentais na praça do Mercado do Rio de Janeiro (1830-1890).* Rio de Janeiro: Arquivo geral da Cidade do Rio de Janeiro, 2015.

FLORENTINO, Manolo. *Em costas negras: uma história do tráfico de escravos entre a África e o Rio de Janeiro (séculos XVIII e XIX).* São Paulo: Companhia das Letras, 1995.

PATTERSON, Orlando. *Escravidão e morte social: um estudo comparativo.* São Paulo: Edusp, 2008.

SANTOS, Ynaê Lopes dos. *Irmãs do Atlântico: escravidão e espaço urbano no Rio de Janeiro e Hanava (1763-1844).* Tese de Doutorado defendida no PPGH-USP, 2012.

SLADE VOYAGE. Comércio Transatlântico de Escravos - Base de Dados. Disponível em <https://www.slavevoyages.org/voyage/database>. Acesso em maio 2024.

A LONGA VIAGEM DOS PRETOS NOVOS

Laurentino Gomes

Durante três séculos e meio, o Atlântico foi um grande cemitério líquido. Pelo menos 1,8 milhão de africanos escravizados – cerca de 15% do total de 12,5 milhões embarcado para o continente americano – morreram durante a travessia e foram sepultados no mar. Isso significa que, sistematicamente, ao longo de 350 anos, em média, catorze cadáveres eram lançados da amurada das embarcações negreiras todos os dias. Por essa razão, os navios que faziam a rota África-Brasil eram conhecidos como "tumbeiros", tumbas flutuantes. No mar, durante a travessia, as cifras de mortalidade do tráfico eram meticulosamente registradas pelos capitães dos navios nos chamados *livros dos mortos*. Eram consideradas "perdas" (ou prejuízo) pelos responsáveis pelo negócio negreiro, lançadas na coluna débito dos relatórios de contabilidade da época. A mortalidade, porém, prosseguia em terra, depois da chegada ao Brasil. Segundo o historiador norte-americano Joseph Miller, 20% dos sobreviventes (os pretos novos) morreriam entre o desembarque e o fim do terceiro ano em terras brasileiras.[1]

Morria-se de doenças, como disenteria, febre amarela, varíola e escorbuto. Morria-se de suicídio – cativos que, tomados pelo desespero, se aproveitavam de um descuido dos tripulantes, subiam à amurada das embarcações e jogavam-se ao mar. Para prevenir esses atos, os navios negreiros eram geralmente equipados com redes estendidas ao redor do deque superior. Morria-se ainda de "banzo", nome africano de um surto de depressão muito frequente entre os escravizados. Alguém acometido por banzo parava de comer, perdia o brilho no olhar e assumia uma postura inerte enquanto suas forças vitais se esvaiam no prazo de poucos dias.

Os cadáveres eram então atirados por sobre as ondas, sem qualquer cerimônia, às vezes sem ao menos a proteção de um pano ou lençol, para serem imediatamente devorados pelos tubarões e outros predadores marinhos. Segundo inúmeras testemunhas da época, mor-

---

Este exto é resultado de pesquisa historiográfica feita para o livro obra *Escravidão (Vol. 1): Do primeiro leilão de cativos em Portugal até a morte de Zumbi dos Palmares*, 2019, sobretudo do capítulo "O navio negreiro".

1_J. Miller, C. *Way of Death: Merchant Capitalism and the Angolan Slave Trade, 1730-1830*, 1988.1.

tes tão frequentes e em cifras tão grandes fizeram com que esses grandes peixes mudassem suas rotas migratórias, passando a acompanhar os navios na travessia do oceano à espera dos corpos que seriam lançados sobre as ondas. Um corpo ou uma pessoa viva que caísse nas águas por acidente seria imediatamente destroçado.

Alexander Falconbridge (c. 1760-1792), médico britânico que participou de quatro viagens negreiras entre 1780 e 1787, testemunhou diversas cenas como essa enquanto observava o embarque de cativos na costa de Bonny (atual Nigéria). Segundo ele, os tubarões cercavam os navios "em número inacreditável, devorando rapidamente os negros que eram arremessados".[2] Relato semelhante é o de John Atkins (1685-1757), também médico da Marinha Britânica na primeira metade do século XVIII: "Diversas vezes eu vi os tubarões se apoderarem de um cadáver, assim que era jogado ao mar, despedaçando-o e devorando-o com tal voracidade que não dava tempo sequer para que começassem a afundar nas águas."[3]

Do embarque na costa da África, cardumes de tubarões seguiam as embarcações por milhares de quilômetros na travessia do oceano, segundo os registros no diário do capitão Hugh Crow (c. 1765-1829), que fez dez viagens nesse percurso. "Eles estão sempre ao redor do navio, à espera de que algum corpo seja jogado nas águas", descreveu Crow. Para comprovar suas observações, em 1785, jornais de Kingston, capital da Jamaica, noticiaram que a chegada de novas cargas de escravos tinha trazido junto uma tal quantidade de tubarões e que "banhar-se nas águas do rio em frente à cidade se tornou extremamente perigoso".[4]

A linha de produção de mão de obra escravizada para o Brasil começava no interior do continente africano, de onde milhões de homens, mulheres e crianças eram arrancados e levados para os navios negreiros. Nessas longas jornadas, que muitas vezes exigiam seis meses de

---

2_L. Gomes, *Escravidão (Vol. 1). Do primeiro leilão de cativos em Portugal até a morte de Zumbi dos Palmares*, 2019, pp. 49-50.

3_Ibid., s/ p.

4_M. Rediker, *The Slave Ship: A Human History*, 2007. [Ed. bras.: *O navio negreiro: uma história humana*. São Paulo: Companhia das Letras, 2011.]

caminhada até os portos, os cativos seguiam acorrentados uns aos outros, em fileiras chamadas de libambos. No porto, esperavam às vezes até cinco meses pelo embarque. A travessia do Atlântico levava mais um mês e meio. Tudo isso somado significa que, ao chegar ao Brasil, o africano já teria quase um ano de cativeiro. Da captura, na África, até a chegada ao local de trabalho em terras brasileiras, estaria sujeito a até cinco transa ções, nas quais seria sucessivamente comprado e vendido por diferentes donos.

Em Angola, pessoas escravizadas esperavam pelo embarque estocadas em barracões imundos, escuros e sem ventilação, com janelas situadas a três metros do solo de terra batida, por onde entrava apenas uma nesga de luz do sol. Geralmente, chegavam ali em péssimas condições vindos do interior, tendo marchado às vezes centenas de quilômetros, com pouca comida. Os cativos que estivessem muito doentes eram separados dos demais e colocados em quarentena. Se não houvesse navios prontos para o embarque, eram usados durante o dia em trabalhos agrícolas nas vizinhanças, especialmente no plantio e no corte da mandioca.

Em média, entre 150 e duzentos cativos ficavam acorrentados nesses ambientes, às vezes misturados com porcos, cabritos e outros animais domésticos. O espaço era de 2 m² por pessoa, apenas o suficiente para esticar as pernas à noite. Comiam feijão, farinha de mandioca com um pouco de charque ou peixe seco. Na falta de sanitários, as necessidades fisiológicas eram feitas dentro do próprio barracão, que, segundo a descrição do médico português Francisco Damião Cosme, exalava um insuportável odor de fezes e urina, a tal ponto que uma pessoa que ali entrasse sentiria logo ânsias de vômito ou poderia até desmaiar. Segundo outro médico português, os cativos seminus dormiam no chão e eram "tratados como gado". Diariamente, por volta das 10h, eram conduzidos até o mar para banhos forçados de água salgada.[5]

5_R. Ferreira, *Cross-Cultural Exchange in the Atlantic World: Angola and Brazil During the Era of the Slave Trade*, 2012, p. 121.

No dia do embarque, entravam nos navios usando tangas ou camisolas de tecidos crus. Antes eram batizados coletivamente por um padre, também conhecido como *catequizador dos negros* ou *dos escravos*. Segundo o historiador inglês Charles Boxer, essas cerimônias eram muito rápidas:

> A cada escravo, quando chegada a sua vez, dizia o padre: seu nome é Pedro, o seu é João, o seu é Francisco, e assim por diante, dando a cada qual um pedaço de papel com o nome por escrito, e pondo-lhes na língua uma pitada de sal, antes de aspergir com um hissope água benta em toda a multidão. Então, um intérprete negro [uma vez que nem todos entendiam ainda o português] a eles se dirigia, com essas palavras: "Olhai, sois já filhos de Deus".[6]

O mesmo padre se encarregava de, em seguida, fornecer ao capitão do navio um "bilhete" ou certificado de batismo para cada escravizado. O salário de um *catequizador de negros* era de 60 mil réis por ano em 1748, aproximadamente o preço de um escravo jovem e saudável, considerado de "primeira qualidade" pelos traficantes. A Igreja coletava também uma série de taxas que contribuíam para a manutenção de sua estrutura em Angola. Esse dinheiro era tão significativo que, segundo Joseph Miller, o fim do tráfico negreiro, em meados do século XIX, mergulhou a diocese de Luanda em uma crise financeira sem precedentes.

Antes de partir, os africanos eram marcados com ferro em brasa. Em geral, recebiam sobre a pele quatro diferentes sinais. Os que vinham do interior, já chegavam com a identificação do comerciante (*sertanejo* ou *pombeiro*, como era conhecido em Angola) responsável pelo seu envio ao litoral. Em seguida, o selo da coroa portuguesa era gravado sobre o peito direito, indicação de que todos os impostos e taxas haviam sido devidamente recolhidos. Uma terceira marca, em forma de cruz, indicava que o cativo já estava batizado. A quarta e última, que poderia ser

6_C. H. Boxer, *Salvador de Sá e a luta pelo Brasil e Angola, 1602-1686*, trad. Olivério de Oliveira Pinto, 1973, p. 243.

feita sobre o peito ou nos braços, identificava o nome do traficante que estava despachando a carga. Ao chegar ao Brasil, poderia ainda receber uma quinta marca, do seu novo dono – o fazendeiro, minerador ou senhor de engenho para o qual trabalharia até o fim da vida. Os fugitivos contumazes teriam ainda um "F" maiúsculo (de "fuga" ou "fujão") gravado a ferro quente no rosto. Em Angola, o trabalho de marcação dos escravizados chamava-se carimbar (de carimbo, palavra que, na língua quimbundo, significa "marca"). Era executado por um funcionário do governo, conhecido como *marcador de negros* e supervisionado por outro, chamado de *capitão das marcas*.

O ritual de marcação era assustador. Primeiramente o *marcador de negros* colocava o carimbo de metal, com uma longa haste de madeira, sobre carvão em brasas até que ficasse incandescente. Em seguida, com a ajuda de vários assistentes, imobilizava o escravizado. O local a ser marcado era então coberto com cera e um pedaço de papel lubrificado com óleo, para evitar que a pele grudasse ao ferro quente e fosse arrancada durante a operação. A dor da queimadura era excruciante. Os cativos urravam e se debatiam ao sentir a aproximação do metal em brasas e precisavam ser contidos firmemente pelos assistentes do *marcador*, que seguravam suas pernas e os braços. Nos dias seguintes, enquanto as feridas cicatrizavam, as marcas de sua nova identidade iam ficando cada vez mais visíveis.

Para os africanos, embarcar no navio era uma experiência aterradora. Vindos de regiões distantes do interior, muitos nunca tinham visto o mar antes. Um medo comum entre eles decorria da crença, generalizada em algumas regiões de África, de que, ao chegar ao destino, seriam devorados pelos europeus, que julgavam serem canibais. Existem inúmeros relatos a esse respeito. Um dos mais antigos é o do veneziano Alvise Cadamosto (1432-1488), atacado com seus companheiros na foz do rio Gâmbia, em 1456, quando, em nome do rei de Portugal, tentava estabelecer um contato amigável com a população nativa. Depois de muito esforço, conseguiu entender, com ajuda de intérpretes, a razão da fúria dos moradores: "Eles tinham por certo que nós, cristãos, comíamos carne humana, e que só comprávamos negros com esse fim;

e que, por isso, não queriam a nossa amizade de forma nenhuma."[7] Só então, após explicar que os portugueses não eram canibais, foi possível estabelecer uma trégua entre as duas partes. História semelhante ouviria, no século seguinte, o frade italiano Giovanni Antonio Cavazzi de Montecúccolo (1621-1678) ao visitar o reino do Congo. Segundo ele, os escravizados ficavam apavorados diante da perspectiva de serem levados para o Brasil, onde, acreditavam, "seriam mortos pelos compradores, os quais, conforme pensam, tirariam dos seus ossos a pólvora, e dos miolos e das carnes, o azeite".[8]

Depois do embarque, a fase inicial da viagem era considerada perigosa pelos traficantes. Com a terra ainda à vista, havia o risco de os escravizados se rebelarem e tomarem conta do navio. O número de suicídios nessa fase era proporcionalmente mais alto. Por essa razão, eram trancafiados e acorrentados nos porões enquanto o navio não atingisse o alto-mar, o que poderia demorar vários dias. Os equipamentos de bordo incluíam um inventário sinistro de instrumentos para imobilizar e punir os cativos, como correntes com cadeados, tornozeleiras e colares de ferro. De uso mais frequente, estava o "bacalhau", pequeno chicote de tiras de couro com pequenos nós ou lâminas de metal nas pontas, cujo golpe poderia lacerar a pele dos escravizados. Nos navios ingleses, era chamado de *cat o' nine tails* (gato de nove rabos), devido ao número de tiras.

Uma vez embarcados, os homens eram trancafiados no porão situado na parte traseira da embarcação. As mulheres na dianteira, mais próxima dos alojamentos da tripulação. Entre esses dois setores, bem no meio do navio, erguia-se uma barricada, que serviria de trincheira aos tripulantes em caso de rebelião. Constituídas por tábuas pregadas na transversal, tinham buracos por onde as armas seriam disparadas sobre os cativos, impedindo assim que chegassem à ponte de comando e assumissem o controle do navio.

7_D. Gumble; P. E. H. Hair, *The Discovery of River Gambra by Richard Jobson (1623)*. Vol. 2., 1999. Trecho traduzido pelo autor.

8_J. A. C. de Montecúccolo, *Descrição histórico dos três reinos do Congo, Matamba e Angola*, [1687] 1965, p. 160.

Dentro dos navios, os compartimentos destinados aos cativos eram minúsculos, insalubres, sem ventilação e iluminação adequada. Os porões, adaptados para esse tipo de transporte, eram subdivididos em camadas construídas com pranchas de madeira, tão próximas umas das outras que seria impossível a uma pessoa caminhar de pé por entre elas. Por isso, os escravizados passavam a maior parte da viagem deitados, muitas vezes de lado por não haver espaço suficiente para que todos ficassem de costas. "Acorrentados aos pares, perna direita com perna esquerda e mão direita com mão esquerda, cada escravo tinha menos espaço do que um homem dentro de um caixão",[9] escreveu o historiador Eric Williams, reproduzindo as observações feitas dentro de um navio negreiro pelo abolicionista britânico Thomas Clarkson (1760-1846).

A quase imobilidade num ambiente tão exíguo criava situações desesperadoras. Presos por correntes em duplas, os cativos tinham dificuldade em chegar até os tonéis que lhe serviam de latrinas nas laterais dos porões. Subir até o deque superior, onde ficavam as cloacas, seria impossível, porque à noite os porões geralmente eram fechados com cadeados pela tripulação. Muitos preferiam urinar e defecar no próprio espaço em que dormiam, o que gerava tensões e brigas entre eles. Disenterias eram frequentes devido ao consumo de alimentos estragados e água contaminada. Outros tantos sofriam de enjoo, por não estarem habituados a viajar em alto-mar, e tinham crises prolongadas de vômito. Depois de alguns dias, os fluídos humanos iam se acumulando nos porões, criando um ambiente fétido, irrespirável, nauseante. "Aquele barco [...], pelo intolerável fedor, pela escassez de espaço, pelos gritos contínuos e pelas infinitas misérias de tantos infelizes, parecia um inferno",[10] relatou frei Sorrento, capuchinho italiano e testemunha do embarque de novecentos escravizados de Luanda para a Bahia em 1649. "Esta é a navegação mais dolorosa que existe em todo o mundo", confirmou um de seus colegas, Dionigi Carli (c. 1637-1695), também conhecido como Frei Piacenza, que em 1669 viajou a

---

9_E. Williams, *Capitalism and Slavery*, 2021, edição Kindle, posição 875.

 10_L. M. Schwarcz; H. M. Starling, *Brasil: uma biografia*, 2015, p. 84.

bordo de um navio negreiro carregado com 690 escravos entre Angola e Salvador, na Bahia.[11]

O tormento era particularmente grande para as mulheres, que ficavam separadas dos homens em porões mais próximos dos alojamentos da tripulação. Ali, elas estavam vulneráveis ao assédio e ao estupro por parte dos oficiais e marinheiros, sem ninguém que pudesse defendê-las. O assalto sexual começava ainda antes da partida do navio. Um traficante francês escreveu em suas memórias que, ainda no porto africano, cada oficial tinha a prerrogativa de escolher à vontade uma escrava que, durante toda a viagem, lhe serviria "na cama e na cozinha". Outra testemunha, o capitão negreiro John Newton (1725-1807, que depois se tornaria abolicionista e autor do hino *"Amazing Grace"*, ou "Maravilhosa Graça"), escreveu que os oficiais tinham o hábito de dividir as mulheres entre si, segundo a beleza delas e a preferência de cada um, ainda no início da viagem. "Recusa ou resistência seria totalmente em vão", afirmou. O médico Alexander Falconbridge relatou que em alguns navios britânicos qualquer marinheiro poderia ter relações sexuais com as escravizadas, "desde que elas consentissem" – como se essa opção de fato existisse entre pessoas cativas. Os oficiais, ao contrário, tinham total liberdade para "exercer suas paixões entre elas, sem qualquer restrição", e, às vezes, "cometiam excessos brutais".[12]

Os navios negreiros eram famosos pelo mau cheiro. Tanto que muitos marinheiros diziam ser possível detectar a sua presença em alto-mar, antes que aparecessem na linha do horizonte. Sua aproximação era percebida contra o vento, que antecipava o odor de seus porões quando ainda estavam a muitos quilômetros de distância. "A pestilência, que não se pode suportar em todo o navio, é capaz de fazer desmaiar ou cair os passageiros", afirmou o padre italiano Antonio Zucchelli da Gradisca (1663-1716), a propósito de uma viagem que fez em 1702 de Luanda para o Brasil.[13] "O ar é tão rarefeito e abafado, a ventilação

11_A. Caldeira, *Escravos e traficantes no Império Português*, 2013, p. 139-140.

12_R. Harms, *The Diligent: a Voyage Through the Worlds of the Slave Trade*, 2002, p. 312.

13_A. Caldeira, *Escravos e traficantes no Império Portuguê: o comércio negreiro português no Atlântico durante os séculos XV a XIX.*, 2013, p. 144.

é tão precária que, às vezes, é impossível manter uma vela acesa", relatou o francês Jean Barbot (1655-1712), referindo-se à falta de oxigênio nesses porões.[14] Outro capuchinho italiano, Giuseppe Monari (c. 1676-c. 1725), que partiu de Luanda rumo à Bahia em maio de 1720 num navio de 789 cativos, dos quais oitenta morreram durante os 36 dias de travessia, deixou o seguinte relato:

> É impossível descrever os choros, a confusão, o fedor, a quantidade de piolhos que devoravam aqueles pobres negros. Naquele barco havia um pedaço de inferno. Mas, como os que estão no inferno não têm esperanças de saída, eu me contentaria dizendo que a nau do purgatório.[15]

Em condições de higiene tão precárias, inúmeras doenças produziam grandes estragos entre os cativos e os tripulantes. Uma das maiores ameaças era o escorbuto, moléstia provocada pela deficiência de vitamina C e de alimentos frescos, tão comum nos navios negreiros que no século XVII era conhecida como "mal de Luanda". Enfraquecida, a vítima queimava de febres e sofria dores insuportáveis. A gengiva necrosava. Os dentes caíam ao simples toque. Na prática, era como se o corpo fosse se decompondo antes ainda que chegasse o fatal desfecho. Mortandade maior era provocada pela disenteria chamada de "fluxo" nas embarcações portuguesas e brasileiras. A lista de enfermidades incluía ainda febres – amarela, malária e tifoide, principalmente –, varíola, sarampo e gripe. A falta de suprimento adequado e de água causava desidratação sob o sol dos trópicos.

Se chovesse ou se o mar estivesse muito revolto, os africanos podiam permanecer nesses locais por semanas a fio, sem ver a luz do dia, aumentando o risco de contaminação por essas doenças. A limpeza só era feita com tempo bom e ensolarado. Os cativos eram, então, obrigados a subir para o deque superior e se exercitar ou dançar. Os que se

---

14_J. Thornton, *Africa and Africans in the Making of the Atlantic World, 1400-1800*, 1992, p. 154-155.
15_J. Miller, *Way of Death*, pp. 411-412.

recusassem era ameaçados com chicote. Enquanto isso, os tripulantes desciam aos porões para esfregá-los com uma mistura de areia e outros materiais abrasivos. Depois fumigavam o ambiente inserindo uma barra de ferro incandescente em balde de vinagre misturado com tabaco. Em alguns navios queimava-se também pólvora e alcatrão, o que fazia levantar uma espessa nuvem de fumaça tóxica que tornava o ar irrespirável por muitas horas. Por fim, tinham de recolher e despejar no oceano os barris repletos de urina e excrementos. Como se pode imaginar, era um trabalho que os marinheiros detestavam fazer.

Um dos trabalhos mais árduos a bordo era o do cozinheiro, que tinha a obrigação de preparar duas refeições ao dia para centenas de pessoas, incluindo os cativos e os tripulantes. Por isso, optavam por alimentos que exigiam preparos muito simples, como sopas, mingaus, pratos cozidos e angus. No século XVI, cada cativo embarcado em Angola recebia diariamente uma ração composta de 1,8l[16] de farinha de mandioca, um quinto de litro de feijão ou milho, farinha feita de *emba* (coquinho da palmeira de dendê), peixe seco e salgado, carne de boi, de baleia, hipopótamo ou elefante. A partir do século XVIII, adicionava-se também carne de charque – salgada e seca ao sol nas charqueadas do Rio Grande do Sul. Cativos vindos das regiões do Golfo do Benim consumiam inhame, item importante na dieta básica nessa região da África.

O Brasil estava ainda além do horizonte, invisível em alto-mar, quando os tripulantes dos navios negreiros começavam a fase final de sua jornada: preparar os escravos para serem vendidos em terras brasileiras. O sucesso dessa operação dependia em grande parte dos lucros do negócio. O segredo era apresentar os cativos com a aparência mais saudável possível, de maneira a impressionar os compradores e, assim, obter preços melhores por eles. Ao longo dos séculos, os traficantes foram desenvolvendo técnicas elaboradas para transformar seres humanos em mercadorias atraentes na hora de venda.

16_Litro era a medida usada na época. O quilo (kg) seria adotado como medida de peso, usada hoje em quase todos os países, somente após a Revolução Francesa de 1789. (N.E.)

A primeira providência consistia em retirar, com vários dias de antecedência, as correntes e algemas que prendiam os escravizados, de modo que, ao chegar, não houvesse marcas visíveis na pele. A segunda era lavá-los cuidadosamente, com esponja e sabão. Feridas eram tratadas e cobertas com pó cicatrizante. Os homens tinham os cabelos raspados e a barba escanhoada. Eventuais fios grisalhos seriam arrancados ou pintados de preto. Os mais velhos, que tivessem a pele macilenta ou enrugada, teriam o rosto e o tronco polidos com pedra ou areia fina. Reforçava-se também a ração de comida, incluindo alimentos mais ricos em carboidratos e proteínas. Por fim, os marinheiros untavam os corpos africanos com óleo de dendê, de maneira que ficassem brilhantes e parecessem bem hidratados.

O leilão era a forma mais comum de venda de pessoas no Brasil e no restante do continente americano, porém não a única. Existiam expedições previamente encomendadas por um comprovador individual ou em grupo. A carga de cativos, assim, chegava ao Brasil já com destino certo, sem necessidade de operações de venda no cais do porto. Esse sistema foi especialmente usado no século XIX, durante a fase ilegal do tráfico, depois que a importação de cativos já fora oficialmente proibida. Nesse caso, fazendeiros contratavam antecipadamente a aquisição de um determinado número de cativos, que eram desembarcados às escondidas em locais remotos – como Ilha Grande ou Mangaratiba, no Rio de Janeiro – e transportados às escondidas para os seus locais de trabalho.

Na maior parte das transações, porém, a venda se processava em sistema de oferta pública, semelhante ao das feiras agropecuárias hoje existentes no interior do país, em que animais são arrematados pelo melhor preço. E, não por mera coincidência, no período colonial, uma forma muito comum de avaliar o valor de mercado de um escravo na chegada ao Brasil era compará-lo ao de um animal de carga. Do ponto de vista dos seus donos, o paralelo fazia todo o sentido: ambos se destinavam à mesma atividade.

No começo do século XIX, uma besta adestrada custava no Rio de Janeiro cerca de 28 mil réis, preço que, segundo o historiador Almeida Prado, o botânico austríaco Carl Friedrich Philipp von Martius (1794-1868) teria pagado por um animal em 1817. Nessa mesma época, um escravo adolescente do sexo masculino custaria cerca de 100 mil réis, valor equivalente ao de três mulas de carga. Curiosamente, essa mesma correlação entre um escravizado e um animal era observada um século antes nos relatos do padre jesuíta André João Antonil (1649-1716), autor de *Cultura e opulência do Brasil por suas drogas e minas*, um clássico da historiografia brasileira. Numa seção do livro intitulada "Preços dos escravos e das cavalgaduras", Antonil relata que em 1711 "um negro bem-feito, valente e ladino", custava em Minas Gerais trezentas oitavas de ouro, três vezes o valor de "um cavalo sendeiro".[17]

Na chegada aos portos brasileiros, o capitão do navio deveria antes registrar sua carga e pagar os impostos na alfândega e submeter-se à fiscalização sanitária. Escravizados doentes ficavam em quarenta. Era uma forma de impedir que as doenças se propagassem pela população local. As origens de diversas epidemias ocorridas no Brasil no início do século XVII foram associadas ao desembarque de escravos vindos de regiões da África onde havia moléstias endêmicas, como varíola, malária ou febre amarela. Uma vez com a papelada em ordem, começava a venda dos cativos. Muitos eram arrematados diretamente no navio. Outros, levados ao mercado em terra. Se a procura por mão de obra fosse alta, as vendas poderiam ser rápidas, às vezes liquidadas em poucos dias. Em outras ocasiões, porém, as negociações poderiam se prolongar por vários dias, colocando em risco os resultados do negócio. Foi o que aconteceu com capitão João Proença e Silva, que, em 1762, levou quase um mês para se livrar dos últimos quatro escravos de uma carga de sete que levara ao Rio de Janeiro (os outros três tinham morrido durante a viagem).[18]

Os leilões começavam pela *primeira escolha*, na qual os compradores mais ricos e influentes tinham a preferência de arrematar os escravos mais jovens, fortes e saudáveis, pagando preços igualmente mais elevados. Depois vinha a *segunda escolha*, de escravos considerados de

17_A. J. Antonil, *Cultura e opulência do Brasil*, 2011, p. 230.
18_K. M. de Q. Matoso, *Ser escravo no Brasil*, 1988, p. 69-70.

capacidade de trabalho inferior, crianças ou adultos com idades acima dos trinta anos. Por fim, restavam os idosos, doentes e com alguma deficiência física, que eram vendidos pela melhor oferta, como numa liquidação de estoque, e que geralmente eram comprados por pessoas mais pobres. Alguns, fracos e doentes demais, não encontravam comprador algum e eram abandonados nas ruas do Rio de Janeiro, onde morreriam como indigentes. Havia até mesmo um "mercado secundário", no qual investidores compravam escravos doentes ou desnutridos para curá-los e engordá-los e, depois, revendê-los a um preço mais alto.

O processo de venda envolvia uma série de humilhações para os escravos que, exaustos pela travessia do oceano e assustados na chegada a uma terra que desconheciam, seriam submetidos a um minucioso exame de seus corpos, incluindo as partes íntimas. Inteiramente nus, eram pesados, medidos, apalpados, cheirados e observados nos mínimos detalhes. Tinham de correr, pular, esticar braços e pernas, respirar fundo e tossir. Os compradores enfiariam os dedos na sua boca, para checar se os dentes estavam em bom estado e se a coloração da língua era adequada. Alguns compradores mais ricos e experientes, delegavam essa tarefa a médico, que procederia à análise com o mesmo rigor profissional com que hoje um clínico geral observaria um paciente em seu consultório – com a diferença de que, no comércio de escravos, tudo isso era feito em público, à vista de dezenas ou centenas de pessoas.

Uma observação mais detalhada seria feita nas genitais, tanto dos homens quanto das mulheres, em busca de sinais de doenças como sífilis e gonorreia. A pele seria pressionada e examinada inúmeras vezes, na tentativa de checar se não estaria macilenta ou se não haveria feridas escondidas sob alguma substância cosmética. Muitas vezes, os vendedores tentavam enganar os clientes barbeando os escravos mais velhos, cujo rosto, depois de escanhoado, era polido com pedra-pome. Por essa razão, alguns compradores – tanto na África quanto na chegada ao Brasil – tinham o hábito de passar a língua na face e no queixo dos cativos, à procura de sinais de barba cortada.

Além do sexo, idade, saúde e aparência física, outros fatores eram levados em conta durante as negociações de venda de cativos na chegada aos portos brasileiros. "Negros ladinos", que sabiam alguns rudimentos da língua portuguesa, tinham sido batizados e, muitas vezes, já haviam passado pelo cativeiro das ilhas atlânticas, como São Tomé e Cabo Verde, valiam mais. Se tivessem alguma especialidade, como mineração, metalurgia, carpintaria ou criação de gado, alcançavam preços melhores ainda. Esses escravos eram relativamente raros e muito procurados no Brasil. Os de menor avaliação eram os "boçais", africanos recém-chegados que nunca tinham tido qualquer contato com a língua portuguesa ou os costumes dos colonizadores europeus. Esses seriam considerados apenas pelo vigor físico e pela capacidade de trabalho braçal.

Feitos todos os exames e considerações, vendedor e comprador punham-se de acordo a respeito do preço. Alguns pagamentos eram feitos à vista, outros a crédito mediante a emissão de uma nota de câmbio ou promissória, que seria resgatada depois de algum tempo. Começava então para o africano um período de adaptação à sua nova vida de escravizado no Novo Mundo. Havia dois destinos prováveis para ele. Se fosse escravo urbano, certamente seria instalado no andar térreo de uma casa de dois andares, muitas vezes dividindo espaços com animais domésticos, à disposição e sob o controle de seus novos senhores, que viviam no pavimento superior. Se estivesse destinado ao trabalho rural, em fazendas e engenhos de açúcar, seria levado para as senzalas, alojamentos coletivos de escravos, sob a vigilância de um feitor. Trabalhadores domésticos (na maioria das vezes, mulheres, chamadas de mucamas) iriam para a casa-grande (na época chamadas também de *casas de morada* ou *casas de vivenda*), a moradia do senhor, de arquitetura assobradada colonial, com varanda e alpendre, geralmente situada nas vizinhanças da senzala.

As senzalas brasileiras eram de construção rústica, com paredes de taipa, chão de terra batida, sem janelas e cobertas de palha. O teto era tão baixo que nem sempre um homem adulto conseguiria ficar de pé. Situavam-se a algumas centenas de metros da casa-grande, de modo que os sons, o cheiro e as atividades dos escravizados não incomodassem o sono e o conforto de senhores e senhoras. Porém, nunca tão longe ao ponto de impedir que feitores e capatazes vigiassem e controlassem todas as suas atividades. Para evitar fugas, durante a noite o feitor trancava as portas por fora com cadeado e corrente. A falta de ventilação tornava o ambiente abafado e claustrofóbico, especialmente no verão. O sono era atormentado por nuvens de mosquitos e insetos. Dormia-se em redes ou no chão, sobre esteiras, ou ainda em camas rústicas chamadas de girau, compostas de pranchas madeira estendidas sobre estacadas. Além disso, havia o fogão a lenha, também construído de taipa e alguns utensílios domésticos. Escravizadas que trabalhavam na casa-grande em geral tinham melhor tratamento, mas com uma contrapartida: estavam sob o constante olhar do senhor ou da senhora. Qualquer deslize poderia ser fatal.

A fase inicial da vida do escravizado no Brasil e no restante das Américas era particularmente difícil, repleta de provações. Nas ilhas do Caribe, os ingleses diziam que esse era o momento de "temperar" (*seasoning*, em inglês) o cativo, ou seja, mostrar a ele quem, de fato, mandava, quem era o dono e senhor do seu destino. Isso envolvia uma série de torturas, físicas e psicológicas, até que o escravizado se "colocasse em seu lugar" – ou seja, o mesmo ocupado por animais domésticos e de trabalho. Segundo o padre jesuíta Manuel Ribeiro Rocha (?-1779), que foi missionário na Bahia em meados do século XVIII, durante essa etapa, muitos senhores de engenho do Recôncavo Baiano tinham o hábito deliberado de surrar os cativos. Era a primeira providência que tomavam depois da compra dos africanos:

> Há homens tão inumanos que o primeiro procedimento que tem com os escravos e a primeira hospedagem que lhes fazem, logo que comprados aparecem na sua presença, é mandá-los açoitar rigorosamente, sem mais causa que a vontade própria de o fazer assim [...] e serem temidos e respeitados.[19]

Em geral, as autoridades faziam vistas grossas a tais abusos. Vez por outra, no entanto, a coroa portuguesa tentava, ainda que apenas

---

19_M. R. Rocha, *Etíope resgatado*, 2017, p. 136.

formalmente, impedir os excessos. Em 1688, foram publicadas duas leis que tentavam dar alguma proteção legal aos escravos.[20] Determinavam que qualquer pessoa, mesmo cativa, poderia denunciar às autoridades civis ou eclesiásticas senhores cujo comportamento fosse considerado excessivamente cruel. Em 1700, a justiça determinou que fossem investigados todos os casos envolvendo mutilação, punição excessiva ou mortes de escravizados por falta de comida. Em carta ao governador da Bahia, dom João de Lancastre, o rei Pedro II (de Portugal) pedia a averiguação de denúncias. O governador se recusou a acatar as determinações do rei, alegando que a medida significava um perigoso precedente. Segundo ele, a punição dos infratores colonos e fazendeiros brancos poderia, no futuro, levar à quebra da disciplina na relação entre escravos e senhores. Poderia também levar os escravizados a acreditar que seria possível obter a liberdade recorrendo à justiça. Como se vê, eram leis inúteis num país ermo, sem comunicações, em que vilas e fazendas situavam-se quilômetros de distância uma da outra, e no qual o poder, incluindo a justiça, era exercido pelo chefe local, dono de escravos, sem grande possibilidade de interferência ou mediação da coroa portuguesa.

Havia três categorias de castigo dos escravizados no Brasil segundo a classificação feita em 1938 pelo historiador Artur Ramos. A primeira era o dos instrumentos de captura e contenção. Incluíam correntes e colares de ferro, algemas, machos e peias (para pés e mãos), além do tronco – um pedaço de madeira dividido em duas metades com buracos para imobilizar a cabeça, os pés e as mãos – e o viramundo, espécie de tronco menor, de ferro. A máscara de folha de flandres era usada para impedir o escravizado de comer cana, rapadura ou engolir pepitas e pedras preciosas. O cepo era um longo e pesado tarugo de madeira que, preso por correntes ao tornozelo, o escravizado tinha de levar à cabeça ao se movimentar.

20_Neste livro, o termo "escravo" aparece para denominar pessoas escravizadas em um contexto de comércio, tráfico, mercado, venda/compra e importação em sua acepção histórica. (N.E.)

Na segunda categoria, a das torturas, havia um item especialmente assustador, o "anjinho", instrumento de suplício de origem medieval. Consistia em dois anéis metálicos em forma de torniquete, que eram introduzidos nos dedos do escravizado e iam sendo gradativamente atarraxados, produzindo dores atrozes e podendo mesmo esmagar os ossos da pessoa que não confessasse rapidamente o que o torturador esperava ouvir. Na terceira e última categoria, a das surras, usava-se a palmatória ou o bacalhau, o chicote de cabo curto, de ouro ou madeira, com cinco pontas de couro retorcido. Para identificar escravizados fugitivos, utilizava-se marcas gravadas a ferro quente com a letra "F" no rosto, além do libambo, argola de ferro presa ao pescoço da qual saía uma haste longa, também de ferro, voltada para cima, até o topo da cabeça do escravizado, com ou sem chocalhos nas pontas.

Na prática, três instrumentos eram aplicados com mais regularidade: o chicote, o tronco e os grilhões. A punição mais comum era o açoite do escravizado, nas costas ou nas nádegas, quando fugia, cometia algum crime ou alguma falta grave no trabalho. Há referências de viajantes e cronistas a punições absurdas, de duzentos, trezentos ou até seiscentos açoites. Quantidade tão elevada de chibatadas deixava as costas ou as nádegas do escravizado em carne viva. Numa época em que não havia antibióticos, o risco de morte por gangrena ou infecção generalizada era grande. Por isso, banhava-se o escravizado com uma mistura de sal, vinagre ou pimenta malagueta – numa tentativa de evitar a infecção das feridas.

A escravidão separava pais e filhos, maridos e mulheres, famílias e comunidades inteiras que, na África, tinham convivido e compartilhado os mesmos costumes e crenças por muitas gerações. A identidade original do escravizado era arrasada. Para trás ficavam seus laços familiares, suas convicções religiosas, seu status social, as memórias coletivas. Completava-se, desse modo, o processo de desenraizamento, que o sociólogo Orlando Patterson chamou de "morte social". Mas nem por isso o africano escravizado deixava de existir. O que restava dessa identidade estilhaçada pelo tráfico negreiro tinha de ser refeito na outra margem do Atlântico. Outras Áfricas seriam reconstruídas no Brasil.

Esse processo de reconstrução, a partir dos retalhos da antiga identidade perdida, começava ainda a bordo dos navios, na jornada rumo ao Brasil. Os sofrimentos compartilhados forjavam amizades entre cativos de diferentes regiões, diferentes etnias e linhagens, algumas eram até rivais entre si na África. Esses novos companheiros de travessia do oceano eram chamados no Brasil de malungos. A palavra "malungo" vem da língua quimbundo de Angola e designa as correntes de ferro com que se prendia os cativos. No Brasil, passou a ser sinônimo de pessoas que tinham viajado, em geral acorrentadas, no mesmo navio negreiro. Eram, portanto, companheiros de jornada e de infortúnio. Segundo o historiador Luiz Felipe de Alencastro, esse era o primeiro laço de solidariedade – e de identidade – que unia os recém-chegados. Dessa experiência, nasceram vínculos de amizades, compadrismo e cumplicidade que, às vezes, perduravam a vida toda. E que garantiram a sobrevivência e a perpetuação daqueles que do contrário, pelas regras da escravidão, estariam condenados a simplesmente desaparecer.

REFERÊNCIAS

ALENCASTRO, Luiz Felipe de. *O trato dos viventes: formação do Brasil no Atlântico Sul*. São Paulo: Companhia das Letras, 2000.

ANTONIL, André João (João Antônio Andreoni). *Cultura e opulência no Brasil por suas drogas e minas*. Brasília: Senado Federal, 2011.

BOXER, Charles Ralph. *Salvador de Sá e a luta pelo Brasil e Angola, 1602-1686*; trad. Olivério de Oliveira Pinto. São Paulo: Editora Nacional, Ed. da Universidade de São Paulo, 1973.

CALDEIRA, Arlindo. *Escravos e traficantes no Império Português: o comércio negreiro português no Atlântico durante os séculos XV a XIX*. Lisboa: Esfera dos Livros, 2013.

CONRAD, Robert Edgar. *Tumbeiros: o tráfico de escravos para o Brasil*. São Paulo: Brasiliense, 1985.

FERREIRA, Roquinaldo. *Cross-Cultural Exchange in the Atlantic World. Angola and Brazil During the Era of the Slave Trade*. Nova York: Cambridge University Press, 2012.

GOMES, Laurentino. *1808: Como uma rainha louca, um príncipe medroso e uma corte corrupta enganaram Napoleão e mudaram a História de Portugal e do Brasil*. São Paulo: Editora Planeta do Brasil, 2007.

GOMES, Laurentino. *Escravidão (v. 1): do primeiro leilão de cativos em Portugal até a morte de Zumbi dos Palmares*. São Paulo: Globo Livros, 2019.

GUMBLE, David P; HAIR, P. E. H. *The Discovery of River Gambra by Richard Jobson (1623)*. Vol. 2. Londres: Hakluyt Society, 1999.

HARMS, Robert. *The Diligent: a Voyage Through the Worlds of the Slave Trade*. Nova York: Basic Books, 2002.

MATTOSO, Katia M. de Queirós. *Ser escravo no Brasil*. Rio de Janeiro: Editora Brasiliense, 1988.

MILLER, Joseph. *Way of Death: Merchant Capitalism and the Angolan Slave Trade, 1730-1830*. Madison: The University of Wisconsin Press, 1988.

MONTECÚCCOLO, João António Cavazzi de. *Descrição histórica dos três reinos do Congo, Matamba e Angola*. Lisboa: Junta de Investigações do Ultramar, [1687]1965.

REDIKER, Marcus. *The Slave Ship: A Human History*. Londres: Penguinbooks, 2007. [Ed. Bras.: *O navio negreiro: uma história humana*. São Paulo: Companhia das Letras, 2011.]

ROCHA, Manuel Ribeiro. *Ethiope resgatado, empenhado, sustentado, corrigido, instruído*. São Paulo: Editora da Unesp, 2017.

SCHWARCZ, Lilia Moritz; STARLING, Heloisa M. *Brasil: uma biografia*. São Paulo: Companhia das Letras, 2015.

THORNTON, John. *Africa and Africans in the Making of the Atlantic World, 1400-1800*. Nova York: Cambridge University Press, 1992.

WILLIAMS, Eric. *Capitalism and Slavery*, 3. ed. Carolina do Norte: The University of North Carolina Press, 2021, edição Kindle.

Planta da cidade do Rio de Janeiro,
P. S. F. Souto, 1817.
COLEÇÃO GEYER / MUSEU IMPERIAL

VALONGO: O MERCADO DE ALMAS DO RIO DE JANEIRO

Claudio de Paula Honorato

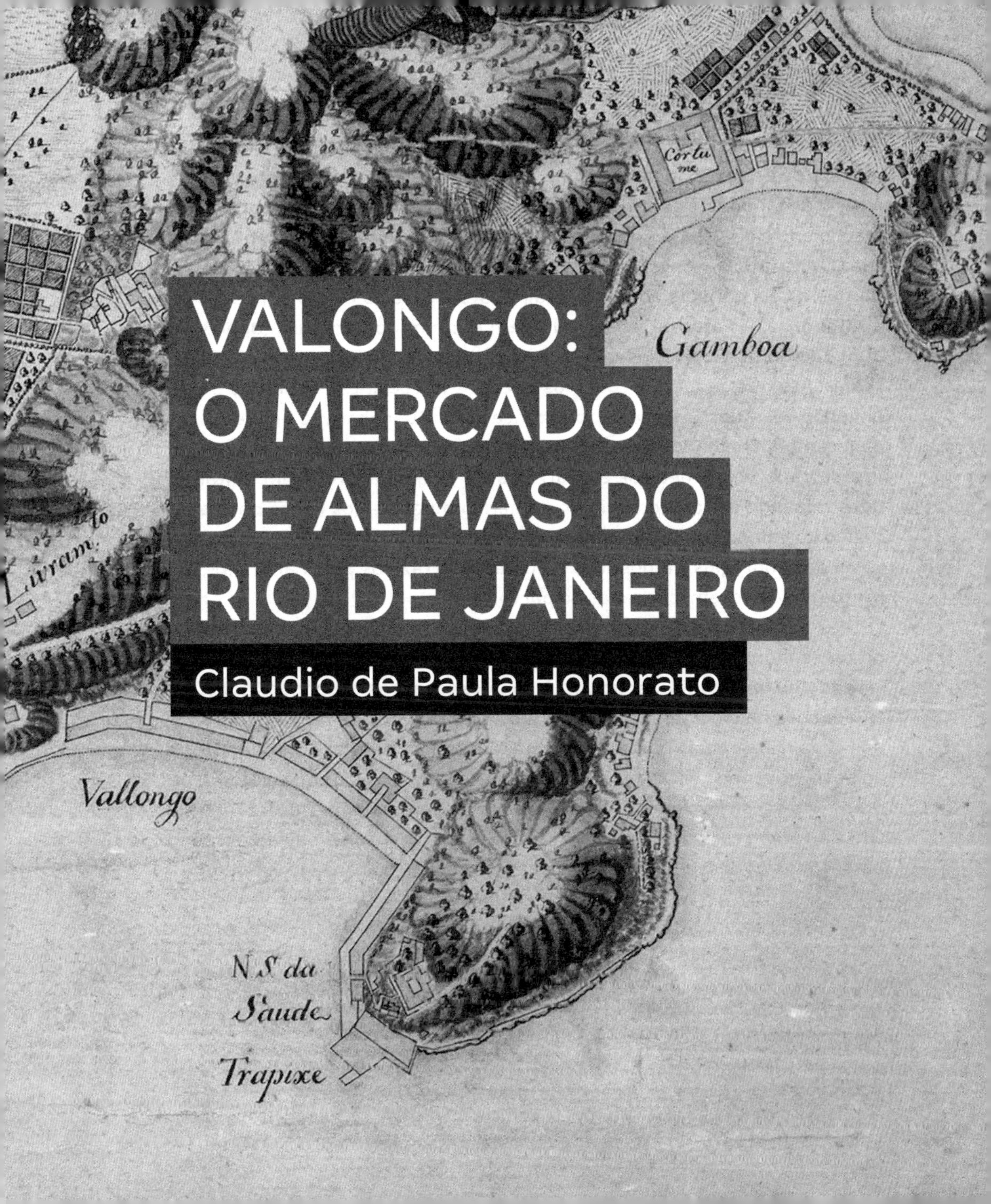

Até meados do século XVIII, a compra e venda de africanos escravizados desembarcados no porto da cidade do Rio de Janeiro era feita nos armazéns de escravos, localizados em sua maioria na rua Direita, próximo à Alfândega, onde ficavam as mais conhecidas casas de comércio, no trecho entre a Casa de Contos e a ladeira do Mosteiro de São Bento. A rua Direita, atual avenida Primeiro de Março, era a principal via da cidade que corria paralela ao porto, e ali ficava o palácio do Governador,[1] a Alfândega, a Catedral, a Mesa do Bem Comum do Comércio (depois Junta do Comércio), várias repartições públicas e mais armazéns e moradias. Até que, em 1758, conflitos entre os negociantes, senhores de engenho, lavradores de cana do recôncavo da Guanabara[2] e pequenos negociantes chamados atravessadores levaram o Senado da Câmara, assessorado pelos médicos e cirurgiões da cidade, a lançar um edital determinando a transferência do comércio de africanos novos para a região do Valongo, fora dos limites da cidade, sob a alegação de preservá-la dos contágios de doenças e epidemias trazidos pelos africanos, pretos novos, recém-chegados ao porto.

Por meio de uma carta enviada ao rei de Portugal, em 1722, grupo de senhores de engenho e agricultores (de comum acordo com os vereadores da cidade) denunciou alguns vendedores de escravizados. "[Pequenos negociantes] atravessam os escravos que vêm de Angola e Costa da Mina e mais partes donde costumam vir para os revenderem ao povo, privando aos senhores de engenho e lavradores de que os comprem". No entanto, o que acontecia era que os comerciantes localizados junto ao porto estavam mais bem informados sobre a chegada das embarcações e os desembarques de escravizados e logo acorriam ao porto,

---

1_Depois dos vice-reis, Paço Real e Paço Imperial.

2_As terras entre o Rio de Janeiro e a Serra do Mar, conhecidas como recôncavo da Guanabara, faziam parte do Termo da Cidade até 1833. A Baixada Fluminense abrangia a planície de Itaguaí a Campos. Essa interpretação está ligada às análises históricas até o século XIX e ao conceito geográfico de recôncavo guanabarino, que é a área de terras baixas entre a Serra do Mar e a baía de Guanabara, de São Gonçalo a Nova Iguaçu. Hoje, Baixada Fluminense refere-se a vários municípios, variando conforme a pesquisa. Cf. Tania Amaro, "Baixada Fluminense", *Associação dos Amigos do Instituto Histórico*, 03/07/2012; Lúcia Helena Pereira da Silva, "De Recôncavo da Guanabara à Baixada Fluminense: leitura de um território pela história", *Recôncavo: Revista de História da Uniabeu*, jul./dez. 2013.

ou mesmo a bordo, onde compravam os melhores cativos por melhor preço. Por chegarem tarde à cidade, os senhores de engenho ficavam com os escravizados considerados de pior qualidade por preços proporcionalmente mais altos.[3]

Num acordo entre a Câmara e o ouvidor geral, o desembargador José de Siqueira tentou coibir a ação dos atravessadores estabelecendo que "toda pessoa que atravessasse os ditos negros pagaria cinquenta cruzados [dois contos de réis] e teria um mês de prisão".[4] Tudo indica que essa iniciativa não teve o resultado esperado, pois em 1756 a Câmara de Vereadores fez nova denúncia. A polêmica chegou ao rei de Portugal, dom José I, que pediu a Gomes Freire de Andrade, então governador do Rio de Janeiro, que emitisse seu parecer sobre o assunto. Antes de fazê-lo, o governador ouviu um dos maiores negociantes da praça, Antonio Pinto de Miranda,[5] que, a seu pedido, emitiu parecer favorável aos "atravessadores". Em sua opinião, eles eram de suma importância para o bom funcionamento do comércio de escravos africanos da cidade, pois sem eles seria maior o risco dos grandes negociantes e maiores seus prejuízos. O negociante afirma:

> A venda dos escravos que vêm a esta cidade, não só de Angola e Costa de Mina mas também transportados da Bahia e Pernambuco assim que chegam e são despachados na Alfândega, se faz pública e comum para todos aqueles que o procuram ou querem comprar a fim de satisfazerem com o seu produto não só os Direitos Reais mas também os fretes e letras que se costuma passar sobre os ditos escravos. Entre este número de pessoas sucede, e ao mesmo tempo, haver também outras que compram a dinheiro e fiado para tornar a vender alguns daqueles que são bons, mas comumente só fazem no resto da carregação, a que

3_Nireu Cavalcanti, "O comércio de escravos novos no Rio de Janeiro setecentista", in Manolo Florentino (org.), *Tráfico, cativeiro e liberdade*, 2005, p. 41-42.

4_AHU, códice 226, p. 249, Nireu Cavalcanti, op. cit., 2005, p. 38.

5_Era comum nesses casos o rei pedir parecer a diferentes autoridades que estivessem exercendo funções nos locais dos denunciantes. Nireu Cavalcanti, idem.

se chama refugo ou incapazes de reterem pronta saída em razão do estabelecimento que tem cada um destes na sua casa para custear e tratar deles [...], depois disto os vendem por decurso de tempo a quem lhos procura na cidade a dinheiro e nos recôncavos dela aos senhores de engenho, lavradores e roceiros, para onde os conduzem e vendem não só fiado mas também a troco dos seus efeitos recebendo assim o prêmio de seu trabalho e risco a que se expõem quando os juntaram na primeira mão. [...] não são poderosos os que se ocupam de semelhante negociação, mas sim pobres que não têm outro modo de vida. Destes compradores se não segue prejuízo a nenhum daqueles referidos por público para todos a venda dos escravos, não só quando chegam mas no dilatado tempo que sucede haver, repetidas vezes sem se poder ajustar a conta de venda de qualquer carregação. Antes são convenientes e mui úteis a este grande comércio semelhantes compradores, como meio eficaz de se conservarem os comerciantes e traficantes dele, porque chegando a esta com os ditos escravos tendo pronta saída nos mesmos, cuidam logo em voltar ao resgate ou compra de outros e não tendo forçosamente se hão de arruinar com a demora por causa da mortalidade que experimentam por inseparáveis do seu tráfico a falta de comodidade de os custear.[6]

Com base no relatório de Antonio Pinto de Miranda, referendado pelo governador Gomes Freire de Andrade, o rei negou o pedido dos vereadores. Mas os senhores de engenho e lavradores do recôncavo da Guanabara não desistiram de seu intento; em 1765, voltaram a atacar. Por meio de carta denunciaram novamente à Câmara de Vereadores "o dano gravíssimo que recebiam o exorbitante preço e carestia, a que tinha subido os escravos, que de Angola, Benguela, Costa da Mina e outros presídios vinham a vender nesta, por causa dos atravessadores". Alegavam que o alto preço dos escravos era responsável pela decadência das fazendas e que isso afetava diretamente os dízimos reais. Mais uma vez,

---

6_AHU, avulsos RJ, cx. 84, doc. 19.

a atitude dos vereadores foi de apoiar os senhores de engenho e lavradores contra os negociantes.

Em 9 de março de 1765, os vereadores e senhores de engenho enviaram uma carta ao já então vice-rei conde da Cunha, solicitando a proibição do comércio abusivo praticado pelos atravessadores; e, em 6 de novembro de 1765, enviaram uma carta ao próprio rei de Portugal. Em resposta enviada ao rei em 4 de fevereiro de 1767, com base no relatório de Antonio Pinto de Miranda, o vice-rei conde da Cunha também foi totalmente favorável ao negócio dos atravessadores:

> [...] o requerimento que os senhores de Engenho e lavradores de cana do recôncavo desta cidade fizeram ao Senado da Câmara assenta sobre um princípio e motivo falso, pois alegam o dano gravíssimo, que recebiam do exorbitante preço e carestia a que tinham subido os escravos que de Benguela, Angola, Costa da Mina e outros presídios vinham a vender a este porto; isto se vê que não é verdade, pois que cada dia com o excessivo número de escravatura que aqui entra se vai diminuindo o seu valor, com tal excesso, que muitos homens, que os trazem da África, os tornam a navegar para os outros portos do Brasil, por não terem saída; estão sempre tantos por estas ruas a venderem, que são inumeráveis. Se não houvesse os negociantes a que os mesmos suplicantes chamam de atravessadores, morreriam todos os que aqui vêm doentes e magros, pois que estes não compram os senhores de engenho e lavradores de cana, e muito menos os mineiros, só sim os pobres, que deste gênero de negócio vivem, tratando deles e curando-os com maior trabalho; que se proibisse esta útil negociação, nem haveria quem fosse resgatar à Costa da África, nem se achariam venda se não pelos grandes preços que tiveram nos tempos em que não havia ainda esta pequena negociação com os que não têm valor pelos sobreditos motivos; e perderia a Real Fazenda de V. Majestade a maior parte da utilidade, que tem nos Direitos, que os mesmos escravos produzem.[7]

7_Idem.

Essa polêmica revela que existiam na cidade interesses divergentes entre os diversos setores envolvidos no comércio de escravos africanos, fossem eles compradores, intermediários, representantes da Câmara ou mesmo autoridades. Pode-se perceber a existência de pelo menos quatro grupos distintos: os grandes comerciantes que compravam à vista em dinheiro; os chamados "senhores" que queriam escolher os melhores escravizados pelo melhor preço; os comerciantes estabelecidos na cidade, donos de lojas; e os atravessadores, compradores de menor poder aquisitivo que compravam o "refugo", aí incluídos os escravos doentes, com deficiências físicas, as crianças e os velhos. É importante destacar que, como dão a perceber Antonio Pinto de Miranda e o próprio conde da Cunha, os grandes comerciantes que financiavam o comércio atlântico defendiam os atravessadores porque, ao viabilizar a venda dos escravos de menor qualidade, eles reduziam os prejuízos do comércio atlântico.

Esses atravessadores constituíam uma rede de especialistas em recuperar escravizados doentes para a revenda a preços que compensavam os investimentos aplicados nesse negócio. Apesar dos protestos dos senhores de engenho e lavradores de cana do recôncavo, com o apoio do Senado da Câmara, eles conseguiam manter seu negócio. O apoio das autoridades justificava-se, entre outros argumentos, pelo fato de que segundo as palavras do conde da Cunha, o negócio dos atravessadores evitava transtornos à saúde da cidade e aumentava os dízimos reais, "coisa que não ocorria antes de sua existência", além de evitar perdas maiores e manter equilibrados os preços dos escravos na cidade.[8]

Em 14 de janeiro de 1758, sob a presidência do juiz de fora Antonio de Matos e Silva, os vereadores convidaram os médicos e cirurgiões para deliberarem sobre o comércio de africanos novos no centro. Foi reafirmada a preocupação com a saúde dos moradores da cidade por ser "veemente suspeito o comércio tão numeroso de negros que vinha em direitura da Costa da Guiné para este país". Acordou-se, finalmente que:

8_Nireu Cavalcanti, op. cit., p. 41.

> Nenhuma pessoa de qualquer estado ou condição, que seja tenha no continente desta cidade tanto em casa como nas ruas, rossios e praças da mesma magotes de negros novos vindos das partes da Guiné ou outra região alguma em direitura a esta cidade, o que se averiguara pela entrada da Alfândega, sob pena de os negros serem apreendidos até que seus proprietários ou administradores pagassem multa à câmara.[9]

Acordou-se também a definição de uma nova área para localização do comércio dos africanos recém-chegados, os chamados "pretos novos". O local escolhido foi a região do Valongo, pelo acesso por mar e por terra pelo Caminho do Valongo (atual rua Camerino), que ia da praia ao centro da cidade.[10] Além disso, passou a haver também maior controle sobre o movimento dos escravizados na própria cidade, especialmente no que tocava aos comerciantes e atravessadores com negócios em Minas Gerais. Os donos de escravos novos que desejassem enviá-los para serem vendidos ou despachados mediante encomenda para Minas Gerais, deveriam informar suas intenções ao Senado da Câmara no prazo de 24 horas após a compra; e no prazo de oito dias obrigatoriamente retirá-los da cidade. Acrescia-se a essas medidas a proibição de levar os escravizados do Valongo para serem lavados no chafariz da Carioca, alegando os distúrbios que provocavam e o perigo de contaminação dos usuários do chafariz e da própria água.[11]

A reação dos negociantes foi imediata. Entraram com recurso contestando o edital e os argumentos da questão sanitária, tida como "falsa e contrária à verdade" e, ignorando as determinações régias que datavam de 1718, argumentaram que tal comércio era muito antigo no centro da cidade "onde sempre desembarcaram e venderam escravos

9_Para se considerar magotes ou ranchos dos ditos negros bastava que se encontrassem juntos cincos negros mesmo que fossem de donos diferentes. AHU, avulsos RJ, cx. 84, doc. 19.

10_Nireu Cavalcanti, op. cit., p. 43.

11_AHU, avulsos RJ, cx. 84, doc. 19. Acórdão do Senado da Câmara do Rio de Janeiro, de 14 de Janeiro de 1758, e edital publicado e mandado fixar nas ruas mais publicas a cidade a 28 de janeiro do mesmo ano. Ver também: Maria Fernanda Bicalho, *A cidade e o império: o Rio de Janeiro no século XVIII*, 2003, p. 242-244.

novos, as portas dos comerciantes sem que por esse motivo originasse moléstia alguma, nem achaque contagioso".[12] Alegavam que seus prejuízos seriam enormes com a transferência de seu comércio para o Valongo, que o atual local de comercialização era o ideal e que os escravizados não ofereciam perigo algum de contágio para os moradores da cidade. Além disso, alegavam que as embarcações sempre receberam a visita do médico da saúde para a vistoria rotineira, sem a qual o desembarque não era permitido, e que, desde sempre, somente escravizados sem doença contagiosa eram autorizados a desembarcar.

Uma parcela desses negociantes obedeceu às determinações do edital e transferiu suas lojas para o Valongo; outros permaneceram confiantes na decisão dos juízes do Tribunal da Relação, favorável a seu recurso. Em 1765, o Senado republicou o edital, dando a entender que a venda de escravos nas principais ruas da cidade continuava. O novo edital incluía também os negros pertencentes às companhias (trazendo escravizados que desembarcavam primeiro em Pernambuco, Bahia e Maranhão). A maioria dos desembargadores do Tribunal da Relação votou a favor da permanência do comércio de escravos na área central da cidade. Tal decisão estaria supostamente baseada em depoimentos de médicos e cirurgiões que, de acordo com o marquês do Lavradio, talvez tivessem sido subornados pelos negociantes. Dessa vez, eles declararam não ter o comércio de pretos novos nenhuma relação com as doenças e epidemias na cidade. Essa suspeita baseia-se no fato de que boa parte dos profissionais ouvidos e que deram parecer favorável aos negociantes nessa ocasião haviam concordado com os vereadores sobre o acórdão em 1758, por meio do que ficou deliberado que o comércio de escravos novos na área central da cidade era prejudicial à saúde pública e devia ser removido.[13]

Nos depoimentos dados em março de 1768, os médicos Antonio Ferreira de Barros, Francisco Correa Leal e os cirurgiões Luiz de França,

---

12_AGCRJ, códice 6.1.9, p. 78-79.

13_Para ver mapas mostrando detalhes do Valongo e da rua Direita: Eduardo Canabrava Barreiros, *Atlas da evolução urbana do Rio de Janeiro: ensaio, 1565-1965*, 1965.

Antonio Mestre, Francisco da Costa Brito e João da Silva Passos Cabral, admitiram que trabalhavam para os negociantes de escravizados novos, muitos há 25 ou trinta anos, e por essa razão tinham experiência e vivência do problema. O físico Mateus Saraiva, membro da Ordem de Cristo, cidadão da cidade do Rio, físico-mor das tropas reais, médico da Câmara e Saúde e sócio da Real Sociedade de Ciência de Londres, pronunciou-se contra os editais da Câmara e a favor dos negociantes de escravizados novos, tanto em 1758, quanto em 1765. Em 1758, declarou que era morador na rua Direita há 43 anos e que nunca havia chegado ao seu conhecimento "nenhuma epidemia, moléstia por contágio do mal de Luanda (ou escorbuto) introduzida na cidade por algum escravo vindo da costa da África, nem por outra doença, ou bexiga". Disse ainda que o escorbuto e a bexiga não eram motivos de queixas dos "comboios no exame da visita da saúde", nem no hospital militar e nem mesmo em Pernambuco e nos outros principais portos do Brasil. Em 1765, ele deu o seguinte depoimento:

> Certifico que os escravos novos vindo da Costa da África e Guiné, antes que se desembarque para a Alfândega são primeiro visitados pela Visita da Saúde, a que eu vou como médico da saúde, por Provisão Real, para que, no caso que identificar algum mal contagioso, se ordena dar-se-lhe quarentena e também mais que nas casas de minha vizinhança e onde há muitos anos se administram a venderem os negros escravos, nada se observa de epidemias, nem mal contagioso, por esses escravos, nem nas famílias das citadas casas, ou quaisquer outra casas aonde venho assistindo, com escravos novos.[14]

Foi, portanto, no meio de acirrados conflitos que, quase dez anos após a publicação do segundo edital da Câmara, o marquês do Lavradio ordenou que o comércio dos chamados "pretos novos" passasse para o sítio do Valongo. Sua intervenção foi, portanto, o desdobramento de

---

14_AHU, códices Rio de Janeiro, cód. 225.

décadas de debates e iniciativas no sentido de tirar ou não o comércio de africanos escravizados do centro da urbe carioca. Em relatório deixado a seu sucessor, Luís de Vasconcelos, fala na criação do Valongo, mas omite o debate anterior e os interesses envolvidos. Assim diz o referido relatório, datado de 19 de junho de 1779:

> Havia mais n'esta cidade o terrível costume de que todos os negros que chegavam da costa d'África a este porto, logo que desembarcavam, entravam para a cidade, vinha para as ruas públicas e principais dela, não só cheios de infinitas moléstias [...] foi preciso ser eu muito constante na minha resolução, para que logo que dessem a sua entrada na Alfândega [...] embarcassem para o sítio chamado Valongo, [...] ali se aproveitassem das muitas casas e armazéns que ali há para os terem; e que aqueles sitos [sic] fossem as pessoas que os quisessem comprar [...].[15]

Essa é, entretanto, uma afirmação feita num momento em que o marquês prestava contas de sua administração e estava, portanto, preocupado em enaltecer seus próprios feitos. No documento abaixo, no qual determina que o comércio de escravos novos fosse definitivamente transferido para o Valongo, o próprio marquês reconhece que essa resolução já havia sido anteriormente determinada pela Câmara:

> Sendo-me presente os gravíssimos danos, que se tem seguido aos moradores desta cidade de se conservarem [...] dentro da mesma, imensos negros novos que vêm dos portos de Guiné e Costa de África, infestados de gravíssimas enfermidades, [...] dos quais se acham sempre cheias a maior parte das ruas, e casas dos comerciantes, que os costumam vender [...] de que tem resultado contagiosas queixas epidêmicas, de que de anos a esta parte se acha infestado todo esse país, [...] o que já em outro tempo foi ponderado pela Câmara dessa cidade, que justamen-

15_"Relatório do marquês de Lavradio...", *Revista do Instituto Histórico Geográfico Brasileiro*, 1843.

te persuadida pelos professores. De que as contagiosas moléstias que se experimentavam eram causada da infecção dos negros novos, que se achavam a vender pelas ruas e praças da cidade, os mandou retirar logo para fora dela, o que não teve efeito, por passarem aqueles mesmos segundas certidões em contrárias às primeiras, talvez depois de subornados pelos comerciantes vendedores dos mesmos escravos as quais se acham juntas aos Autos de Litígio, [...] que finalmente se julgou a favor dos mesmos comerciantes [...]. Me pareceu dizer a vós mercês haja que dar aquelas providencias que entenderem necessárias, a fim de que não sejam conservados nessa cidade os negros novos, que vem dos portos da Guiné e Costa da África, ordenando, que tanto os que se acham nela, como os que vierem chegando de novo daqueles portos, de bordo das mesmas embarcações que os conduzirem, depois de dada visita da saúde, sem saltarem em terra, sejam imediatamente levados ao sitio do Valongo, onde se conservarão, desde a Pedra da Prainha até a Gamboa e lá se lhes dará saída e se curarão os doentes e enterrarão os mortos [...] assim se haja de observar daqui em diante, enquanto El Rei Meu Senhor não mandar em contrário. Deus guarde a vós mercê. Rio de Janeiro, 12 de abril de 1774.[16]

O que o vice-rei fez, em 1774, foi fazer cumprir determinações cuja necessidade vinha sendo objeto de uma longa disputa que começara com uma postura da Câmara acerca do comércio de escravos dentro da cidade, atendendo finalmente a uma demanda da população, de alguns médicos, cirurgiões e vereadores, que começavam a se mobilizar no sentido de desencadear uma reflexão e um conjunto de ações que terminaram por representar o primeiro grande esforço de construção de uma saúde pública na cidade.

16_ANRJ, códice 70, vol. 7, p. 231

Assim, após o desembarque na Alfândega e cumpridas as formalidades legais, pagamento de impostos e visita da saúde, caso houvesse doentes, os africanos novos deveriam fazer quarentena nos lazaretos em uma das ilhas da baía de Guanabara, recebendo cuidados médicos e alimentares antes de serem conduzidos ao Valongo, onde eram preparados para serem expostos à venda na porta das casas ou nos quintais, geralmente nos fundos das casas. Essas casas eram chamadas de "barracões".[17] Por meio dos registros contidos nos livros da Décima Urbana, pode-se comprovar que grande parte dos imóveis ali localizados eram sobrados e lojas comerciais, sendo a maioria alugada.[18] Algumas dessas casas eram pequenas, mas muitas podiam acomodar de trezentos a quatrocentos escravizados, chamadas de "palácios".[19] No andar superior morava o proprietário com sua família e embaixo ficavam os escravizados à venda. O andar térreo era adaptado para a exposição dos cativos e mantido sem paredes internas, como um salão, uns maiores outros menores, conforme o tamanho do sobrado, o que permitia avaliações tão díspares. O salão se estendia até o quintal dos fundos, onde outros escravizados permaneciam no chão ou em bancos, muitas vezes expostos ao sol e à chuva.[20]

Alguns proprietários possuíam vários imóveis. O negociante de escravizados e sócio do lazareto João Alves de Souza Guimarães possuía no Valongo quatro imóveis; o brigadeiro Jacinto de Mello, nove. O negociante José da Costa Barros, que figurava entre os maiores proprietários de imóveis na cidade, com 22 imóveis na área central da cidade,[21]

17_Ernst Ebel, *O Rio de Janeiro e seus arredores em 1824*, 1972, p. 42.

18_No período consultado (1808-1813), a rua do Valongo está registrada na freguesia da Sé. Após esse período, segundo Nireu Cavalcanti, os fiscais passam a registrá-la na freguesia de Santa Rita (Nireu Cavalcanti, *O Rio de Janeiro setecentista: a vida e a construção da cidade da invasão francesa até a chegada da Corte*, 2004, p. 265). Conforme os livros de Décima Urbana existiam ainda casas térreas, terrenos sem construção e casas em ruínas (AGCRJ. Livros de Décima Urbana das freguesias de São José, Sé, Santa Rita e Parte do Engenho Velho, 1809-1831). Em 1809, havia no Valongo 91 imóveis; em 1831, eles chegavam a 822.

19_Carl Schichthorst, *O Rio de Janeiro como é (1824-1825)*, 2000, p. 136.

20_Os imóveis do Valongo, em sua grande maioria, eram sobrados de dois andares, havia apenas algumas casas térreas e alguns terrenos vazios. AGCRJ, op. cit.

21_Nireu Cavalcanti, op. cit., p. 276.

possuía catorze imóveis no Valongo. Os herdeiros de Antonio Leite, que eram proprietários de 54 imóveis na cidade, possuíam um trapiche e dois sobrados com lojas no Valongo.

PLANO DA CIDADE DO RIO DE JANEIRO ELEVADO EM 1791

FRANCISCO ANTONIO DA SILVA BETANCURT, PLANO DA CIDADE DO RIO DE JANEIRO ELEVADO EM 1791 OFERECIDO AO ILMO. SENHOR CONCELHEIRO LUIS BELTRÃO DE GOUVEIA DE ALMEIDA CHANCELLER DA RELLAÇÃO DESTA CIDADE, 1791. ACERVO FUNDAÇÃO BIBLIOTECA NACIONAL.

Observamos que o aumento progressivo do número de lojas se dá no mesmo momento da alta do tráfico, entre o final do século XVIII e o começo do século XIX, portanto, essas lojas estariam sendo usadas para abrigar um contingente cada vez maior de africanos novos, recém-chegados ao mercado carioca. Isso nos leva a crer que o mercado de escravos devia ser um complexo conjunto de atividades vinculadas à mão de obra escravizada, onde se destacavam os barracões de compra e venda, mas também os escritórios dos corretores, que representavam os grandes senhores e compravam os melhores escravizados em seu nome, as lojas de venda de ferros, instrumentos de castigo indispensável para manter a disciplina do escravizado, as lojas de alimentos, de panos para as roupas e as de barbeiros, essenciais para a saúde dos escravizados. Também faziam parte deste complexo os lazaretos e o Cemitério dos Pretos Novos, onde eram sepultados aqueles que não resistiam aos sofrimentos da viagem.

Por sua insalubridade, o mercado necessitava de constantes lavagens, e sua proximidade com o mar proporcionava também um bom arejamento das casas.[22] Apesar da grande polêmica sobre a mudança do mercado e da importância do comércio no conjunto das atividades econômicas da cidade, do uso generalizado de escravizados por seus moradores e até mesmo da visita dos viajantes ao local, são poucas as descrições sobre a sua localização espacial, nunca foi determinada com precisão, tampouco efetivamente conhecidas as condições em que esses cativos ali permaneciam. Observa-se, pela documentação, que os relatos – mais ou menos positivos – dependem da época e das condições: em períodos de grande importação, ao que tudo indica, os africanos eram mais maltratados e podiam-se perceber excessos. De acordo com os dados da alfândega, para o ano de 1827, foram importados 786 africanos em maio, contra 4.401 em março. Nessas ocasiões, a exigência de confinamento em armazéns fechados e a proibição de expor os escravizados na rua aumentava o sofrimento daqueles que ali ficavam.

Os relatos dos viajantes são, sem dúvida, pautados por sentimentos eurocêntricos, seguem o pensamento cientificista e evolucionista, defendem a superioridade da civilização europeia, e tantos outros princípios já analisados pela historiografia.[23] Um exemplo dos mais contundentes desse olhar dos viajantes aparece em Georg Wilhelm Freyreiss (1789-1825), naturalista alemão que esteve no Brasil, em expedições científicas por Minas Gerais, Bahia, Espírito Santo e Rio de Janeiro, entre 1814 e 1815. Ele descreve um escravizado do Valongo dizendo: "um negro assim, nu e que com a curiosidade do macaco tudo observa, parece muito mais próximo ao orangotango do que do europeu e acredito que assim

---

22_Mary Karasch, *A vida dos escravos no Rio de Janeiro (1808-1850)*, 2000, p. 75-76.

23_Rafael Chaves Santos, "Os viajantes e o negro no Rio de Janeiro do século XIX", *Revista Urutágua: revista acadêmica multidisciplinar*, abr./jul. 2008.

o seja".[24] Interessante notar que no caso era ele, o viajante, que observava o escravizado, e de sua observação extraía a conclusão. Entretanto, para além de suas opiniões, os viajantes também deixaram em seus relatos informações preciosas para a tentativa de reconstituição desse espaço. O viajante inglês Charles Brand assim descreveu a situação dos escravizados novos no Valongo:

> A primeira loja de carne em que entramos continha cerca de trezentas crianças. De ambos os sexos; o mais velho podia ter doze ou treze anos, e o mais novo, não mais de seis ou sete anos. Os coitadinhos estavam todos agachados em um imenso armazém, meninas de um lado, meninos do outro, para melhor inspeção dos compradores; tudo o que vestiam era um avental xadrez azul e branco amarrado pela cintura; [...]. O cheiro e o calor da sala eram muito opressivos e repugnantes. Tendo meu termômetro de bolso comigo, observei que atingia 33°C. Era então inverno (junho); como eles passam a noite no verão, quando ficam fechados, não sei, pois nessa sala vivem e dormem, no chão, como gado em todos os aspectos.[25]

A escritora inglesa Maria Graham (1785-1842), uma das mais conhecidas entre os viajantes que estiveram no Brasil nos primeiros anos da década de 1820, publicou um livro em 1824 intitulado *Diário de um viagem ao Brasil*. Nele, narra a vida na Corte de dom Pedro e dona Leopoldina e deixa consideráveis manuscritos que retratam suas impressões sobre o cotidiano brasileiro. De sua visita ao Valongo, deixou contundente relato dos horrores ali praticados:

> Vi hoje o Valongo. É o mercado de escravos do Rio. Quase todas as casas desta longuíssima rua são depósitos de "escravos". Passando pelas suas portas à noite, vi na maior parte delas bancos

24_Georg W. Freyreiss, *Viagem ao interior do Brasil*, 1982, p. 124.
25_Charles Brand, *Journal*, p. 13, apud Mary Karasch, op. cit., p. 76.

colocados rente às paredes, nos quais filas de jovens criaturas estavam sentadas, com as cabeças raspadas, os corpos macilentos, tendo na pele sinais de sarna recente. Em alguns lugares as pobres criaturas jazem sobre tapetes, evidentemente muito fracos para sentarem-se. Em uma casa as portas fechadas até meia altura, e um grupo de rapazes e moças, que não pareciam ter mais de quinze anos, e alguns muito menos, debruçavam-se sobre a meia porta e olhavam a rua com faces curiosas. Eram evidentemente negros bem novos. Ao aproximar-me deles, parece que alguma coisa a meu respeito lhes atraiu atenção; tocavam-se uns nos outros para certificarem-se que todos me estavam vendo depois conversaram no dialeto africano próprio com muita vivacidade. Dirigi-me a eles e olhei-os de perto, e ainda que disposta a chorar. Fiz um esforço para lhes sorrir com alegria e beijei minha mão para êles; com tudo isso pareceram eles encantados; pularam e dançaram como que retribuindo as minhas cortesias.[26]

Embora os relatos de Graham sejam preciosos, quem nos dá uma das melhores descrições do mercado do Valongo são o zoólogo Johann Baptist von Spix (1781-1826) e o botânico Carl Friedrich Philipp von Martius (1794-1868), que estiveram no Brasil como pesquisadores, acompanhando a comitiva da princesa austríaca dona Leopoldina, esposa de dom Pedro I. Em abril de 1817, os naturalistas bávaros e os membros da expedição austríaca zarparam do porto de Trieste; em junho de 1817, deram entrada no porto do Rio de Janeiro, permanecendo no Brasil até 1820. Ficaram seis meses na Corte carioca e deixaram relatos importantíssimos sobre o cotidiano dos escravizados no Valongo:

Logo que esses escravos chegam ao Rio de Janeiro, são aquartelados em casas alugadas para tal fim na Rua do Valongo, junto do mar. Vêem-se ali crianças, desde os seis anos de idade, e adul-

26_Maria D. Graham, *Diário de uma viagem ao Brasil e de uma estada nesse país durante os anos de 1821, 1822 e 1823*, 1956.

tos de ambos os sexos, de todas as idades. Eles jazem meio nus, expostos ao sol nos pátios, ou fora, em volta das casas, ou separados segundo os sexos, distribuídos em diferentes salas. Um mulato ou preto, já prático do serviço, cuida dos alimentos e presta aos recém-chegados os necessários cuidados. O prato principal é o pirão de farinha de mandioca ou o angú de fubá, cozido com água, mais raramente a carne salgada do Rio Grande do Sul; o preparo desses simples manjares fica entregue tanto quanto possível a eles próprios, que os comem numa abóbora escavada ou nas cuias da árvore de cuité [...]. Negros e negras que se comportam bem, recebem como recompensa fumo ou rapé. Passam a noite sobre esteiras providas de cobertores de lã. [...] Quem deseja comprar escravos dirige-se para fazer a escolha à Rua do Valongo, onde os guardas os apresentam inteiramente nus, em filas. O comprador verifica o vigor físico e a saúde, ora apalpando o corpo todo, ora fazendo o negro executar rápido movimento especialmente a extensão do punho cerrado. Defeitos orgânicos ocultos, sobretudo a tão comum disposição para catarata, é o que mais se receia nessas compras. Feita a escolha, é determinado o preço da compra, que aqui monta entre trezentos e cinquenta a setecentos florins por um negro saudável, viril; o vendedor em geral fica responsável ainda por prazo de quinze dias, caso se descobrirem quaisquer defeitos físicos. O comprador leva consigo então a sua aquisição que, segundo a necessidade, ele destina para artesão, tocador de mulas ou criado.[27]

O médico naturalista da Universidade de Berlim, Franz Julius Ferdinand Meyen (1804-1840), que participou da expedição científica na América do Sul a bordo do navio Princesa Louisa, assim descreveu o mercado, pouco antes da abolição do tráfico legal em 1831:

27_Johann Baptist von Spix; Carl Friedrich Philipp von Martius, *Viagem pelo Brasil*, 1976, volc. 2, p. 57-58.

Visitamos os Depósitos de Escravos no Rio e encontramos muitas centenas praticamente nus, os cabelos quase todos cortados, parecendo medonhos. Estavam sentados em bancos baixos ou amontoados no chão, e sua aparência nos fez estremecer. A maioria daqueles que vimos era de crianças, e quase todos tinham sido marcados com ferro quente no peito ou em outras partes do corpo. Devido à sujeira dos navios em que haviam trazidos e à má qualidade de sua dieta (carne salgada, toucinho e feijão), tinham sido atacados por doenças cutâneas, que a princípio pareciam pequenas manchas e logo se transformavam em feridas e corrosivas. Devido à fome e miséria, a pele havia perdido sua aparência preta e lustrosa. E assim, com as manchas das erupções esbranquiçadas e cabeças raspadas, com suas fisionomias estúpidas e pasmas, certamente pareciam criaturas que dificilmente alguém gostaria de reconhecer como seu próximo. Para nosso espanto, encontramos no Rio pessoas reputadas pela cultura e humanidade que friamente nos asseguraram que não deveríamos supor que os negros pertenciam à raça humana. De acordo com esses princípios extraordinários os escravos eram (como alardearam as pessoas no Rio) tratados muito brandamente. Deve-se ter vivido o bastante para estar acostumado à sua miséria e degradação, para compreender tal maneira de falar.[28]

Seus relatos nos dão uma excelente descrição das condições de higiene dos navios e da qualidade alimentar dos negros novos no Valongo. Embora seu espanto nos revele que ele sentiu certa indignação com a forma de tratamento dispensada aos negros novos pelos negociantes, não podemos deixar de perceber a forma negativa como ele se refere aos cativos "com suas fisionomias estúpidas e pasmas, certamente pareciam criaturas que dificilmente alguém gostaria de reconhecer como seu próximo".

O já citado Freyreiss oferece detalhes preciosos sobre idade e sexo de todos os cativos ali expostos:

28_Franz Julius Ferdinand Meyen, *Reise um die erde...*, 1834, p. 77-18.

> Entre os escravos importados há, portanto, três quartas partes mais homens e entre os 40 mil, admitidos como importação anual, há apenas 10 mil homens e mulheres adultos; todos os mais são crianças em diversas idades, muitas vezes até nascidas durante a viagem; geralmente, porém de 8 a 10 anos. Acontece também haver entre eles mulatos, filhos de pais brancos na África. Sendo visto que os negros selvagens trocam seus filhos por espingardas, machados, facas, etc., como não se tornar então horroroso quando se pensa, que há cristãos tão desgraçados que vendem por algumas moedas os filhos que tem com suas escravas e, todavia, este fato tão vulgar, que no Brasil e para vergonha da humanidade se reproduz diariamente.[29]

Difícil saber se esse perfil representa a média das importações ou um carregamento especial. De todo modo, essa é sem dúvida uma informação importante e que confirma outros estudos que indicam o crescimento da importação de crianças ao longo do século XIX.[30]

Também o pintor francês Jean-Baptiste Debret (1768-1848) nos dá uma minuciosa descrição dos armazéns do Valongo. Debret esteve a serviço da Corte Imperial, como professor de pintura histórica da Missão Artística Francesa. Por meio de suas aquarelas, reunidas no livro *Viagem pitoresca e histórica ao Brasil*, publicado em Paris entre 1834 e 1839, deixou importantes registros sobre os escravizados nas ruas da cidade do Rio de Janeiro.

> É na Rua do Valongo que se encontra, no Rio de Janeiro, o mercado de negros, verdadeiro entreposto onde são guardados os escravos recém-chegados da África. Às vezes pertencem a diversos proprietários e são diferenciados pela cor do pedaço de pano ou

29_Georg W. Freyreiss, op. cit., p. 130.

30_Para uma abordagem do tema, ver: A. Vasconcellos Colleen, "Children in the Slave Trade", *Children and Youth in History*, página dedicada ao ensino. A autora traz uma seleção de citações de obras que tratam do tema.

sarja que os envolve, ou pela forma de um chumaço de cabelo na cabeça inteiramente raspada.

Essa sala de venda, silenciosa o mais das vezes, está infectada pelos miasmas de óleo de rícino que se exalam dos poros enrugados desses esqueletos ambulantes, cujo olhar furioso, tímido ou triste lembra uma ménagerrie. Nesse mercado, convertido em salão de baile por licença do patrão, ouvem-se urros ritmados dos negros sobre si próprios e batendo o compasso com as mãos; essa espécie de dança e semelhante a dos índios do Brasil.[31]

***BOUTIQUE DE LA RUE DU VAL-LONGO*, JEAN-BAPTISTE DEBRET E THIERRY FRÈRES, 1835.**

ACERVO FUNDAÇÃO BIBLIOTECA NACIONAL.[32]

Não há dúvidas da existência de uma grande semelhança entre as imagens e os relatos de Debret,[33] Johann Moritz Rugendas (1802-1858)

31_J.-B. Debret, *Viagem pitoresca e histórica ao Brasil*, 1985, p. 229.

32_Idem, "Boutique de la Rue du Val-longo", in *Voyage pittoresque et historique au Brésil*, 1835, t. 2, p. 25.

33_Idem, *Viagem pitoresca e histórica ao Brasil*, p. 230.

e Thomas Ender (1793-1875, que não deixou texto, o que não diminui a qualidade do seu trabalho) e os relatos de Spix e Martius, Freyreiss e de outros viajantes. Apesar de diferenças decorrentes da técnica empregada e da concepção estética de cada um, podemos perceber muitas semelhanças entre eles. Rugendas representou os escravizados nos seus melhores corpos tendo uma maior influência romântica. Como mostra Rodrigo Naves, ele utiliza-se mais de tons de cinza e esfumaçados que dão aos corpos escravizados uma postura tranquila e serena, que condiz com as cenas bem iluminadas com tons claros e escuros, dando graça ao movimento, conferindo ritmo aos corpos, que são anteparo às luzes que produzem uma dinâmica variada.[34]

***MARCHÉ AUX NÉGRES*, JOHANN MORITZ RUGENDAS, 1835.**

ACERVO FUNDAÇÃO BIBLIOTECA NACIONAL.[35]

---

34 R. Naves, *A forma difícil*: ensaios sobre a arte brasileira, 1997, p. 110.

35_J. Moritz Rugendas, "Marche aux négres", in *Malerische reise in brasilien*, 1835, gravura 82.

Sua prancha do Valongo, de grande beleza estética, choca-se com seu relato, que diz serem as casas do mercado "verdadeiras cocheiras", mas, por outro lado, dá uma excelente descrição sobre a situação dos negros novos no Valongo.[36]

> Da alfândega os negros são conduzidos para os mercados, verdadeiras cocheiras. Aí ficam até encontrar comprador. A maioria dessas cocheiras de escravos se acha situada no bairro do Valongo, perto da praia. Para o europeu, o espetáculo é chocante e quase insuportável. Durante o dia inteiro esses miseráveis, homens, mulheres, crianças, se mantêm sentados ou deitados perto das paredes desses imensos edifícios e misturados uns aos outros; e, fazendo bom tempo saem à rua. Seu aspecto tem algo horrível, principalmente quando não se refizeram da travessia. O cheiro que se exala dessa multidão de negros é tão forte, tão desagradável, que se faz difícil permanecer na vizinhança quando ainda não se está acostumado. Os homens e mulheres andam nus, com apenas um pequeno pedaço de pano grosseiro em volta das ancas. São alimentados com farinha de mandioca, feijão e carne-seca. Não lhes faltam frutas refrescantes.[37]

Mesmo achando que o mercado era um lugar que oferecia um espetáculo chocante e quase insuportável, Rugendas considerava que os escravizados eram mais bem tratados nesses mercados do que durante a travessia, por isso raramente se queixavam, sendo mesmo vistos de cócoras ao redor do fogo, entoando cantos monótonos e barulhentos que acompanhavam com as mãos. Inquietos para conhecer seu destino, explodiam de alegria quando eram comprados e acompanhavam com

---

36_De acordo com Rodrigo Naves, na obra *Viagem pitoresca através do Brasil*, Rugendas litografou apenas duas pranchas de seu livro, e outros 22 litógrafos participaram da obra, o que lhe confere, inclusive, uma grande variação de estilos e qualidade.

37_Johann Moritz Rugendas, *Viagem pitoresca através do Brasil*, 1972, p. 175.

prazer os seus novos senhores.[38] Essa impressão possivelmente resulta do fato de que os africanos conheciam a escravidão e, de algum modo, sabiam ou esperavam que o dia a dia nas mãos de um único senhor fosse mais fácil que o deslocamento até o momento da venda final.

A instalação do mercado de escravos no Valongo impulsionou significativamente o desenvolvimento da região, surgindo em seu entorno uma complexa malha urbana que proporcionou a expansão das atividades portuárias, com edificações, armazéns de produtos agrícolas, indústrias, vários trapiches, fundições e construções de obras públicas, como a construção do Cais do Valongo. Modernidade e escravismo estariam presentes na cidade do Rio de Janeiro e, por ironia, conviveriam durante boa parte do século XIX. Era uma cidade que buscava o desenvolvimento baseado em ideias capitalistas que começavam a chegar da Europa, mas que, ao mesmo tempo, não abria mão do trabalho escravo. A solução encontrada foi a remoção do mercado de escravos novos para o Valongo. A medida não tirou o negro da cidade, ao contrário, em algumas freguesias urbanas, essa população chegou a ser maior que a população dita branca.

REFERÊNCIAS

"Relatório do marquês de Lavradio Vice-rei do Rio de Janeiro, entregando o governo a Luiz de Vasconcelos e Souza, que o sucedeu no vice-reinado – 19 de jun. de 1779", *Revista do Instituto Histórico Geográfico Brasileiro*, Rio de Janeiro, t. 4, vol. 4, n. 16, p. 452-453, 1843.

"Relatório do vice-rei do Brasil Luiz de Vasconcelos ao entregar o governo ao seu sucessor conde de Rezende", *Revista do Instituto Histórico Geográfico Brasileiro*, Rio de Janeiro, t. XXIII, vol. 23, p. 182-183, 1860.

AGCRJ, ARQUIVO GERAL DA CIDADE DO RIO DE JANEIRO, Inventário Analítico, série Escravidão, códice 6.1.9, "Autos de homens de negócios e comerciantes de escravos", 1758-1768, p. 78-79.

38_"Essa situação por mais que desagradável que possa ser, parece-lhes realmente suave depois dos sofrimentos da travessia. Isso explica porque não se mostram os negros infelizes nestes mercados." Ibid., p. 175.

_______, Livros de Décima Urbana das freguesias de São José, Sé, Santa Rita e Parte do Engenho Velho, 1809-1831.

AHU, ARQUIVO HISTÓRICO ULTRAMARINO, avulsos RJ, cx. 84, doc. 19.

_______, códice 226, p. 249.

_______, códices Rio de Janeiro, cód. 225.

AMARO, Tania. "Baixada Fluminense", *Associação dos Amigos do Instituto Histórico*. Duque de Caxias, 03/07/2012. Disponível em <https://amigosinstitutohistoricodc.com.br/?p=1>. Acesso em 5 de jul. 2024.

ANRJ, ARQUIVO NACIONAL DO RIO DE JANEIRO, códice 70, vol. 7, p. 231.

BARREIROS, Eduardo Canabrava. *Atlas da evolução urbana do Rio de Janeiro: ensaio, 1565-1965*. Rio de Janeiro: Instituto Histórico e Geográfico Brasileiro, 1965.

BETHELL, Leslie. *A abolição do tráfico de escravos no Brasil, 1807-1869*. Rio de Janeiro: Expressão Cultural, 1976.

BICALHO, Maria Fernanda. *A cidade e o império: o Rio de Janeiro no século XVIII*. Rio de Janeiro: Civilização Brasileira, 2003.

CAVALCANTI, Nireu. "O comércio de escravos novos no Rio de Janeiro setecentista", in FLORENTINO, Manolo (org.). *Tráfico, cativeiro e liberdade*. Rio de Janeiro: Civilização Brasileira, 2005.

_______. *O Rio de Janeiro setecentista: a vida e a construção da cidade da invasão francesa até a chegada da Corte*. Rio de Janeiro: Jorge Zahar, 2004.

COLLEEN, A. Vasconcellos, "Children in the Slave Trade", *Children and Youth in History*, item n. 141. Disponível em <https://chnm.gmu.edu/cyh/teaching-modules/141%3Fsection=credits.html>. Acesso em 8 jul. 2024.

CONRAD, Robert E. *Os últimos anos da escravatura no Brasil: 1750-188*. Rio de Janeiro: Civilização Brasileira, 1978.

_______. *Tumbeiros: o tráfico escravista para o Brasil*. São Paulo: Brasiliense, 1985.

DEBRET, Jean-Baptiste. "Boutique de la Rue du Val-Longo", in *Voyage pittoresque et historique au Brésil*, t. 2. Paris: Firmin Didot Frères, 1835, p. 25. [Ed. bras.: DEBRET, Jean-Baptiste. *Viagem pitoresca e histórica ao Brasil*. São Paulo: Circulo do Livro, 1985.]

EBEL, Ernst. *O Rio de Janeiro e seus arredores em 1824*. São Paulo: Companhia Editora Nacional, 1972. Também disponível na BN Digital.

ENDER, Thomas. *Viagem ao Brasil nas aquarelas de Thomas Ender*. Apres. de Robert Wagner e Julio Bandeira. Petrópolis: Kapa, 2000.

FLORENTINO, Manolo. *Em costas negras: uma história do tráfico de escravos entre a África e o Rio de Janeiro*. São Paulo: Companhia da Letras, 1997.

FRAGOSO, João; BICALHO, Maria F.; GOUVÊA, Maria de F. (orgs). *O antigo regime nos trópicos. A dinâmica imperial portuguesa (séculos XVI- XVIII)*. Rio de Janeiro: Civilização Brasileira, 2001.

_______. *Homens de grossa ventura: acumulação e hierarquia na Praça do Rio de Janeiro 1790 – 1830*. Rio de Janeiro: Arquivo Nacional, 1992.

FREYREISS, Georg W. *Viagem ao interior do Brasil*. Belo Horizonte: Itatiaia, 1982.

GRAHAM, Maria D. *Diário de uma viagem ao Brasil e de uma estada nesse país durante os anos de 1821, 1822 e 1823*. Trad. de Américo Jacobina Lacombe. São Paulo: Companhia Editora Nacional, 1956. (Biblioteca Pedagógica Brasileira, Brasiliana, Série Grande Formato, série V, vol. 8.)

KARASCH, Mary. *A vida dos escravos no Rio de Janeiro (1808-1850)*. São Paulo: Companhia das Letras, 2000.

KLEIN, Herbert S. *O comércio atlântico de escravos: quatro séculos de comércio escravagista*. Lisboa: Replicação, 2002.

Livro de Óbitos de escravos da freguesia de Santa Rita – 1812-18/1824-30/1820/32 – ACMRJ Códice – 425 – Intendência de Polícia do Rio de Janeiro sobre despachos de escravos e emissão de passaportes entre 1809 e 1833. In CD-ROM – Tráfico interno de escravos e relações comerciais no Centro--Sul, séculos XVIII e XIX (coord.) FRAGOSO, João Luís. Brasília: IPEA; Rio de Janeiro: UFRJ. LIPHIS, 2000. Representação dos proprietários, consignatários e armadores de resgate de escravos dirigida a S.A.R., Rio de Janeiro, 1811 – Códice I, 17-12-1 – Códice II – 34-27-15 – Códice – II – 34 – 26 – 19. BNRJ Série documentos biográficos – Agostinho Hoffman – c 233,5

MEYEN, Franz Julius Ferdinand. *Reise um die erde ausgeführt auf dem Königlich preussischen Seehandlungs-Schiffe Prinzess Louise, commandirt von Captain W. Wendt, in den Jahren 1830, 1831 und 1832*. Berlim: Sander'sche buchhandlung, 1834.

NAVES, Rodrigo. *A forma difícil: ensaios sobre a arte brasileira*. Rio de Janeiro: Ática, 1997.

RODRIGUES, Jaime. "Festa na chegada: O tráfico e o mercado de escravos do Rio de Janeiro", in RUGENDAS, Johann Moritz. *Viagem pitoresca através do Brasil*. São Paulo: Edusp/Livraria Martins, 1972.

______. "Os traficantes e seu 'infame comercio' (1827-1860)", Revista Brasileira de História, São Paulo, vol. 15, n. 29, p. 139-155, 1995.

______. *De costa a costa: escravos, marinheiros e intermediários do tráfico negreiro de Angola ao Rio de Janeiro (1780-1860)*. São Paulo: Companhia das Letras, 2005.

______. *O infame comércio: proposta e experiências no final do tráfico de africanos para o Brasil (1808 – 1850)*. Campinas: Unicamp, 2000.

RUGENDAS, Johann Moritz. "Marché aux négres", in *Malerische reise in brasilien*. Paris: Lith. de G. Engelmann, 1835, gravura 82. Disponível em <https://bdlb.bn.gov.br/acervo/handle/20.500.12156.3/16756>. Acesso em 8 jul. 2024. [Ed. bras.: RUGENDAS, Johann Moritz. *Viagem pitoresca através do Brasil*. São Paulo: Edusp/Livraria Martins, 1972.]

SANTOS, Rafael Chaves. "Os viajantes e o negro no Rio de Janeiro do século XIX", *Revista Urutágua: revista acadêmica multidisciplinar*, n. 15, abr./jul. 2008.

SCHICHTHORST, Carl. *O Rio de Janeiro como é (1824-1825)*. Brasília: Senado Federal, 2000.

SCHWARCZ, Lilia Moritz; REIS, Letícia Vidor de Sousa. *Negras imagens: ensaios sobre cultura e escravidão no Brasil*. São Paulo: Edusp, 1996.

SILVA, Lúcia Helena Pereira da. "De Recôncavo da Guanabara à Baixada Fluminense: leitura de um território pela história", *Recôncavo: Revista de História da Uniabeu*, Belford Roxo, vol. 3, n. 5, p. 5-10, jul./dez. 2013.

SPIX. Johann Baptist von; MARTIUS, Carl Friedrich Philipp von. *Viagem pelo Brasil*. Trad. de Lucia Furquim Lahmeyer. São Paulo/Brasília: Melhoramentos/INL, 1976.

Instituto de Pesquisa e Memória Pretos Novos.

FOTOGRAFIA DE CESAR BARRETO

AINDA À FLOR DA TERRA? NOVOS OLHARES, VELHAS RECORDAÇÕES

BREVE ANÁLISE SOBRE O SIGNIFICADO DO CEMITÉRIO DOS PRETOS NOVOS

Júilo César Medeiros da Silva Pereira

Vejo-a assomar à porta da alcova, pálida, comovida, trajada de preto, e ali ficar durante um minuto, sem ânimo de entrar, ou detida pela presença de um homem que estava comigo. Da cama, onde jazia, contemplei-a durante esse tempo, esquecido de lhe dizer nada ou de fazer nenhum gesto. Havia já dois anos que nos não víamos, e eu via-a agora não qual era, mas qual fora, quais fôramos ambos, porque um Ezequias misterioso fizera recuar o sol até os dias juvenis. Recuou o sol, sacudi todas as misérias, e este punhado de pó, que a morte ia espalhar na eternidade do nada, pôde mais do que o tempo, que é o ministro da morte. Nenhuma água de Juventa igualaria ali a simples saudade.

MACHADO DE ASSIS, MEMÓRIAS PÓSTUMAS DE BRÁS CUBAS

O trecho em epígrafe que introduz o texto ora apresentado foi retirado da obra magistral de Machado de Assis (1839-1908), *Memórias póstumas de Brás Cubas*,[1] que nos chama a atenção por ser profundamente contemplativo e carregado de emoções relacionadas à morte. Nele, o protagonista descreve o momento em que sua antiga amada lhe visita antes da sua morte. Vestida de preto e hesitante, ela entra em sua "alcova" enquanto o personagem Brás Cubas, deitado em seu leito, observa-a, imerso em seus próprios pensamentos.

A narrativa machadiana traz uma reflexão sobre o passado, destacando o distanciamento temporal entre Brás Cubas e a finitude da vida. O protagonista menciona que já se passaram dois anos desde o último encontro, e ele não a vê como ela é agora, mas sim como ela era antes. Esse poder de evocar memórias passadas contrasta com a inevitabilidade da morte e a transitoriedade da existência humana e, de certa forma, nos aproxima do que é finito, passageiro e, no caso dos escravizados africanos que foram mortos ao cruzarem o oceano Atlântico ou adentrarem o Valongo, durante o período do Brasil escravista, um

---

Uma versão deste texto foi publicada na obra *À flor da terra: o cemitério dos pretos novos no Rio de Janeiro*, Rio de Janeiro: Garamond/IPHAN, 2007.

1_M. de Assis, *Memórias póstumas de Brás Cubas*, 1881, p. 22.

cenário pavoroso da morte e de um sepultamento indigno. Em outras palavras, o que une Brás Cubas e os escravizados que iremos tratar é o "quê" de humano que todos os homens possuem, ou a frágil esperança de que, em suas mortes, e por conseguinte, sepultamento, haja no mínimo um pouco de cuidado em relação à sua memória.

No entanto, respeito e cuidado nunca houve no Cemitério dos Pretos Novos, posto que "um punhado de pó", quando muito, era tudo o que os corpos dos escravizados recebiam sobre si quando de seus sepultamentos.

O Cemitério dos Pretos Novos situava-se no antigo caminho da Gamboa, que ficou conhecido como rua do Cemitério e, mais tarde, rua da Harmonia (a atual rua Pedro Ernesto). Ali ele teve a sua fase final, que foi de 1824 a 1830, tendo recebido nesse intervalo de tempo cerca de milhares de corpos escravizados em um espaço físico de cerca de 500 m². Os cadáveres ali sepultados foram queimados, desarticulados, quebrados, retorcidos e espalhados pelo terreno; depois revolvidos, remexidos, e reagrupados de acordo com seus tamanhos, e tipos, e enfim, recebiam, vez por outra, uma pequena camada de terra sobre seus restos mortais que geralmente eram deixados à flor da terra, como relata a reclamação dos moradores do entorno do cemitério, feita ao príncipe regente, por volta de 1828.

Os registros dos óbitos deste cemitério foram arrolados no livro de óbitos da freguesia de Santa Rita, responsável pelo referido campo-santo. Nesse livro de óbitos, nossa principal fonte de pesquisa, encontramos os seus respectivos navios, suas nações ou portos de origem, os proprietários e a idade dos "escravos novos", bem como as marcas que eles recebiam por ocasião do embarque em seus respectivos navios negreiros; na verdade, tumbeiros que cortavam o Atlântico sistematicamente entre o continente africano e as Américas, durante o período escravista, trazendo para o Brasil cerca de 5 milhões de cativos.

Na obra *À flor da terra: O Cemitério dos Pretos Novos no Rio de Janeiro*,[2] foi detalhado quem eram esses "pretos novos" e o significado dos tipos de sepultamento praticados. De forma significativa, foi demons-

2_J. C. M. da Silva Pereira, *À flor da terra: o Cemitério dos Pretos Novos no Rio de Janeiro*, 2007.

trado o modo precário como os escravizados, chamados genericamente de "pretos novos", pelo aspecto de coisificação que procurava despersonificar os escravizados e desumanizá-los, equiparando-os a coisas, foram lançados nas covas rasas do esquecimento, demonstrando que tal desrespeito aos mortos, dentro da cosmogonia africana, simbolizava a condenação à não existência de tais pessoas, a não existência junto aos seus ancestrais, pois, como demonstrado ali, a honra aos antepassados, a partir de um sepultamento digno, conferia aos vivos o equilíbrio da vida, a continuidade e a possibilidade de lutar por condições melhores de existência. No entanto, nunca é demais relembrar.

Neste texto, retomo o tema do Cemitério dos Pretos Novos e o seu *modus operandi* de sepultamento, não apenas no período final de atividade do cemitério, de 1824 a 1830, mas também analisando brevemente um período anterior que ainda não havia sido estudado, a saber, de 1808 a 1818. O objetivo é verificar, pela análise de um período de tempo mais amplo, se, de fato, este cemitério teve como norma o sepultamento de escravizados recém-chegados e se o sepultamento precário também era uma norma no início do século XIX, quando da vinda da Família Real para o Brasil. A resposta a essas questões resolveria as dúvidas (se é que alguém as tem) sobre se o cemitério realmente teve esta nefasta prática mortuária.

Em seguida, analiso brevemente as recentes descobertas arqueológicas do ponto de vista de suas implicações para análise social e simbólica do cemitério. Por último, mas não menos importante, utilizo os trabalhos de pesquisadores, estudiosos e intelectuais negros para demonstrar a especificidade do Cemitério dos Pretos Novos no contexto da sociedade racista e preconceituosa do Brasil no século XIX, e como tais características ainda estão presentes no tecido social vigente. Assim, Conceição Evaristo e Achille Mbembe são convidados, a partir de algumas de suas obras, a nos ajudar na compreensão do significado do Cemitério dos Pretos Novos ao longo desses mais de 27 anos redescoberta. O que foi o Cemitério dos Pretos Novos e o que ele significa hoje. Revisitemos os nossos mortos! Como sugeriu o velho Machado, visitemos suas alcovas e deixemos que falem, contando-nos suas histórias.

O Cemitério dos Pretos Novos foi criado em 1722, localizado em frente à Igreja de Santa Rita, responsável pelos seus sepultamentos, e transferido oficialmente para Valongo em 1774 por ordem do marquês do Lavradio. Estima-se que de 1774 a 1831 cerca de 50 mil pessoas ou mais foram sepultadas ali.

Extinto devido ao acordo antitráfico negreiro estabelecido entre Brasil e Inglaterra em 1831, o cemitério foi aterrado, e sobre seu espaço foram construídas casas, buscando ocultar o fato de que, apesar da lei para inglês ver, o Brasil continuava envolvido no tráfico negreiro, o qual persistiu, como se sabe, até Lei Eusébio de Queirós,[3] em 1850.

A existência do malfadado campo-santo estava intimamente ligada ao tráfico transatlântico de escravizados, que exercia forte influência sobre o Estado imperial na primeira metade do século XIX, mas como eram os sepultamentos antes do período final do cemitério, de 1824 a 1830? Revisitando a documentação existente sobre o cemitério, em um período que não havia sido devidamente estudado, utilizei o *Livro de óbitos da Freguesia de Santa Rita de 1808 a 1818*,[4] que, na época, não havia sido examinado devido à dificuldade de análise dos dados por causa do estado precário em que o livro se encontrava.

Inicialmente, retomamos os dados de forma qualiquantitativa, analisando as informações já pesquisadas sobre o Cemitério dos Pretos Novos no *Livro de óbitos da Freguesia de Santa Rita de 1824 a 1830* incluindo as formas de sepultamento, a demografia do cemitério e sua função dentro do "mercado de almas" escravista. Em seguida, recuaremos no tempo para analisar o *Livro de óbitos da Freguesia de Santa Rita de 1808 a 1818*, a fim de compreender como eram realizados os sepultamentos no início do século e identificar possíveis semelhanças entre os dois períodos. Isso nos proporciona uma visão mais completa sobre o funcionamento do nefasto campo-santo.

3_Lei n.º 581/1850, elaborada pelo então ministro da Justiça do Brasil, Eusébio de Queiroz Coitinho Mattoso Camara, que proibia o tráfico de escravizados no Brasil. (N.E.)

4_ACMRJ, *Livro de óbitos de escravos da freguesia de Santa Rita*, 1808-1818.

O QUE JÁ SABÍAMOS SOBRE O CEMITÉRIO DOS PRETOS NOVOS

> *E, quando Ponciá Vicêncio acordou no outro dia, o milharal estava derrubado. As bonecas mortas pelo chão. Ela ainda olhou para os lados com esperança de ver a mulher alta e transparente. Não viu. Tudo era um só vazio. Ponciá chorou.*
>
> **CONCEIÇÃO EVARISTO, PONCIÁ VICÊNCIO**

A epígrafe pinçada do romance histórico *Ponciá Vicêncio*, de Conceição Evaristo,[5] explora a vida de uma mulher negra que viveu durante o século XIX no Brasil, período que engloba a existência do Cemitério dos Pretos Novos. A autora nos oferece uma visão perspicaz das experiências das mulheres negras na época da escravidão e das lutas por liberdade e identidade. Ao descrever como era a vida de uma mulher descendente de africanos em cativeiro, ela retoma com elegância todo o simbolismo representado pela força do gênero feminino, seus sonhos e lutas perdidas, representadas pelas "As bonecas mortas pelo chão", fim dos sonhos infantis e a chegada da vida adulta. Se a vida era dura, a morte mais ainda.

Na verdade, a morte era comum no Rio de Janeiro dos tempos de Ponciá Vivêncio, e nada tinha de tímida. Ela não fazia cerimônia alguma para adentrar os mais variados espaços do campo ou da urbe carioca, dando a esta última uma aparência de uma imensa necrópole. Contudo, se não era tímida, também não era democrática, pois dentre os que mais sentiram o peso de sua visita indesejada estavam, com certeza, os escravizados que nela habitavam. Para esses, vítimas do infortúnio da escravidão, os corpos moribundos tinham como destino o famigerado Cemitério dos Pretos Novos. Esse cemitério estava localizado no coração da região conhecida como Valongo, antiga região noroeste da cidade do Rio de Janeiro. Essas informações são provenientes de registros paroquiais, documentos cartoriais, relatos de viajantes e testemunhos de memorialistas, que ajudam a reconstruir a experiência dos diversos grupos étnicos que habitavam a área.

5_C. Evaristo, *Ponciá Vicêncio*, 2020.

Sugere-se que o funcionamento do Valongo, o principal entreposto comercial da primeira metade do século XIX, dependia da interligação de três estruturas, ou aparelhos sociais. Primeiramente, havia um mercado de escravos, organizado e minimamente regulado dentro de um mecanismo estatal arcaico e praticamente imutável. Em seguida, existia um lazareto, cuja manutenção provocou um acalorado debate político entre a Provedoria de Saúde e os próprios traficantes. Por fim, o próprio Cemitério dos Pretos Novos, que, por sua vez, era o destino para os corpos daqueles que morriam dentro dos limites do mercado do Valongo.

Em 1830, o cemitério teve seus trabalhos encerrados, e sua localização foi propositalmente esquecida, uma vez que era a prova incontesté de um dos maiores crimes contra a humanidade praticados no Brasil. Coberto foi, mas apagado não, pois em 1996, Merced e Petrúcio Guimarães dos Anjos, ao reformarem um imóvel na região, trouxeram à tona essa história que uma vez nos quiseram ocultar.

O descaso com os sepultamentos ali realizados era tão grande que chegou ao ponto da Academia Imperial de Medicina solicitar, por meio de um ofício enviado à Câmara de Vereadores em 1829, a interdição do cemitério devido ao intenso mau cheiro que exalava de seu interior. Nesse mesmo período, a Corte enfrentava epidemias de cólera, febre amarela e varíola, e os "miasmas"[6] emanados pelo cemitério passaram a ser vistos como um dos fatores desencadeadores de doenças.

De fato, as doenças eram um dos principais males da região e a varíola, a mais eficaz em ceifar vidas pretas. A referida enfermidade foi reconhecida como uma doença infectocontagiosa exclusiva do ser humano. Causada pelo *Orthopoxvírus variolae,* um vírus altamente resistente a agentes físicos externos e a mudanças climáticas extremas,

---

6_A teoria dos miasmas, antiga na medicina, atribuía a propagação de doenças a vapores ou gases maléficos de matéria orgânica em decomposição, como excrementos, cadáveres e águas estagnadas. Acreditava-se que esses miasmas, inalados pelas pessoas, contaminavam o ar e causavam doenças como febres e infecções. Amplamente aceita até o século XIX, foi posteriormente substituída pela compreensão dos agentes infecciosos e das doenças transmissíveis por microrganismos. Para mais detalhes, ver: Silva (2018).

a doença disseminou-se pelo Brasil sem obstáculos e, segundo alguns estudos, os navios negreiros eram o seu principal meio de entrada ao ambiente brasileiro. É que o convívio prolongado em ambientes infectados, como os tumbeiros, facilitava a propagação da doença entre os escravizados, uma vez que a transmissão ocorria principalmente de pessoa para pessoa, geralmente por meio das vias respiratórias e do contato físico.

Após a infecção, o vírus da varíola permanecia em estado de incubação por um período de sete a dezessete dias. Em seguida, instalava-se na garganta e nas fossas nasais, causando sintomas como febre alta, dor de cabeça, dor nas costas e falta de energia, que podiam durar de dois a cinco dias. Se um escravizado contraísse a doença ainda no porto africano, o período de incubação de sete a dezessete dias coincidiria aproximadamente com a duração da viagem entre Angola e o Rio de Janeiro, durante a qual o escravizado infectado poderia transmitir a doença a outros companheiros de infortúnio. No momento aproximado do desembarque no porto, a doença assumiria sua forma mais grave: a febre diminuía e surgiam erupções avermelhadas que se manifestavam na garganta, boca e rosto, espalhando-se depois por todo o corpo. Essas erupções evoluíam para pústulas, pequenas bolhas cheias de pus que causavam intensas dores e coceira. Qualquer contato da parte infectada do corpo com os olhos resultava em cegueira. Na linguagem popular, essas bolhas eram conhecidas como "bexigas".

Não havia tratamento específico para essa doença. A recomendação era aguardar até que o corpo produzisse os anticorpos necessários e superasse a doença por conta própria. No entanto, muitos não resistiam e morriam. Segundo o *Livro de óbitos da Freguesia de Santa Rita de 1824 a 1830*,[7] 24 escravizados faleceram de varíola, e seus corpos estavam cobertos de "bexigas", o que tornanva impossível para o responsável pelo registro no livro identificar sequer a marca feita pelo ferro em brasa no corpo do escravizado.

O livro de óbitos sugere fortemente que as péssimas condições dos navios é que faziam com que os africanos adoecessem e, uma vez

7_ACMRJ, *Livro de óbitos de escravos da freguesia de Santa Rita*, 1824-1830.

mortos, fossem lançados nas covas rasas do descaso, no Cemitério dos Pretos Novos. Esse foi o caso do bergantim Luís de Camões, que realizava a rota Rio de Janeiro/Benguela/Moçambique, e tinha por capitão José Joaquim de Souza, com Miguel Ferreira Gomes como o traficante responsável pelo negócio. Nesse bergantim, a alta taxa de óbitos foi alavancada pela varíola, a principal vilã a ceifar a vida dos escravizados. No dia 25 de agosto de 1826, o traficante Miguel F. Gomes Filho ordenou o sepultamento de dez escravizados. Eles foram registrados e enterrados juntos em um único dia. Esses escravizados vieram de Benguela, a bordo do bergantim Luís de Camões, e não apresentavam marcas visíveis deixadas pelos traficantes. No entanto, a doença não escapou aos olhos do escrivão, que anotou ter visto os corpos tomados por "bexigas".

Devido ao alto número de escravizados infectados com varíola em uma única embarcação, é possível comprovar que a doença se espalhava a bordo do navio, contribuindo para o aumento da mortalidade entre aqueles que viveriam em cativeiro (sem mencionar que muitos escravizados poderiam ter sido vendidos já infectados durante o período de incubação da doença, quando os sintomas não eram aparentes).

Apenas nos meses de agosto e setembro de 1826, foram sepultados 39 escravizados, dos quais "não se conhecia a marca" de muitos deles afetados pela varíola. Todos eram provenientes de Benguela, eram homens, e muitos foram enterrados em um único registro; sete, cinco, quatro, e até mesmo em pares, foram lançados no solo do cemitério.

JOSEFINA BAKHITA: UMA BONECA MORTA À FLOR DA TERRA

Ao longo de pelo menos quatro séculos, ocorreu a diáspora africana, uma migração forçada devido ao sistema escravista, que levava seres humanos através do Atlântico em direção ao Novo Mundo (América). Assim, milhares de escravos chegaram no Brasil para trabalhar nas mais variadas tarefas impostas sob os açoites e tormentas escravistas. Estima-se que dos mais de 10 milhões de escravizados arrancados da África durante o período escravista, cerca de 5 milhões vieram para o Brasil. Uma vez em solo brasileiro, eram utilizados nos mais variados trabalhos. Alguns eram alocados ao ganho, ou seja, desempenhavam tarefas domésticas, eram vendedores ou alugados a outros senhores para a execução de diversos ofícios. Outros escravizados eram destinados à lavoura de cana-de-açúcar e café.

Nesse contexto, o Brasil tornou-se refém desse tráfico desenfreado, que despejava cada vez mais escravizados para suprir a demanda das *plantations* cafeeiras. Enquanto isso, as doenças espalhavam-se por toda a Corte, ceifando vidas pretas em todas as direções. Ao mesmo tempo, a Santa Casa, incapaz de lidar com o grande número de doentes, via-se de mãos atadas diante do combate às doenças trazidas a cada novo desembarque, enquanto os pretos novos pereciam em grande quantidade.

Apenas em 1996, o Cemitério dos Pretos Novos foi redescoberto de forma acidental. É o único cemitério de escravizados recém-chegados ao porto do Rio de Janeiro cuja especificidade sinistra revela que ali se praticava tudo, menos um sepultamento digno.

Não obstante, a recente pesquisa arqueológica trouxe à tona o que o tempo não pode esconder. Enquanto a pesquisa histórica já havia demonstrado que os pretos novos eram lançados em covas rasas sem nenhum respeito, tendo seus corpos desarticulados e queimados em pleno desrespeito às tradições africanas em um espaço extremamente pequeno para o volume do tráfico negreiro, as escavações trouxeram à tona a primeira ossada completa, encontrada no Cemitério dos Pretos Novos. A escavação, liderada pelo arqueólogo e historiador Reinaldo Tavares, descobriu essa ossada, cuja equipe arqueológica, ou melhor, o descobridor do achado, o arqueólogo Andrei Santos, batizou de Bakhita (bem-aventurada, na língua núbio, Sudão), em referência a Santa Josefina Bakhita, padroeira dos sequestrados e escravizados, a primeira santa africana canonizada em 2000, pelo Papa João Paulo II.

Essa ossada era de uma mulher, jovem, africana, escravizada, morta e lançada nas covas rasas do Cemitério dos Pretos Novos. Segundo a pesquisa arqueológica, há indícios que apontam que o corpo encontrado no sítio arqueológico pertencia a uma jovem africana capturada e sequestrada para ser comercializada no mercado da escravidão no Rio de Janeiro, mas que, ao não resistir aos maus-tratos, foi lançada naquele campo-santo. Sua importância reside no fato de ter sido a primeira ossada completa descoberta no Cemitério dos Pretos Novos, pois até então todos os achados nesse sítio arqueológico estavam desarticulados, queimados, quebrados e espalhados pelo terreno, demonstrando não haver nenhum tipo de organização espacial e revelando o extremo descaso com a cultura africana, uma vez que deixar os corpos insepultos era o prenúncio de infortúnio aos vivos e desonra aos antepassados.

Se tivesse sobrevivido, não teria sua vida se aproximado do que milhares de Ponciás vivenciaram? Jaz na memória, uma Ponciá ávida pelo que poderia ter sido, por uma vida de liberdade que não viveu. Jaz no Pretos Novos, uma Bakhita ávida pela vida que lhe foi tirada. Tão cedo. "Uma boneca morta" à flor da terra.

O QUE AINDA NÃO SABÍAMOS SOBRE O CEMITÉRIO DOS PRETOS NOVOS

Em busca de algumas respostas, abordamos o período anterior ao fechamento do Cemitério dos Pretos Novos, e para tanto, como dissemos anteriormente, analisamos o *Livro de óbitos da Freguesia de Santa Rita de 1808 a 1818*, disponível na Cúria Metropolitana do Rio de Janeiro. No intuito de verificarmos a forma como ocorreram os sepultamentos, foi feita uma abordagem qualiquantitativa, possibilitando uma visão mais abrangente e atualizada sobre os registros de falecimentos desses indivíduos escravizados.

Com essa nova fonte de informação, é possível ampliar nosso entendimento sobre as condições de vida e morte dos escravizados, bem como obter dados mais precisos sobre o número de óbitos, suas causas e outros detalhes relevantes, o que contribui para o enriquecimento e fortalecimento das conclusões e análises deste estudo.

O livro de óbito em questão (de 1808 a 1818), assim como o livro anteriormente estudado (de 1824 a 1830), traz o nome da embarcação que trouxe o escravizado; a origem dela; o nome do capitão da embarcação, e o comprador do escravizado. Quanto a este escravizado, o livro traz grafada em suas margens, a marca que o preto novo recebeu ao ser comprado na África, sinalizando também a localização no corpo do cativo, atestando de forma indelével a violência sofrida na carne. O livro traz também o sexo e a faixa etária do escravizado, além de algumas observações circunstanciais, seguindo quase que os mesmos moldes do livro anterior.

Infelizmente, não foi possível quantificar todo o livro de óbitos no período de 1812 a 1818, uma vez que a pesquisa está em andamento, a fonte apresenta péssimas condições e quantidade de dados encontrados e um volume de dados referentes ao sepultamento que parecem ser maiores que os verificados no período final do cemitério. No entanto, a tabulação dos dados referentes ao ano de 1812 pôde ser concluída. Dessa forma, com base nos dados levantados, podemos verificar como os escravizados foram enterrados no Cemitério dos Pretos Novos naquele ano.

A maioria dos escravizados sepultados ali era de jovens do sexo masculino, um total de 488 casos, o que representa cerca de 75,7% do total. Em segundo lugar, temos jovens do sexo feminino, com sessenta casos, o que é cerca de 9,3%. Quanto às faixas etárias específicas, foram sepultados 49 meninos jovens, o que equivale a 7,8%, e 32 meninas jovens, representando 4,9%. Além disso, houve nove casos de sepultamento de crianças, o que corresponde a cerca de 1,4%.

Os dados também indicam que houve seis sepultamentos classificados como "Outros", abrangendo 0,9% do total. Não foram registrados sepultamentos de escravizados ladinos, ou seja, escravizados já ambientados na cultura local e que já falavam a língua. Ao somar todos os casos, obtemos a soma de 644 sepultamentos. Essa análise proporciona um panorama inicial sobre a composição da população sepultada no Cemitério dos Pretos Novos, permitindo a compreensão de aspectos demográficos e de gênero dos escravizados na época em questão.

Os dados nos permitem fazer algumas afirmações bastante relevantes. Vamos a elas: vê-se, pois, que o fato de 75,7% dos 644 escravizados sepultados ser composto de homens está em consonância com o fluxo do tráfico transatlântico de escravizados, que mostrou uma participação maior de homens, e também de acordo com os dados sobre os sepultamentos no Cemitério dos Pretos Novos em seu período final. Em segundo lugar, as escravizadas correspondem a quase 10%, o que também está dentro dos padrões do tráfico transatlântico, que, por uma série de fatores internos e externos, fez com que as mulheres estivessem em menor número no tráfico transatlântico de escravizados.

Contudo, cabe aqui uma importante observação: o quantitativo de mulheres, jovens e crianças, quando somados, demonstra uma expressiva contribuição. Quando adotamos um foco de análise que se detém sobre as condições das mulheres e crianças no tráfico, percebe-se que uma expressiva parcela das pessoas sepultadas ali, ou seja, 23%, era composta de jovens, crianças e mulheres.

Como se pode ver, e como indicam os dados, foram sepultados, no Cemitério dos Pretos Novos, muitos jovens e crianças. Se a escravidão não se furtava aos jovens, a morte também não escolhia idade.

Além desses dados, que demonstram o comportamento esperado de um tipo de comércio condicionado às nuances e flutuações do tráfico negreiro, já bastante conhecido, temos uma diferença muito particular em relação ao que se verificou no estágio final do Cemitério dos Pretos Novos. Em primeiro lugar, foi notado um grupo de indivíduos que não constava no livro de óbitos de 1824-1830, período final do cemitério, trata-se de registros de óbitos de pessoas que não conseguimos identificar. Se no livro 1824-1830, tínhamos a nomenclatura "pretos novos", "novas" e assim por diante, no de 1808-1818 temos: "um corpo", "um morto", "um cadáver", "sepultado com búzios", "uma criança, filha de Roza", "um corpo de marca à margem", "um inocente, diga-se, um escravo" e "uma escrava sepultada com a cria".

Talvez esta seja a parte mais perturbadora dos dados obtidos no *Livro de óbitos da Freguesia de Santa Rita de 1808 a 1818*: encontramos aqui um tipo de nomenclatura ainda não observada nos registros de óbitos dos pretos novos. Ou seja, um número expressivo de escravizados não foi registrado nem como "pretos novos", "pretas novas", "moleques novos", "molecas novas", "crias", ou "ladinos", como nos registros no livro de óbitos de 1824 a 1830. Eis que temos pessoas que o escrivão não conseguiu identificar

O sepultamento pessoas sob a designação de "um corpo" ou "cadáveres" sem identificação pode indicar formas extremamente violentas de morte e até mesmo revelar que o perímetro do Valongo estava passando por diversas transformações com o incremento do tráfico negreiro.

Isso pode ser explicado pelas mudanças de conjuntura econômica acrescidas da vinda da Família Real, em 1808, e tudo o que significou a permanência da Coroa Portuguesa em solo brasileiro, bem como a abertura dos portos às nações amigas e o processo de modernização pelo qual passou a Corte do Rio de Janeiro desde então, o que, por sua vez, pressionou o aumento da importação da mão de obra escravizada. Isso fez com que, a partir deste momento, os números de almas traficadas da África estivessem quase sempre na casa dos dois dígitos. Assim, temos que, em 1812, segundo o historiador Manolo Florentino, 18.330 pessoas tenham sido vendidas no mercado do Valongo, das quais 644 foram sepultadas no Cemitério dos Pretos Novos, o que perfaz uma taxa de mortalidade de 3,5%, o que está bem próximo do verificado no período final do Cemitério dos Pretos Novos, ou seja, de 1824 a 1830.

Isso sugere que, com o incremento do tráfico negreiro, as condições de saúde dos escravizados pioraram, fazendo com que a taxa de mortalidade estivesse bem próxima da medida verificada no período. Neste período, os trabalhos no Valongo se intensificaram sobremaneira; a importação de produtos europeus e mão de obra escravizada movimentou os trapiches da região do Complexo do Valongo. Só para se ter uma ideia deste aumento, por volta de 1817, já existiam aproximadamente 34 estabelecimentos comerciais significativos no Valongo, tornando essa região um dos locais mais movimentados do Rio de Janeiro. Casas comerciais envolvidas em atividades de importação e exportação, depósitos de armadores e trapiches, ocupavam juntos essa região da cidade.

A enseada de desembarque vivenciava cada vez mais agitação devido ao comércio negreiro, marcada pelo constante movimento de embarcações se aproximando. Como resultado, o número de escravizados traficados superou os registros dos primeiros séculos de comércio negreiro.

Na agitação do porto, com embarcações chegando e partindo incessantemente, repletas de escravizados destinados à venda, era impossível que todos desembarcassem em um único local. Portanto, não havia um ponto fixo de desembarque, e os escravizados não desembarcavam somente num cais, como alguns supõem erroneamente. Em vez disso, eles eram transferidos para embarcações menores, nas quais eram levados para leilões em pequenos trapiches ao longo do Valongo. Os navios permaneciam no meio da baía, onde eram inspecionados; em seguida, os escravizados eram levados para a costa, em diferentes pontos ao longo da praia e dos locais de venda. No entanto, é importante ressaltar que, para alguns escravizados, o fim dessa jornada resultava em morte e os seus corpos jogados no Cemitério dos Pretos Novos.

A análise do livro de óbitos neste período, 1812-1818, sugere uma mortalidade com *causas mortis* menos especificas e corpos não identificados, o que demonstra a falta de controle em relação aos cativos doentes que morriam no Valongo e, talvez, a incapacidade de cuidar dos feridos, o que, por sua vez, pode ter contribuído para um aumento da mortalidade.

Por outro lado, os corpos sem identificações precisas indicam não apenas mortes violentas, ou abandonos de cadáveres na rua, mas também a existência de cativos que, depois de mortos, eram sepultados como possíveis "indigentes". É possível imaginar que a região do Valongo, dado ao incremento do tráfico, tenha tido dificuldade de controlar a escravaria recém-chegada que, por sua vez, possa ter aproveitado para instaurar algum levante ou insubordinação, fatos aos quais o poder estatal tenha respondido com mais violência. Uma violência tal que não se contentava em matar, era preciso esquartejar, mutilar, um verdadeiro massacre de gente. Uma barbárie no Valongo. A imposição do medo aos que chegavam ao Valongo era notório, e a demonstração de força exacerbada era regra. O cartão de visita aos cativos precisava ser impressionante e cruel.

A análise quantitativa do livro de óbitos, referente aos anos de 1812 a 1818 e de 1824 a 1830, revelou as seguintes taxas estimadas de mortalidade: 3,1% em 1812, 8,2% em 1815, 3,9% em 1818, 4,4% em

1824, 4,4% em 1828, e uma queda para 2,2% em 1830. Esses dados, extraídos dos livros de óbitos da Freguesia de Santa Rita, mostram claramente um pico na taxa de mortalidade em 1815, indicando um aumento significativo no número de mortes de escravizados no Valongo, maior do que todo o período estudado (1818 a 1830). Isso reforça a hipótese de que o Valongo poderia ter sido um local de controle extremamente violento e mortal, o que explicaria por que os corpos não eram corretamente identificados no momento do sepultamento, sendo enterrados com designações genéricas como 'cadáveres', 'pretos' e 'corpos'."[8]

Mas isso ainda não é tudo. Chamou-nos a atenção o fato de que algumas mães foram sepultadas com seus filhos. A resposta para esse dado é que a vida das crianças escravizadas estava tão intimamente ligada à sobrevivência de suas mães que a morte desta quase sempre significava o falecimento daquela. Uma vez mortas, ambas eram descartadas e enterradas no indigno cemitério. Isso destaca como as dificuldades da escravidão eram ainda mais terríveis para os mais vulneráveis.

Embora muitos registros de sepultamentos no Cemitério dos Pretos Novos revelem a crueldade com que os escravizados foram mortos, há também um aspecto tão notável quanto incomum. Alguns escravizados foram sepultados "com búzios" ao redor do pescoço, o que representa uma prática não convencional para a época. Isso é significativo porque a única forma de identificação conhecida para esses escravizados eram as marcas feitas a ferro quente em seus corpos por seus senhores, que por sua vez substituíam à força seus nomes de origem, suas escarificações faciais e demais adereços étnicos. Engana-se quem pensa que a marca a ferro quente sob o corpo escravizado era apenas uma forma de identificar o "dono" da carga; era, na verdade, uma tentativa de anular a identidade africana, a individualidade do ser era apagada em nome de uma nova vida de "mercadoria" viva. Assim, o fato de

8_Para uma análise mais acurada sobre as taxas de mortalidade de 1812 a 1830, no Cemitério dos Pretos Novos, veja: PEREIRA, J. C. M. da S. Revisitando o Cemitério dos Pretos Novos: um olhar sobre a morte e o sepultamento de africanos e crioulos escravizados, de 1812 a 1818. *Revista M. Estudos sobre a morte, os mortos e o morrer.* [S. l.], v. 9, n. 18, 2024. Disponível em <https://seer.unirio.br/revistam/article/view/12915>. Acesso em 27 set. 2024.

termos escravizados sepultados com os seus búzios ao pescoço foge à regra e demonstra um gesto simbólico e individualizado de reconhecimento e diferenciação desses escravizados em relação aos demais.

A prática de sepultar alguns escravizados com búzios ao redor do pescoço sugere uma relação mais próxima entre o escravizado e seu proprietário. Isso ocorre porque o búzio funcionava como um elemento identitário adicional, possivelmente representando proteção espiritual ou uma conexão com a cultura africana, sua identidade originária. Além disso, o fato de alguns escravizados terem sido sepultados com búzios por seus donos indica uma exceção à forma usual de identificação dos escravizados, destacando a singularidade e o valor atribuídos a esses indivíduos. Supõe-se que eles se destacaram dos demais por sua origem étnica ou pelo papel importante que tinham em vida dentro de suas comunidades, a ponto de receberem um sepultamento diferenciado dos demais.

O QUE NÃO PODEMOS ESQUECER

Se os fatos narrados até aqui não são os mesmos, os nossos olhos também não o são. Mudamos ambos, como sugere Machado de Assis na epígrafe deste texto. De fato, cada vez que revisitamos o Cemitério dos Pretos Novos, descobrimos algo novo; trata-se de um novo mergulho que fazemos não apenas no passado, mas dentro de cada um de nós mesmos. Aliás, é impossível que sejamos os mesmos, pois uma vez expostos a tamanha barbaridade, não seremos mais quem éramos antes e, neste caso, precisamos de novos instrumentos de análise para dimensionarmos a experiência que se apresenta diante dos nossos olhos. Por isso mesmo, novos autores devem ser evocados para que, à luz de suas reflexões, possamos ser capazes de dar respostas ao significado de um campo-santo tão abominável como foi Cemitério dos Pretos Novos. Poderíamos citar vários, mas, por motivos óbvios de espaço, nos ateremos a dois autores: Achille Mbembe e Conceição Evaristo. Comecemos, é claro, pela última.

Ao analisarmos o que se passou no Cemitério dos Pretos Novos à luz da obra de Conceição Evaristo, autora preta cujo trabalho literário é de imensa importância para o contexto da causa do negro no Brasil, notamos uma conexão intrínseca entre esse local histórico e a narrativa de resistência e memória da comunidade afro-brasileira, temas que Evaristo aborda em sua literatura, como *Ponciá Vicêncio* e *Becos da memória*.[9] Embora a autora não tenha tratado especificamente do Cemitério dos Pretos Novos, nem tenha sido esse seu objetivo, é inegável que em sua obra a exploração da experiência negra e do trauma da escravidão oferece um quadro interpretativo rico para compreender a importância desse local.

O Cemitério dos Pretos Novos, como local de sepultamento de africanos e crioulos[10] escravizados, pode ser considerado um testemunho físico da diáspora africana e das lutas enfrentadas por essa comunidade ao longo da história, temas que Evaristo aborda em sua literatura. Assim como ela dá voz às narrativas silenciadas em suas obras, o cemitério representa uma narrativa que permaneceu oculta por muito tempo, destacando a necessidade de dar visibilidade a essas vozes e ao legado da resistência negra no Brasil, conforme explorado nas obras da autora.

Memória e trauma são temas tão bem explorados na literatura de Evaristo que nos ajudam a pensar o referido campo-santo, como local de memória coletiva para a comunidade afro-brasileira, em que os traumas da escravidão estão profundamente enraizados no solo da experiência diaspórica. Esse trauma, assim como na dor de Ponciá, continua a ecoar na narrativa cultural e histórica do Brasil, sendo um indicativo do que os africanos enfrentaram durante o período escravista. A dor da morte nunca foi superada em sociedade, e, ainda hoje, milhares de mulheres pretas e homens pretos, assim como jovens e crianças, carregam o peso de terem as suas raízes relegadas às valas comuns do esquecimento.

Existem, ainda agora, neste instante, milhares de cemitérios de pretos novos simbólicos espalhados pelo Brasil. Lugares onde se vivencia não necessariamente a morte física, ainda que esta seja real (haja vista a quantidade de crianças pretas e pobres mortas semanalmente nas gran-

---

9_C. Evaristo, *Becos da memória*, 3. ed., 2018.

10_O termo "crioulo" é usado para denominar pessoas negras nascidas no Brasil no contexto de sua acepção histórica. (N.E.)

des metrópoles brasileiras), mas a morte simbólica de seus sonhos, desejos e expectativas de uma vida mais justa e igualitária. Isso é fruto não apenas da escravidão, mas também do racismo e do preconceito racial.

> [Ponciá] Divertia-se brincando com as bonecas de milho ainda no pé. Elas eram altas e, quando dava o vento, dançavam. Ponciá corria e brincava entre elas. O tempo corria também. Ela nem via. O vento soprava no milharal, as bonecas dobravam até ao chão. [...] Um dia, nessa brincadeira, ela viu uma mulher alta, muito alta que chegava até o céu... Sorriu para a mulher que lhe correspondeu o sorriso. Quando contou sobre a mulher alta e transparente, a mãe não lhe deu atenção, mas Ponciá notou que ela se assustou um pouco. Daí a uns dias, quando o pai chegou, ela escutou a mãe pedindo-lhe que cortasse o milharal. O pai argumentou que não era tempo de colheita ainda. A mãe insistiu. E, quando Ponciá Vicêncio acordou no outro dia, o milharal estava derrubado. As bonecas mortas pelo chão. Ela ainda olhou para os lados com esperança de ver a mulher alta e transparente. Não viu. Tudo era um só vazio. Ponciá chorou. Nunca mais ela viu a mulher alta, transparente e vazia, que um dia sorrira para ela entre as espigas de milho.[11]

Já a partir do pensador camaronês Achille Mbembe e sua obra seminal *Necropolítica*,[12] o Cemitério dos Pretos Novos pode emergir como um exemplo contundente da relação entre o poder e a morte nas sociedades coloniais e escravagistas. Mbembe argumenta que o poder estatal não se limita apenas a governar a vida, mas também se estende ao controle sobre a morte, permitindo a negação da dignidade e da humanidade àqueles que são subjugados. O Cemitério dos Pretos Novos, onde milhares de africanos e crioulos escravizados foram sepultados em condições brutais e desumanas, exemplifica essa lógica da necropolítica.

11_Idem, *Ponciá Vicêncio*, 2020, pp. 13-14.
12_A. Mbembe, *Necropolítica*, 2021.

A falta de respeito pela morte desses indivíduos, a violência sistemática que culminou em suas mortes e o descarte de seus corpos em valas comuns representam uma forma extrema e perturbadora desse ato. Este cemitério, portanto, não é apenas um local de enterro, mas também um testemunho sombrio das estruturas de poder e da brutalidade inerente à escravidão no Brasil, conforme delineado por Achille Mbembe em sua análise crítica das dinâmicas de vida e morte nas sociedades coloniais e pós-coloniais.

Cabe lembrar que, segundo Mbembe, o racismo não apenas nega a humanidade do outro, mas também funciona como um modelo que justifica a opressão e exploração, podendo levar à eliminação física, política ou simbólica. Sua análise ressalta como a ideia de "raça", que embora não tenha base em fatos naturais, desempenha um papel central na transformação do ser humano em mercadoria ou objeto, destacando a necessidade de que superemos o legado do ideário escravista e do ressentimento por meio da justiça, da restituição e da reparação. Tais reflexões poderosas nos ensinam que o Cemitério dos Pretos Novos pode ser este lugar de combate a toda forma de opressão racial.

UMA HISTÓRIA QUE CONTINUA

O Cemitério dos Pretos Novos, onde milhares de africanos e seus descendentes foram sepultados na primeira metade do século XIX, representa um grupo social cuja existência foi negada e que sofreu um processo de tentativa de apagamento para além do corpo físico, ou seja, de sua própria identidade. A forma como tiveram seus corpos esquartejados, decapitados, quebrados, queimados, descarnados e desarticulados reforça a recusa de lhes conferir uma existência com dignidade humana.

A breve análise de um período mais amplo, de 1812 a 1830, realizada neste estudo, permitiu comprovar a afirmação de que o Cemitério dos Pretos Novos era um lugar onde o racismo e o preconceito racial operaram de forma violenta e covardemente atroz. Nele, no intuito de negar aos negros sua humanidade, seus corpos foram não apenas jogados à flor da terra da inexistência, mas também mutilados, antes e após a morte, em uma tentativa falha de apagar suas memórias e destruir seus laços ancestrais.

Os pretos novos, vivenciaram, então, um ódio intrínseco e um desprezo atroz, sendo julgados não apenas como diferentes, mas indignos e desprezíveis. Contudo, o cemitério não é apenas um local de morte, mas também um espaço de memória e identidade em constante construção, uma vez que, a sua redescoberta, em 1996, reacendeu o debate sobre como as histórias da diáspora africana no Brasil continuam a ser contadas e reinterpretadas e são tomadas então como um símbolo de luta contra toda tentativa de apagamento. Desta forma, um local que fora de abandono e desprezo se coloca hoje como um lugar de memória, luta e celebração de nossos antepassados.

Assim, Ponciá Vivêncio, personagem preta do romance de Evaristo, destacada pela importância da busca por identidade e pela procura de suas raízes, nos inspira cada vez mais a lutarmos contra qualquer tipo de apagamento, para além de todas as necropolíticas vigentes. A tentativa de apagamento e destruição da memória dos nossos ancestrais não logrou êxito completo, pois do solo encharcado de sangue africano, naquele pequeno terreno onde os corpos jamais foram sepultados, brotam, ainda, milhares de ramos de esperança, como este que agora está em suas mãos.

Você tinha razão, Machado, os mortos ainda contam suas próprias histórias.

REFERÊNCIAS

ACMRJ. ARQUIVO DA CÚRIA METROPOLITANA DO RIO DE JANEIRO. *Livro de óbitos de escravos da freguesia de Santa Rita, 1824-1830.*

_______. *Livro de óbitos de escravos da freguesia de Santa Rita, 1808-1818.*

ASSIS, Machado de. *Memórias póstumas de Brás Cubas*. Rio de Janeiro: Typographia Nacional, 1881. Disponível em <https://digital.bbm.usp.br/handle/bbm/4826>. Acesso em 8 jul. 2024.

CHALOUB, Sidney. *Cidade Febril: cortiços e epidemias na Corte Imperial.* São Paulo: Companhia das Letras, 1996.

EVARISTO, Conceição. *Becos da memória*. 3. ed. Rio de Janeiro: Pallas, 2018.

______. *Ponciá Vicêncio*. Rio de Janeiro: Pallas, 2020.

FAZENDA, Dr. José Vieira. *Antiqualhas e memórias do Rio de Janeiro*. Vol. 147, tomo 93 da RIHGB. Rio de Janeiro: Imprensa nacional, 1927.

FLORENTINO, Manolo. G. *Em Costas Negras: uma história do tráfico atlântico de escravizados entre a África e o Rio de Janeiro (séculos XVII e XIX).* Rio de Janeiro: Arquivo Nacional, 1995.

FREIREYSS, G.W. *Viagem ao interior do Brasil.* Belo Horizonte: Itatiaia; São Paulo: EDUSP, 1982.

GRAHAM, Maria. *Viagem ao Brasil*. São Paulo: Companhia Editora Nacional, 1956.

LAVRADIO, Marques de. *Relatório*. Rio de Janeiro: Rev. Do RIHGB, v. 4. 1842.

Livro de Óbitos de escravos da Freguesia de Santa Rita (1812-1818).

Livro de Óbitos de escravos da Freguesia de Santa Rita (1824-1830).

MBEMBE, Achille. *Necropolítica*. São Paulo: N-1 Edições, 2021.

Ofício de João Inácio da Cunha a José de Bonifácio. Biblioteca Nacional, I-4, 30,4.

PEREIRA, Júlio César Medeiros da Silva. *À flor da terra: o Cemitério dos Pretos Novos no Rio de Janeiro*. Rio de Janeiro: Garamond/Iphan, 2014.

PEREIRA, J. C. M. da S. Revisitando o Cemitério dos Pretos Novos: um olhar sobre a morte e o sepultamento de africanos e crioulos escravizados, de 1812 a 1818. *Revista M. Estudos sobre a morte, os mortos e o morrer.* [S. l.], v. 9, n. 18, 2024. Disponível em <https://seer.unirio.br/revistam/article/view/12915>. Acesso em 27 set. 2024.

SILVA, M. S. O impacto da teoria dos miasmas no Brasil do século XIX. *Revista Brasileira de História da Medicina*. 12 (2), 43-56, 2018.

Instituto de Pesquisa e Memória Pretos Novos.

FOTOGRAFIA DE FREDERICO SVOBODA

HISTÓRIA DESCOBERTA

O TRABALHO DE ARQUEOLOGIA DO CEMITÉRIO DOS PRETOS NOVOS

Andrea de Lessa Pinto e Reinaldo B. Tavares

A inesperada descoberta de um antigo cemitério, em 1996, marcaria para sempre a história da diáspora africana para o Rio de Janeiro. O casal Merced e Petrúcio Guimarães dos Anjos fazia uma obra de reforma em sua residência, um sobrado histórico localizado no bairro da Gamboa, quando os operários se depararam com uma grande quantidade de remanescentes humanos. O excepcional achado de ossos e dentes causou enorme surpresa, ninguém poderia imaginar que havia um cemitério sob o piso da casa centenária [figura 1].

Diante das pilhas de ossos tiradas do solo pelos operários, e ainda sem compreender o seu significado, a família Guimarães entrou em contato com o Centro Cultural José Bonifácio, que acionou o Departamento Geral de Patrimônio Cultural, órgão da Prefeitura do Rio de Janeiro, hoje extinto. E assim, a arqueóloga Eliana Carvalho e a bioarqueóloga Lilia Machado, do Instituto de Arqueologia Brasileira, realizaram durante um mês o salvamento emergencial dos remanescentes humanos. O material estava bastante impactado pela obra e descontextualizado, ou seja, os ossos e dentes apresentavam quebras e foram recolhidos fora da sua posição e localização originais dentro das camadas arqueológicas.

FIGURA 1 – SALVAMENTO ARQUEOLÓGICO DURANTE A OBRA DE REFORMA NA CASA DO CASAL GUIMARÃES, NO BAIRRO DA GAMBOA, 1996.

ESPAÇO FUNERÁRIO

Quase como uma lenda, antigos moradores tinham notícia da existência de um cemitério de escravizados no bairro, mas a sua história estava há décadas esquecida. Após uma pesquisa em documentos históricos, foi confirmado que se tratava do Cemitério dos Pretos Novos (CPN), cuja localização precisa foi perdida pouco tempo após o seu fechamento legal em fevereiro de 1855, com loteamento da área para a edificação de residências e estabelecimentos comerciais.

Até o momento, este espaço funerário é considerado único no mundo uma vez que foi utilizado exclusivamente para o depósito dos corpos de cativos africanos recém-chegados à cidade do Rio de Janeiro, que morriam antes de serem vendidos no mercado de escravos do Valongo. As doenças infectocontagiosas e a violência a que eram submetidos desde a sua captura nos sertões da África eram as principais causas da elevada mortalidade. Ou seja, este sítio arqueológico é capaz de revelar a história da escravidão africana sob uma perspectiva diferenciada, uma vez que fornece informações sobre os escravizados enquanto ainda viviam na sua terra natal, desde a infância até a viagem transatlântica.

Pesquisas históricas nos registros de óbito da Paróquia de Santa Rita[1] revelaram que milhares de africanos tiveram o Cemitério dos Pretos Novos como destino final durante cerca de sessenta anos. Somente nos últimos seis anos de atividade, 6.119 corpos foram ali depositados. Em sua grande maioria, eram homens jovens, necessários para os pesados trabalhos em minas de ouro e pedras preciosas, em engenhos e lavouras, e mesmo em atividades urbanas. Um documento de arrendamento do terreno foi assinado pelo vigário em 1774 formalizando o uso do espaço funerário pela paróquia de Santa Rita e garantindo, assim, o pagamento dos sepultamentos pelos comerciantes. No entanto, o cemitério de Santa Rita, anteriormente destinado aos cativos, foi fechado e transferido para o Valongo em 1769. Uma vez que seria inviável não existir um espaço na região do Valongo para sepultar os pretos novos

---

1_J. C. M. S. Pereira, *À flor da terra: o Cemitério dos Pretos Novos no Rio de Janeiro*, 2007.

durante os cinco anos seguintes, acreditamos que o CPN iniciou seu período de atividade neste mesmo ano. Uma definição segura desta data, no entanto, só será possível mediante a análise dos primeiros registros de óbito deste cemitério.

Quanto às pesquisas arqueológicas, desde o descobrimento do CPN, têm sido realizadas análises sobre os ossos, dentes e cultural material. No entanto, os achados arqueológicos de 1996 foram retirados do solo pelos operários da obra sem qualquer orientação científica, inviabilizando discussões mais aprofundadas sobre o tratamento dado aos mortos. Não obstante as dificuldades, a bioarqueóloga Lilia Machado[2] fez as primeiras análises bioarqueológicas sobre os remanescentes humanos, quando confirmou que se tratava de africanos e identificou a presença de ossos e dentes queimados.

AS PRÁTICAS FUNERÁRIAS NO CEMITÉRIO DOS PRETOS NOVOS

A primeira escavação arqueológica no CPN ocorreu somente quinze anos após a sua descoberta, entre 2011 e 2012,[3] devido à ausência de apoio dos órgãos públicos competentes. Na ocasião, foram escavados 10 cm de profundidade em duas áreas, uma de 4 m^2 e outra de 1 m^2, e foi feito o monitoramento arqueológico em obras de urbanização nas ruas adjacentes ao cemitério. O objetivo dessa pesquisa foi delimitar o espaço do cemitério, estimado em menos de 500 m^2, uma vez que conhecer a localização e a dimensão de sítios arqueológicos é o primeiro passo para assegurar a sua preservação e divulgação para o grande público.

Entre 2017 e 2018, uma área de 2 m^2 foi finalmente escavada em profundidade, chegando a mais de 1,30 m, o que possibilitou verificar a utilização do cemitério ao longo do tempo, bem como a forma como os corpos foram depositados.[4] Os resultados das análises de Arqueo-

---

2_L. M. C. Machado, "Sítio Cemitério dos Pretos Novos: análise biocultural. Interpretando os ossos e os dentes humanos", *Boletim do Instituto de Arqueologia Brasileira (IAB)*, 2006.

3_Reinaldo Tavares, *Cemitério dos pretos novos, Rio de Janeiro, século XIX: uma tentativa de delimitação espacial*, 2012.

4_Id., *O Valongo através de um ouro olhar: Arqueologia da Paisagem do complexo escravista do Rio de Janeiro no século XIX*, 2018.

logia Funerária e de Bioarqueologia[5] em tudo se alinham e ampliam os relatos contidos nos poucos documentos do século XIX sobre o CPN, escritos por viajantes estrangeiros, por vizinhos e por autoridades de saúde pública e da polícia. O cenário de total indignidade e desrespeito pelos africanos cativos apresentado nesses relatos se confirma por meio da pesquisa arqueológica.

Nos níveis mais profundos do cemitério, que correspondem aos momentos iniciais de ocupação do espaço, os arqueólogos encontraram quatro conjuntos esqueléticos em posição primária, ou seja, anatomicamente articulados, o que significa que foram encontrados da mesma forma em que foram depositados no solo [figura 2]. Nenhuma ação, ou gesto funerário, posterior, foi realizado. O primeiro indivíduo evidenciado, e o mais bem preservado do conjunto, era uma mulher jovem que foi respeitosamente denominada de Bakhita pela equipe, em homenagem à Josefina Bakhita, primeira santa africana e padroeira dos escravizados.

FIGURA 2 – PRIMEIRO CONJUNTO DE REMANESCENTES HUMANOS ENCONTRADOS EM POSIÇÃO PRIMÁRIA NO CEMITÉRIO DOS PRETOS NOVOS. NOTE-SE A DIFERENÇA ENTRE ESSES RESTOS ÓSSEOS (ARTICULADOS E SEM MARCAS DE QUEIMA) E OS RESTOS PRESENTES NAS CAMADAS MAIS SUPERIORES (DESORGANIZADOS E ESBRANQUIÇADOS DEVIDO À QUEIMA).

FOTO ANDREA LESSA

5_A. Lessa; R. B. Tavares e C. R. Carvalho, "Paisagem, morte e controle social: o Valongo e o Cemitério dos Pretos Novos no contexto escravocrata do Rio de Janeiro nos séculos XVIII e XIX", *Paisagens Híbridas*, 2018.

A análise da distribuição espacial e relação entre os restos ósseos evidenciados permitiu concluir também que não eram abertas covas fundas, os cativos mortos eram jogados praticamente à flor da terra e sem qualquer cuidado. Como resultado, os corpos ficavam amontoados uns sobre os outros, em diferentes posições e direções [figura 3]. Depois era apenas jogado um pouco de terra sobre eles. O solo, pantanoso, não era adequado para o processo de decomposição e esqueletonização dos corpos. Juntavam-se a isso as chuvas tropicais e os animais carniceiros que desenterravam partes dos remanescentes, gerando cenas repugnantes e um fortíssimo odor de putrefação que se espalhava pela região.

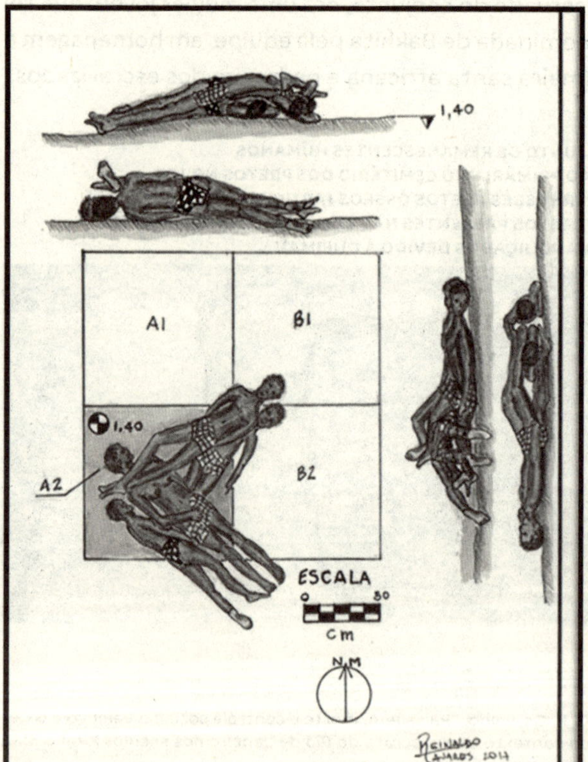

FIGURA 3 – REPRESENTAÇÃO DO PRIMEIRO SEPULTAMENTO MÚLTIPLO PRIMÁRIO ENCONTRADO NO CEMITÉRIO DOS PRETOS NOVOS.

ESQUEMA DE REINALDO TAVARES, 2017.

As formas de tratamento dadas aos mortos no CPN podem ser explicadas no âmbito dos contextos histórico e demográfico da época. No início do período de atividade do espaço funerário, o Valongo era uma região pouco povoada, formada por chácaras e algumas casas de pescadores, e distante do núcleo urbano, localizado na rua Direita e adjacências. A demanda por cativos no Rio de Janeiro e no interior ainda estava longe de alcançar o seu auge, logo o espaço funerário comportava o número de mortos recém-chegados da África.

Com a chegada da Família Real e da Corte portuguesa ao Rio de Janeiro em 1808, no entanto, essa situação mudaria bastante uma vez que resultou em um importante e repentino crescimento populacional. Os cativos africanos eram cada vez mais necessários para os serviços domésticos e para o abastecimento e construção de uma cidade em expansão, bem como para o crescimento econômico do Brasil, baseado na produção de café e de outros produtos tropicais que abasteciam a Europa. O processo migratório da África para o Rio de Janeiro e outras regiões intensificou-se, o número de mortos aumentou, e consequentemente o pequeno espaço que receberia seus corpos rapidamente tornou-se insuficiente. A situação do cemitério, repleto de corpos insepultos, ficou insustentável.

Diante desse cenário tão impactante para todos os sentidos humanos e para a saúde dos que moravam e frequentavam o Valongo, bem como diante das frequentes queixas e solicitações dessa população, as formas de tratamento dadas aos mortos no CPN mudaram. As autoridades competentes tentaram resolver os problemas de espaço, de odor e sanitários por meio da incineração dos corpos,[6] o que, no entanto, não eliminou as cenas escatológicas e a insalubridade em toda a região. Esta prática funerária, relatada nos documentos de época, foi confirmada pelos arqueólogos ao encontrarem, nos níveis superiores do sítio, e, portanto, mais recentes, milhares de fragmentos de ossos e dentes desorganizados, muito fragmentados, e com estágios de quei-

6_A. S. Santos; A. Lessa, "Práticas funerárias no Cemitério dos Pretos Novos: violência simbólica e estrutura panóptica de poder", *Habitus*, 2024.

ma entre a carbonização e a calcinação completa [figura 4]. Mais uma vez as análises bioarqueológicas e de arqueologia funerária permitiram concluir que os corpos eram depositados nas áreas mais centrais do cemitério para serem queimados, e após serem reduzidos a pequenos fragmentos e a cinzas eram espalhados para as áreas mais periféricas.

FIGURA 4 – OSSOS COM MARCAS DE QUEIMA, DESORGANIZADOS E MUITO FRAGMENTADOS ENCONTRADOS NO CEMITÉRIO DOS PRETOS NOVOS.

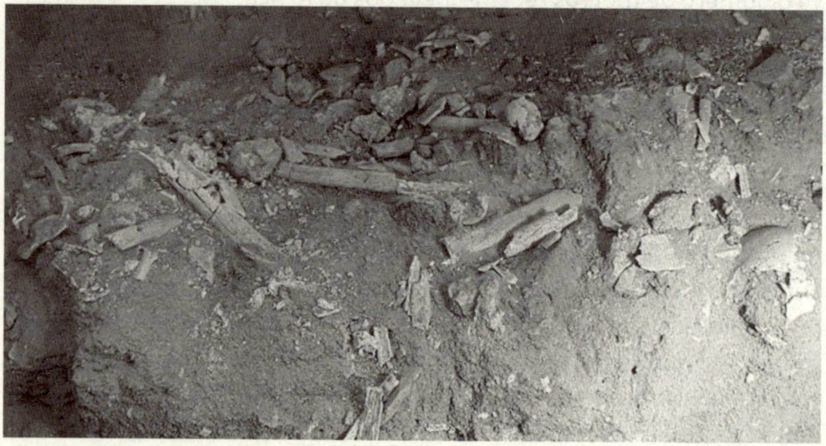

FOTO ANDREA LESSA, 2017.

Embora esteja comprovado que os africanos depositados no CPN eram incinerados a temperaturas que chegavam a 1.000 °C, uma questão permanece em discussão: como os corpos eram queimados, uma vez que não foram encontradas estruturas como fornos, e nem mesmo pedaços ou manchas de carvão que pudessem indicar o uso de piras ou fogueiras? Está cientificamente comprovado que a destruição de corpos humanos pelo fogo não é tarefa fácil, uma vez que só atingem o estágio de calcinação em temperaturas superiores a 650 °C, queimando durante pelo menos 30 minutos.

Assim, é certo que foi necessário o uso de algum tipo de acelerante que garantisse a permanência das chamas pelo tempo necessário, bem como as altas temperaturas. Seria possível imaginar que a própria gordura corporal tenha servido como combustível para a queima dos corpos. No entanto, no caso específico dos cativos recém-chegados, essa hipótese é inviável uma vez que os africanos chegavam ao Rio de Janeiro em péssimas condições nutricionais e de saúde, apresentando, portanto, percentual muito baixo de gordura. E, ainda, mesmo em indivíduos bem nutridos e saudáveis, a reserva corporal é insuficiente para prolongar o tempo de queima necessário para atingir as altas temperaturas registradas no CPN e para explicar o severo grau de destruição dos ossos e dentes.

Um candidato bastante plausível a combustível acelerante é o óleo de baleia, recurso que passou a ser muito utilizado no Brasil a partir do século XVII, uma vez que a baía de Guanabara foi, à época, um dos maiores redutos de baleias de toda a região. Naquele século foi instalada em São Domingos, atual Niterói, uma armação para a sua pesca e processamento. Essa indústria se tornou tão próspera que a cidade do Rio de Janeiro se tornou o principal polo de extração do chamado "azeite de peixe".

Outro produto que pode ter sido utilizado como combustível acelerante para a queima dos corpos dos cativos recém-chegados é o óleo de palma (ou dendê), extraído dos frutos de uma palmeira nativa das áreas florestadas da África ocidental e central. Estima-se que os feitores tenham trazido os dendezeiros para o Brasil durante a chegada dos primeiros cativos africanos na Capitania de Pernambuco, no século XVI. Com o incremento do comércio de escravos, o óleo de palma tornou-se uma mercadoria de grande importância nas redes comerciais transatlânticas.

CONTAS DE VIDRO: OS ÚNICOS OBJETOS PRESENTES ENTRE OS PRETOS NOVOS

Gravuras do século XIX de pintores famosos, como Jean-Baptiste Debret (1768-1848), Johann Moritz Rugendas (1802-1858), Augustus Earle (1793-1838) e Henry Chamberlain (1796-1844) retratam africanos recém-chegados ao Rio de Janeiro sendo vendidos no mercado do Valongo. Nessas telas, fica clara a sua situação de penúria, com corpos muito magros, seminus e destituídos de quaisquer bens pessoais. No entanto, quando em sua terra natal, os africanos conservavam consigo vários objetos de uso diário, devocionais e estéticos, tais como cachimbos, amuletos, braceletes de cobre e fiadas de contas de diferentes materiais colocadas ao redor do pescoço, quadril, punho e tornozelo.

As contas de vidro, especificamente, começaram a ser comercializadas com a África através do oceano Índico a partir do século VII da era cristã, mas sua popularização ocorreu a partir do comércio com os europeus no século XVI, quando centenas de milhares de contas de vidro entraram em toda a África subsaariana. Esses objetos eram muito apreciados e atuavam como adornos, como símbolos de status social, político e religioso e até mesmo como moeda. As representações sobre o cotidiano na África e sobre os africanos e afrodescendentes que viviam no Rio de Janeiro no século XIX, já integrados à vida no Novo Mundo, mostram em detalhe o uso das contas de vidro. Observa-se a preferência pelo uso de peças grandes e decoradas, com maior valor simbólico e monetário, o que valorizava a imagem e o status de seus portadores. As contas encontradas durante a escavação do Cais do Valongo realizada em 2011,[7] confirmam esse padrão, muito bem representado pelo pintor Debret entre 1834 e 1841.

No CPN, foram encontradas 223 contas no pequeno espaço escavado em 2017.[8] Os achados, no entanto, chamaram a atenção dos arqueólogos por dois motivos: as contas foram os únicos objetos encontrados junto aos remanescentes dos africanos; e o padrão era bem diferente do esperado, com peças de manufatura simples, sem decoração, e majoritariamente pequenas (entre 2 e 4 mm) e brancas (figura 5). Ou seja, as contas que acompanharam os corpos dos pretos novos eram diferentes daquelas usadas pelos africanos e afrodescendentes que passaram a viver no Rio de Janeiro no século XIX.

A explicação para esse padrão das contas de vidro estaria na subtração das peças mais valorizadas no momento da captura dos africa-

---

7_P. C. Brito, *De conta em conta: rotas atlânticas e comércio no Rio de Janeiro. O caso do Cais do Valongo*, 2015.

8_J. G. A. Chá Chá; A. Lessa, "Nada além de contas: os bens pessoais dos pretos novos do cemitério do Valongo", *Vestígios*, 2024.

nos, não somente devido ao seu valor de troca, mas por representarem a importância social ou religiosa de quem as portava. Privar os cativos de roupas e de seus bens pessoas também era uma forma de violência e de domínio físico e psicológico.

FIGURA 5 – CONTAS DE VIDRO ENCONTRADAS NO CEMITÉRIO DOS PRETOS NOVOS. EM SENTIDO HORÁRIO: BRANCA, VERDE, PRETA, VERMELHA, AZUL E INCOLOR.

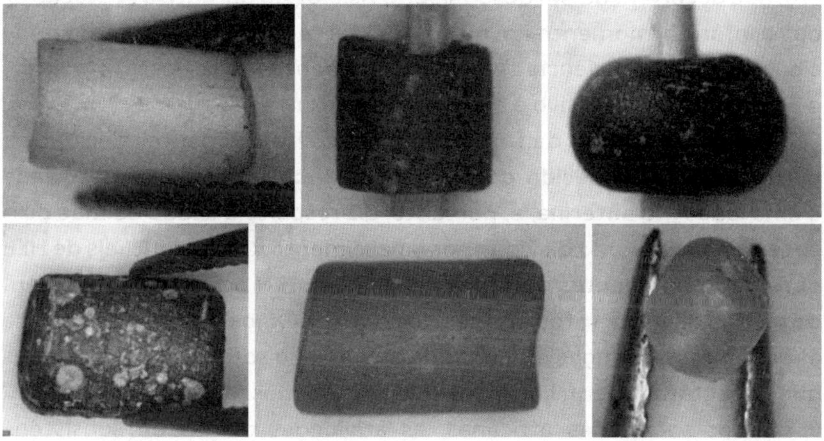

FOTO GUSTAVO CHÁ CHÁ.

A análise sobre as contas portadas por africanos e afrodescendentes no Rio de Janeiro, portanto, confirma a notória distinção social entre os cativos, estando os recém-chegados inseridos na mais baixa classe social. A integração ao cotidiano e à sociedade carioca, ao contrário, impulsionou a formação de um mercado baseado no gosto e no sistema de crenças dos milhares de escravizados africanos (maioria entre os cativos nos séculos XVIII e XIX) e seus descendentes. Isso se deve ao fato de que muitos cativos eram especializados em determinados tipos de ofício e trabalhavam para os seus senhores no sistema de ganho, o que possibilitava o acúmulo de recursos financeiros para a compra de bens e mesmo da liberdade.

A SAÚDE BUCAL DOS AFRICANOS RECÉM-CHEGADOS AO RIO DE JANEIRO

A saúde bucal dos cativos depositados no CPN também foi estudada pelos bioarqueólogos[9] utilizando dois tipos de evidência. O primeiro, um marcador de estresse biológico denominado hipoplasia linear de esmalte (HLE), é representado por sulcos lineares no esmalte dentário [figura 6A], que decorrem de um desequilíbrio fisiológico durante a gestação e/ou na infância, momento em que os dentes se formam. Tem como principais causas a deficiência nutricional, as doenças infecciosas, a anemia, o esforço físico excessivo e a exposição a toxinas.

Como o padrão de formação do esmalte dos dentes decíduos e permanentes é conhecido, cada área específica da coroa está associada a uma idade intrauterina, e, portanto, diz respeito à saúde da mãe ou a determinado período de vida após o nascimento. Os percentuais de HLE observados em dentes decíduos da série do CPN analisada confirmam os relatos de etnógrafos dos séculos XVIII e XIX, os quais afirmam que as gestantes e crianças africanas de até um ano sofreram adversidades que impactaram o equilíbrio dos seus organismos.

Nas sociedades africanas, as atividades diárias de subsistência, como caça, pesca, plantio e colheita, e preparo de alimentos, eram incumbências femininas, uma vez que os homens se dedicavam desde cedo à preparação para os tão comuns embates intertribais. Ainda ao amanhecer, em grande parte das comunidades, a coleta de água era a primeira tarefa diária mesmo durante os longos períodos de seca e subsequente baixa do volume de água dos rios. Assim, gestantes e mulheres carregando crianças de colo se deslocavam por grandes distâncias, coletando e armazenando a água em grandes e pesados vasilhames de cerâmica [figura 6B]. O processamento diário dos alimentos, especialmente o trituramento de grãos com pesados pilões [figura 6C], é outro exemplo de demanda física extenuante.

9_Hugo F. Beust, *Antes do cativeiro: saúde bucal e estilo de vida dos africanos enterrados no Cemitério dos Pretos Novos*, 2020.

FIGURA 6 – (A) MARCADOR DE ESTRESSE BIOLÓGICO (DEPRESSÕES LINEARES NO ESMALTE DENTÁRIO) PRESENTE EM DENTE ENCONTRADO NO CEMITÉRIO DOS PRETOS NOVOS. HUGO F. BEUST; (B) MULHER AFRICANA DO INÍCIO DO SÉCULO XX CARREGANDO ÁGUA EM VASILHAME DE CERÂMICA. COLEÇÃO G. ERIC E EDITH MATSON; (C) DESENHO DE MULHER CENTRO-AFRICANA PILANDO MANDIOCA E CARREGANDO CRIANÇA ÀS COSTAS. H. A. D. CARVALHO, 1890.

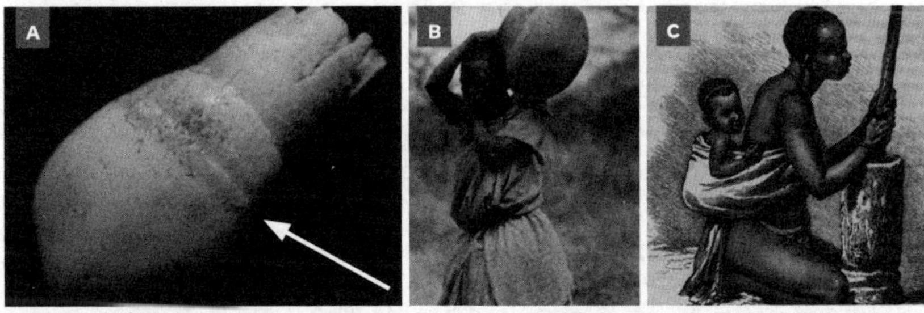

EXPEDIÇÃO PORTUGUEZA AO MUATI.NVUA, HENRIQUE AUGUSTO DIAS DE CARVALHO, 1890.

Essa pesada rotina das mulheres africanas impactava a amamentação e consequentemente a saúde de seus filhos durante o primeiro ano de vida. Além de serem bastante dependentes do leite materno, as crianças nessa idade são também mais susceptíveis a variados estressores biológicos (bactérias, vírus e outros agentes patogênicos) devido à natural imaturidade do sistema imunológico em um momento histórico pré-vacina (populações não industriais).

As altas frequências de HLE nos dentes permanentes em áreas relacionadas ao intervalo entre três e seis anos também convergem para situações de estresse biológico que representavam muitos desafios nutricionais e de saúde para as crianças africanas. Como principais causas para o desequilíbrio do organismo pode ser citada a transição alimentar, uma vez que as crianças deixavam de consumir o leite materno, um alimento rico e completo; a maior exposição a agentes infecciosos, consequência da introdução de outros alimentos e mesmo de outros hábitos diários, já que desde cedo começavam a exercer funções variadas que os colocavam em situações inadequadas do ponto de vista sanitário; e ainda os rituais de passagem, que se iniciavam durante o período de desmame e prosseguiam até a vida adulta, e desencadeavam episódios de estresse físico e psicológico.

O segundo tipo de evidência dentária são os marcadores patológicos, aqui representados pelas cáries e pelos cálculos – popularmente chamados de tártaro [figura 7]. A presença desses marcadores está fortemente associada a hábitos alimentares e à consequente proliferação de bactérias na boca. As cáries são cavidades no esmalte dentário, formadas principalmente devido ao consumo de alimentos ricos em açúcar e carboidratos. Os cálculos, por sua vez, são formações endurecidas da placa bacteriana, que é uma película composta de restos de alimentos, saliva e bactérias, e que se deposita nos dentes junto à gengiva.

FIGURA 7 – MARCADORES PATOLÓGICOS PRESENTES EM DENTES ENCONTRADOS NO CEMITÉRIO DOS PRETOS NOVOS. (A) PEQUENA CÁRIE; (B) CÁLCULO DENTÁRIO.

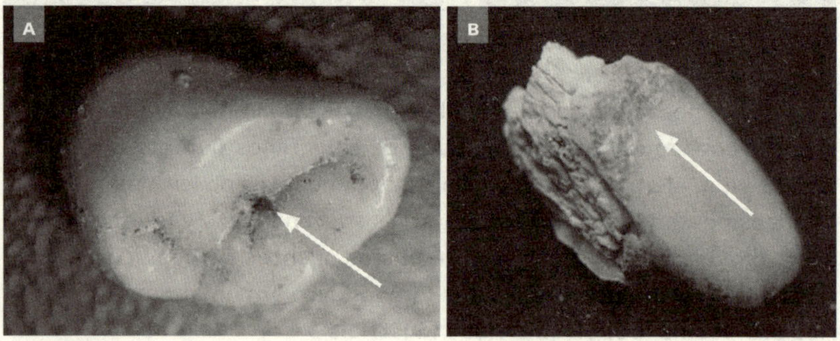

ANDREI SANTOS E HUGO F. BEUST, 2019.

As etnias centro-ocidentais africanas dispunham de uma dieta pouco diversificada, porém altamente calórica, composta majoritariamente de vegetais como mandioca, milho, trigo, feijão e amendoim, além de mel. O retorno nutricional satisfatório desses alimentos ricos em carboidratos justifica sua utilização como base alimentar, a qual era complementada por animais de variadas espécies e tamanhos. Tratava-se, portanto, de uma dieta com forte tendência à formação de cáries e cálculos.

No entanto, um percentual muito baixo dos pretos novos apresentou esses marcadores, o que nos levou a concluir que a sua boa saúde oral estava associada a práticas eficazes de higiene bucal. Há milhares de anos, e ainda hoje, africanos de várias partes do continente fazem uso de plantas com propriedades antissépticas para a limpeza dos dentes, na forma de palitos que são continuamente mastigados e de escovas rudimentares. As propriedades antimicrobianas dessas plantas, atestadas em estudos farmacológicos, são atribuídas a substâncias químicas que inibem a colonização bacteriana. Confirma-se, portanto, os relatos de vários etnógrafos e viajantes do século XIX, segundo os quais os africanos centro-ocidentais tinham especial cuidado com os dentes para se manterem saudáveis e esteticamente adequados.

PRETOS NOVOS: MEMÓRIA, IDENTIDADE E RESISTÊNCIA

A descoberta do CPN e o incessante esforço dos arqueólogos por compreender aspectos do cotidiano dos cativos quando ainda viviam na África, bem como do tratamento dado aos seus corpos no Rio de Janeiro, trouxe à luz a rígida hierarquia estrutural da sociedade carioca dos séculos XVIII e XIX. O africano recém-chegado era relegado à mais baixa classe social, mesmo entre os cativos, o que resultava em um processo de desumanização, ao ponto de não poder ser sepultado em um cemitério comum ou mesmo ter algum tipo de ritual fúnebre. Seus remanescentes queimados e desorganizados, no entanto, ainda são capazes de contar muitas histórias sobre a sua vida e a sua morte, sobre as ricas experiências vividas na sua terra natal e sobre o seu terrível destino.

Assim, ressaltamos que este espaço funerário permanece como uma sólida denúncia acerca das violações à dignidade humana que sustentaram o sistema escravista. Se impôs, à sua época, como uma realidade implacável e uma força coercitiva e disciplinante que se entranhava no ânimo e estado de espírito dos escravizados. No entanto, toda a violência física e emocional, expressamente evidenciada no CPN, não foi suficiente para extinguir a força e a beleza das culturas africanas, que permanecem vívida nos corpos, tradições e identidades de seus descendentes e dos brasileiros.

Nesse sentido, é importante pontuar que, assentado sobre o CPN, está o Instituto de Pesquisa e Memória Pretos Novos (IPN), que, desde sua inauguração, em 13 de maio de 2005, promove, por meio de visitas guiadas, cursos, oficinas, exposições artísticas e outras atividades culturais, a preservação da memória afro-brasileira e estimula a discussão de pautas políticas e sociais. Da mesma maneira, a articulação coordenada pelo IPN entre a equipe de arqueologia e a sociedade incentiva a divulgação da ciência e reflete a arqueologia pública ali exercida. Dessa forma, o caminho dos pretos novos permanece sendo trilhado: enquanto memória viva, transformadora e libertadora.

REFERÊNCIAS

BEUST, Hugo Fraga. *Antes do cativeiro: saúde bucal e estilo de vida dos africanos enterrados no Cemitério dos Pretos Novos*. Dissertação de mestrado orientada por Andrea Lessa. Rio de Janeiro: Museu Nacional/Universidade Federal do Rio de Janeiro, 2020.

BRITO, Patrícia Carolina. *De conta em conta: rotas atlânticas e comércio no Rio de Janeiro. O caso do Cais do Valongo*. Dissertação de mestrado orientada por Tania Andrade Lima. Rio de Janeiro: Museu Nacional/Universidade Federal do Rio de Janeiro, 2015.

CARVALHO, Henrique Augusto Dias. *Expedição portugueza ao Muatiânvua: ethnographia e história tradicional dos povos da Lunda*. Lisboa: Imprensa Nacional, 1890.

CHÁ CHÁ, João Gustavo Alves; LESSA, Andrea. "Nada além de contas: os bens pessoais dos pretos novos do Cemitério do Valongo". *Vestígios: Revista Latino-Americana de Arqueologia Histórica*, vol. 18, n. 1, p. 29-56, 2024.

LESSA, Andrea; TAVARES, Reinaldo B. e CARVALHO, C. R., "Paisagem, morte e controle social: o Valongo e o Cemitério dos Pretos Novos no contexto escravocrata do Rio de Janeiro nos séculos XVIII e XIX". *Paisagens Híbridas*, vol. 1, n. 1, p. 132-161, 2018. Disponível em <https://revistas.ufrj.br/index.php/ph/article/view/22037> Acesso em jun. 2024.

MACHADO, Lilia Cheuiche. "Sítio Cemitério dos Pretos Novos: análise biocultural. Interpretando os ossos e os dentes humanos". *Boletim do Instituto de Arqueologia Brasileira (IAB)*, n. 12, p. 1-24, 2006.

PEREIRA, Júlio César Medeiros da Silva. *À flor da terra: o Cemitério dos Pretos Novos no Rio de Janeiro*. Rio de Janeiro: Garamond/Iphan, 2007.

SANTOS, Andrei de Souza; LESSA, Andrea. "Práticas funerárias no Cemitério dos Pretos Novos: violência simbólica e estrutura panóptica de poder". *Habitus: Revista do Instituto Goiano de Pré-história e Antropologia*, vol. 21, n. 2, p. 436-452, 2024. Disponível em <https://seer.pucgoias.edu.br/index.php/habitus/article/view/13622>. Acesso em 27 jun. 2024.

TAVARES, Reinaldo B. *Cemitério dos Pretos Novos, Rio de Janeiro, século XIX: uma tentativa de delimitação espacial*. Dissertação de mestrado orientada por Tania Andrade Lima. Rio de Janeiro: Museu Nacional/Universidade Federal do Rio de Janeiro, 2012.

_______. *O Valongo através de um outro olhar: Arqueologia da Paisagem do complexo escravista do Rio de Janeiro no século XIX*. Tese de doutorado orientada por Andrea Lessa. Rio de Janeiro: Museu Nacional/Universidade Federal do Rio de Janeiro, 2018.

Detalhes de campo, Instituto de Pesquisa e Memória Pretos Novos.
FOTOGRAFIA DE FREDERICO SVOBODA

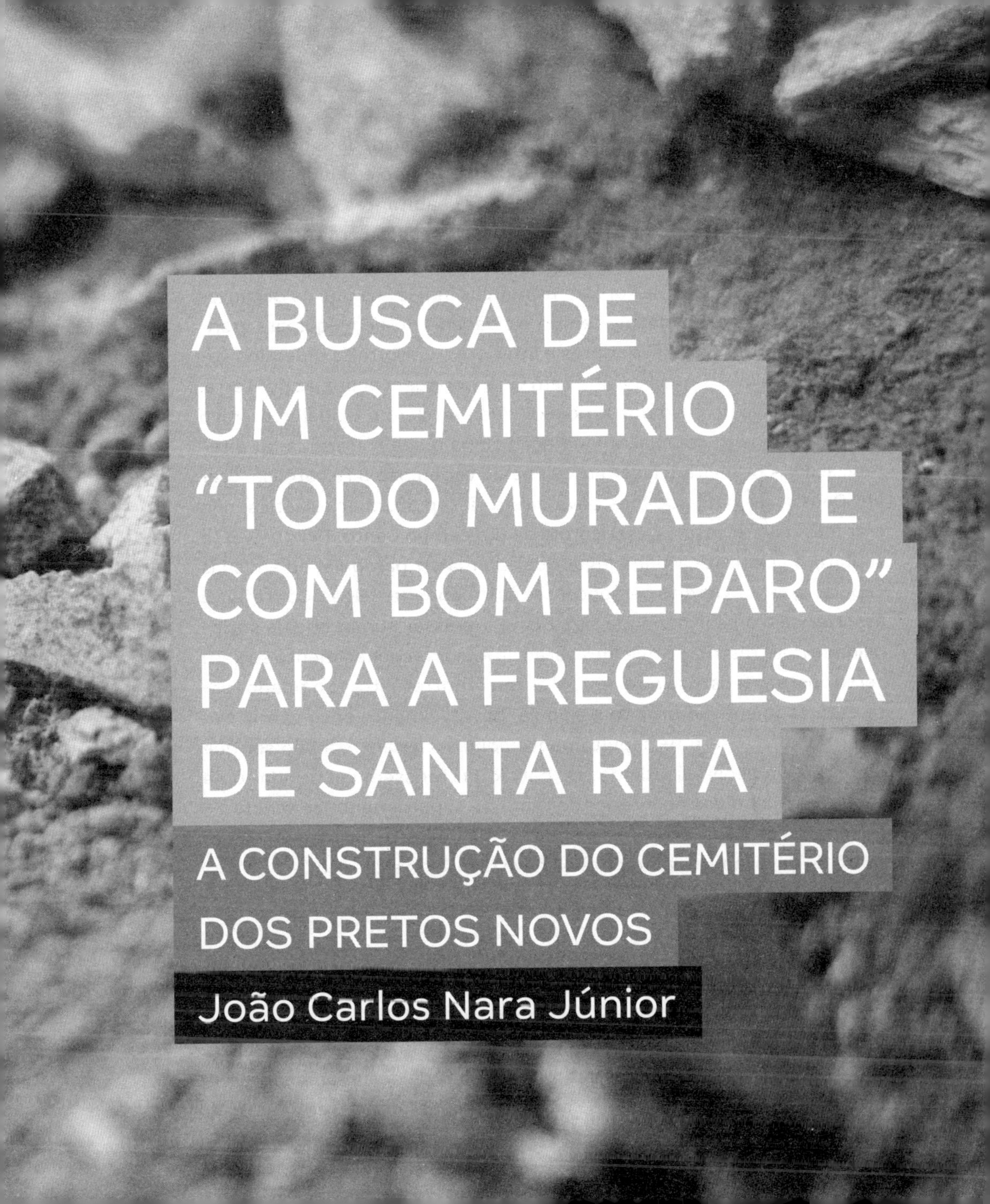

A BUSCA DE UM CEMITÉRIO "TODO MURADO E COM BOM REPARO" PARA A FREGUESIA DE SANTA RITA

A CONSTRUÇÃO DO CEMITÉRIO DOS PRETOS NOVOS

João Carlos Nara Júnior

CIDADÃOS DE DOIS MUNDOS

Nas silenciosas profundezas da terra, repousam os cidadãos dos cemitérios. Estas cidades póstumas transcendem o tempo e celebram a desigualdade que permeou a existência dos seus habitantes. A *cidadania do aquém* fica estampada nas pompas e classificações cemiteriais, como um reflexo póstumo do espelho da vida, em que as vitórias sociais ou as desilusões existenciais se tornam as marcas indeléveis que os defuntos carregam consigo. Ao mesmo tempo, a *cidadania do além* equipara grandes e pequenos, iguala superiores e inferiores, uniformiza o destino sonhado ou realizado, quando ainda em vida, por quem agora jaz por terra.

Inclusive no caso dos africanos que exerciam o trabalho escravo no Rio de Janeiro colonial, a inumação tinha a sua hierarquia ou diferenciação. A primeira triagem provinha de ter ou não a fé católica. Crer em Deus e ser batizado lhes dava direito à sepultura eclesiástica; não crer lhes dava acesso à misericórdia de um campo bento. Por sua vez, a sepultura eclesiástica tinha lugar quer na matriz paroquial ou em suas capelas, quer nas igrejas pertencentes às irmandades leigas. Com efeito, associar-se a uma irmandade significava ingressar numa rede de sociabilidade mais restrita, o que lhes garantia maior reconhecimento social e certo aparato faustoso no eventual enterro. Entretanto, se o finado fosse enterrado em sua própria paróquia, provavelmente encontraria seu lugar no adro externo – sepultamento *apud ecclesiam* –, a não ser que a afeição e a generosidade de seu patrão preferissem lhe brindar uma sepultura mais digna no interior do templo – sepultamento *ad sanctos* –, próxima da entrada, onde fica a água benta, ou perto da imagem de um santo de devoção, ou raramente na nave diante do altar-mor.

OS PRETOS NOVOS

Muito se insistiu no caso dos mesquinhos proprietários de escravos que lançavam seus corpos em qualquer sítio oculto a fim de não pagar o estipêndio do sepultamento ou o custo do translado do cadáver no banguê (que era uma espécie de padiola reservada para tal fim). Mas não é necessário apelar a esses casos extremos de desumanidade, contra os quais, aliás, a legislação de então já era bastante severa. Questão bem mais interessante reserva a criação, por vontade do Estado, de um campo-santo voltado aos "pretos novos", isto é, os adventícios africanos que faleciam antes de se tornar um ladino em terras portuguesas.

O mero fato de ser um "preto novo" incluía o indivíduo na categoria do indigente sem domicílio. Como tal, ainda não era freguês de nenhuma paróquia, nem conhecera qualquer irmandade a que pudesse se filiar. Restava-lhe, portanto, a sepultura dos pobres, oferecida pela generosidade da Santa Casa de Misericórdia ou de outra agremiação pia.

O Estado português foi instado a intervir pela primeira vez em 1722, por ocasião de uma queixa, feita no ano anterior pelo Cabido da catedral de São Sebastião do Rio de Janeiro, que então era sede vacante. A denúncia alertava sobre os descuidos dos enterros realizados sob a responsabilidade dos franciscanos do morro de Santo Antônio. De fato, os capuchinhos tinham passado a colaborar com o sepultamento dos pobres desde 1655, quando um surto de varíola dizimou considerável parcela da mão de obra escravizada. Por aquele tempo, a Santa Casa já não dava mais conta das necessidades sanitárias da população que não parava de crescer. E, posteriormente, em 1709, ao caducar a limitação régia à importação de escravos pela praça do Rio de Janeiro, os religiosos solicitaram a ampliação do campo-santo franciscano, tornado ainda mais exíguo.

A IDEALIZAÇÃO DE UM CEMITÉRIO ESPECIALIZADO

O rei, d. João V, sensibilizado pela notícia do Cabido, mandava o governador construir "um cemitério em parte conveniente para sepultura destes tristes cativos, e fosse todo murado, e com bom reparo com sua porta fechada, e haja nele pessoa que dele trate, e saiba quem nele se enterra".[1] A missiva contém preciosas informações acerca daquele momento histórico. Diz que o afluxo anual de escravos para as Minas que entravam pelo Rio de Janeiro era da ordem dos milhares; que eles provinham tanto da travessia atlântica desde a Guiné ou Angola, quanto do tráfico de cabotagem desde Recife ou Salvador; que a região habitada

1_AHU, *Carta de Dom João V ao Governador Ayres de Saldanha*, 27 maio 1722.

pelos capuchinhos era então uma zona erma da cidade, na qual criminosos podiam lançar o cadáver de suas vítimas; que não havia controle de quem ali era enterrado; que os coveiros eram eles mesmos escravizados, os quais enterravam os mortos à flor da terra, de modo que depois os cães cavavam e comiam os ossos. Em suma: a decisão de se levantar um cemitério murado atenderia a demandas humanitárias, sanitárias, comerciais, logísticas e de segurança pública.

Ironicamente, a provisão só seria cumprida mais de cinquenta anos depois, com o arrendamento de um terreno, a 30 de abril de 1774, para a instalação do Cemitério de Pretos Novos do Valongo, ao custo de 30$000 anuais.[2] A responsabilidade pelo imóvel recaiu sobre o pároco da freguesia de Santa Rita de Cássia, em cujo território, aliás, se situava o porto de cargas, as lojas de venda de escravos e, futuramente, o lazareto da quarentena. Ficava oficializado, portanto, que a cura pastoral dos pretos novos caberia à freguesia de Santa Rita. Deixavam de ter lugar a espontânea caridade dos monges das ordens religiosas, assim como o serviço dos leigos filiados às irmandades.

Nos 52 anos decorridos entre o pedido régio e a implantação do Cemitério de Pretos Novos do Valongo, a demanda por sepultura foi atendida de forma variada. Enquanto não se definia o lugar do novo campo-santo, os franciscanos prosseguiram enterrando os pretos novos onde hoje é o Largo da Carioca.[3] Mas o projeto de novo cemitério em estudo parecia dispendioso, além de estar em desacordo com um antigo desejo da Câmara. Com efeito, os vereadores de finais do século XVII exigiam que os negócios de grosso trato, isto é, o comércio de atacado, fosse feito fora da cidade. Em 1722, a Câmara renovou a decisão com o objetivo de combater os intermediários que exploravam essa atividade. Deste modo, era estranha a proposta inicial do governo, endossada pela Câmara, enviada ao rei no mesmo ano de 1722, de se instalar o novo cemitério no morro do Castelo.[4] O ideal teria sido propor edificá-lo jun-

---

2_AN, *1º Ofício de Notas*, vol. 142, fólios 214v-215.

3_J. C. M. da Silva Pereira, *À flor da terra: o Cemitério dos Pretos Novos no Rio de Janeiro*, 2007, p. 37.

4_AHU, *Carta do Governador Ayres de Saldanha a Dom João V*, 21 nov. 1722.

to ao novo porto, no Valongo. No entanto, os comerciantes preferiam manter-se dentro da cidade, pois o acesso ao subúrbio lhes parecia dificultoso, e o poder público acabaria tolerante.

A FREGUESIA DE SANTA RITA

Enquanto isso, os pretos novos falecidos passaram a ser sepultados no adro da capela de Santa Rita, a qual, de 1741 a 1751, funcionou como filial da igreja da Candelária. Caso o adro fosse pequeno, acostumaram-se a enterrar os pretos novos também diante do templo, no antigo Terreiro da Prainha, depois chamado Largo de Santa Rita. Ali seria instalado um cruzeiro, a fim de indicar aos transeuntes a precária sacralidade do espaço público. Não se sabe, contudo, quando exatamente iniciaram tais enterramentos.

Certo é que, antes de 1741, o uso da capela era privado, restrito à família Nascentes Pinto, cujos próceres, Manoel e Antônia Maria, eram gente de fidalguia e introduziram no país a devoção à taumaturga italiana, Rita de Cássia. Os poucos registros de óbito remanescentes da freguesia da Candelária, que aludem à primitiva capela, informam que ali só foram enterrados cativos da família. A ideia original tinha sido criar uma freguesia para atender a região do Valongo e da Gamboa, de difícil acesso à época e caracterizada por uma população majoritariamente composta de pescadores. Para isso, Manoel Nascentes Pinto ofereceu a construção da futura matriz, e o bispo consagrou-lhe a pedra fundamental em 1719. Mas apenas dois anos depois surgiu uma desavença que se arrastaria por vinte anos: a rejeição do bispado às aspirações do doador de se tornar patrono da capela. Seria seu herdeiro, Antônio Nascentes Pinto, quem, em 1741, abriria mão da exigência, cedendo definitivamente o imóvel à mitra.

A partir de então é que teriam iniciado os enterros de pretos novos no Largo de Santa Rita, de cuja memória só prevaleceu até o século XXI uma lenda urbana que aludia à existência de um antigo cemitério enigmático em plena praça pública. Para confirmá-lo, fragmentos de ossos ocasionalmente emergiram à superfície, durante intervenções de maior ou menor porte no ambiente urbano. Entretanto, a atenção direcionada a esses relatos e achados, tanto pelas autoridades, quanto pela sociedade civil e pelos movimentos sociais organizados, foi notavelmente escassa. A situação só mudaria em 2018, como se verá mais adiante.

A capela de Santa Rita tornou-se matriz em 1749, seu território foi definido em 1751, e o primeiro pároco tomou posse em 1753. Pelos seis anos seguintes, a igreja foi adornada com um elaborado trabalho de entalhe em madeira dourada e policromada, possivelmente realizado pelo artífice português Pedro Carmona. Essa obra é considerada a primeira manifestação ornamental rococó nas Américas. O conjunto artístico, em sincronia com as tendências europeias, contrastava com o papel que a igreja desempenhava no Rio de Janeiro: o atendimento da área associada ao comércio de escravos. A matriz de Santa Rita também viria a ser conhecida como a "igreja dos malfeitores", pois era nela que os réus condenados à morte se dirigiam antes de serem executados na forca instalada nas proximidades.

O CEMITÉRIO DE SÃO DOMINGOS E O CEMITÉRIO DO VALONGO

Muitos fatos levariam à modificação e à diversificação do serviço funerário, num curto espaço de tempo: a expansão da cidade em direção ao seu rossio, durante o longo governo de Gomes Freire; a alienação do Cemitério da Carioca para a construção do Hospital da Penitência sobre ele em 1741; a mudança de parecer da Câmara em 1758, que passou a instar o translado do comércio para o Valongo; e o arruamento e a urbanização do "caminho do Valongo" (atual rua Camerino), onde se instalaram lojas.

Um novo ator passou a integrar, a partir de 1758, a rede de colaboração: a Irmandade de São Domingos. A confraria original, constituída de pretos da freguesia da Sé, também albergava o gentio da Guiné e os pretos de Angola.[5] Obtivera concessão de aforamento de um campo

---

5_"Negros da Guiné" e "gentio da Guiné" eram usados para identificar a origem genética dos escravizados no Brasil no século XVI. "Angola" é como chamavam aqueles que chegavam do porto de Luanda. Cf R. A. de Mattos, "De Cassange, Mina, Benguela e Gentio da Guiné. Grupos étnicos e formação de identidades africanas na cidade de São Paulo (1800-1850)", dissertação (Mestrado em História Social), 2006. (N.E.)

no Rossio em 1706, com vistas à construção de capela e cemitério para os irmãos. Embora ainda fosse distante, o lugar passou a ser visto como mais acessível do que o Largo de Santa Rita por aqueles lojistas que já se tinham mudado ao Valongo.

Como consequência da insistência da Câmara pela retirada do comércio para fora da cidade, debateu-se a conveniência de se transferir também para o Valongo os enterramentos. Fizeram-se informes, dos quais se conservam, no Arquivo Geral da Cidade do Rio de Janeiro, duas estatísticas referentes ao primeiro semestre de 1766. Notificam que houve, naquele curto período, 226 enterros de pretos novos em Santa Rita e 106 em São Domingos.[6] Choca, ali consignada, a exclamação do procurador do Senado da Câmara, referindo-se ao Largo de Santa Rita: "Forte impiedade: enterrar na rua, por onde andam os povos, e os animais a despedaçar cadáveres. Que desconhecimento da humanidade."

O arrendamento do imóvel para a instalação do cemitério no Valongo não resolveu de imediato a questão da ordem pública. A fim de garantir o cumprimento da estratégia de especialização comercial do bairro, o vice-rei ordenou que sentinelas impedissem novos enterros no Largo de Santa Rita. Tristemente, muitos anos depois, a Intendência Geral da Polícia da Corte ainda teria de continuar a combater a "ambição dos homens do Valongo", pois, "a fim de se forrarem a despesa de pagar cemitério", lançavam os cadáveres dos pretos novos num pântano existente onde hoje mais ou menos fica a Estação Central do Brasil.[7]

FIM DO TRÁFICO TRANSATLÂNTICO

O terreno arrendado no Valongo, apesar de mais apropriado para servir de cemitério, rapidamente se tornou insuficiente, pois era três vezes menor que o Largo de Santa Rita. Não suportou a passagem do tempo, nem o aumento do fluxo do tráfico de escravos. De fato, nos anos 1820, a frequência de óbitos chegou à média de mil por ano, tendo seu recorde em 1828, quando cerca de duas mil pessoas foram enterradas no Va-

6_AGCRJ, *Autos da Câmara*, 1766, fólios 148 e 149.
7 AN, *Polícia da Corte*, códice 329, vol. 3, 9/12/1815.

longo. Um dos fatores decisivos para o aumento da circulação naquela década pode ser atribuído ao alvará régio de 26 de janeiro de 1818, que proibiu o comércio de escravos da Costa da África ao Norte do Equador, para se adequar ao tratado celebrado com a Inglaterra três anos antes.

Em 1822, o acúmulo de corpos insepultos, a desordem e a falta de higiene do cemitério provocaram o protesto dos moradores que estavam se estabelecendo ao redor do campo-santo. A Intendência Geral da Polícia indicou ao cônego José Caetano Ferreira de Aguiar, pároco de Santa Rita, que investisse no local para dele cuidar melhor, já que não seria possível encontrar um novo terreno livre mais amplo na região portuária para atender a essa necessidade humanitária urgente. A solução definitiva seria o seu fechamento dentro de poucos anos, em virtude da previsão de extinção do tráfico transatlântico oficial de escravos.

De fato, d. Pedro I, por meio da Carta de Lei de 23 de novembro de 1826, ratificaria a convenção entre o Império do Brasil e Grã-Bretanha para a abolição do comércio de escravos e estabeleceria um prazo de três anos para que o tráfico fosse considerado pirataria. O prazo seria estendido até 13 de março de 1830, resultando no enterro da última vítima anônima do tráfico oficial no Valongo a 4 de março daquele ano. Finalmente, a Regência declarou livres os africanos escravizados vindos de fora do Império, por meio da "Lei Feijó", de 7 de novembro de 1831.

Pouco depois da chegada da Corte ao Rio de Janeiro, d. João VI tinha instituído o imposto da décima urbana para os prédios à beira-mar; e o Valongo passou a fazer parte do perímetro urbano três anos depois. Assim, os proprietários tinham de pagar periodicamente 10% dos rendimentos líquidos dos edifícios para a Real Fazenda. Embora o cemitério do Valongo fosse isento de foro, consta que o valor isentado era de 1$800 réis de dízima semestral, o equivalente ao estipêndio por quatro funerais. Em 1833, o Livro da Décima Urbana[8] já registrava a aquisição do terreno por Antônio Soares Pinto, proprietário de dois lotes contíguos. A partir desse ponto, a memória do cemitério começou rapidamente a desaparecer.

 8_AGCRJ, *1832*, vol. 5, fólio 44.

ABOLIÇÃO E REINVENÇÃO DA MEMÓRIA

Se a partir de 1832 a memória do Cemitério do Valongo se esvaiu com a construção de residências sobre ele, o esquecimento do Cemitério de Santa Rita iniciou um pouco antes, em 1825, quando foi removido do largo o cruzeiro das almas. Rapidamente se trocou o pedido de sufrágio pelo bulício dos que iam buscar água no chafariz ali inaugurado em 1839. Alguns anos depois o chafariz foi substituído por uma fonte, o logradouro tornou-se ponto de retorno do bonde, e todo o entorno foi remodelado no início do século XX durante a reforma urbanística do prefeito Pereira Passos. Chegava a *Belle époque* carioca, e o Largo de Santa Rita foi cortado ao meio pela avenida Marechal Floriano, que conduzia ao palácio presidencial. Os anos trouxeram a decadência, as linhas de ônibus, as bancas de jornal e de flores, as intervenções sucessivas que periodicamente atrapalhavam o repouso dos mortos.

Em 2018, o Cemitério de Pretos Novos de Santa Rita começou a receber a visibilidade que há muito merecia, por ocasião da implantação da Linha 3 do Veículo Leve sobre Trilhos (VLT), que passaria pelo Largo de Santa Rita. Prospecções arqueológicas feitas pouco antes do início das obras trouxeram à luz fragmentos de faiança, porcelana e cachimbos, mas também restos dentários de nove adolescentes africanos.[9] Diante disso, o Instituto do Patrimônio Histórico e Artístico Nacional (Iphan) previu o salvamento dos remanescentes humanos que aflorassem quando o asfalto fosse arrancado, deitada a estrutura de concreto e os trilhos instalados. Mas, em contrário, às vésperas da execução do projeto, a Comissão Pequena África, que agregava diferentes associações situadas na região, opôs-se peremptoriamente ao resgate de fragmentos dos restos mortais, argumentando que os pretos novos deveriam permanecer sob o piso do Largo de Santa Rita para não serem profanados. A superintendência do Iphan no Rio de Janeiro, apesar de considerar essa interpretação extremamente perigosa e inconsistente e de ponderar que a escavação fosse a única forma de garantir a pre-

9_M. D. Gaspar, *Programa de Gestão do Patrimônio Arqueológico e Histórico da Área de Implantação do Sistema Veículo Leve Sobre Trilhos*, 2018, p. 15.

servação do sítio, cedeu ao pedido. Desde então, os trilhos do VLT passam sobre os fragmentos ósseos dos pretos novos.

A legítima celebração dos mortos de Santa Rita levanta questões pouco amadurecidas ou debatidas, que afetam direitos particulares, a função social da ciência, a instrumentalização do patrimônio público, a efetivação da justiça social e a representação histórica como forma de cidadania plena.

Como sucedâneo para a memória e a título de reparação, removeram-se as bancas comerciais do Largo de Santa Rita, fechou-se uma das ruas e nivelou-se o piso, cujas pedras portuguesas passaram a ostentar o desenho de rosas pretas. Ainda se faz necessário, porém, que a população compreenda a importância do largo e o simbolismo dessas rosas.

Sirva o Cemitério de Pretos Novos de Santa Rita como lição às futuras gerações, tributo aos que nos antecederam, mas também um alerta para todos nós.

REFERÊNCIAS

ABREU, Maurício de Almeida. *Geografia Histórica do Rio de Janeiro (1502-1700)*, 2 v. Rio de Janeiro: Andrea Jakobson Estúdio Editorial, 2010.

AGAMBEN, Giorgio. *Profanações*. São Paulo: Boitempo Editorial, 2007.

AGCRJ. ARQUIVO GERAL DA CIDADE DO RIO DE JANEIRO. *Autos da Câmara*, 1766, fólios 148 e 149.

_______. BR RJAGCRJ.CM.DU.0118, 1833, vol. 6.

AHU. ARQUIVO HISTÓRICO ULTRAMARINO, Fundação Biblioteca Nacional, Projeto Resgate Barão do Rio Branco. Rio de Janeiro, avulsos, cx. 12, doc. 1391. *Carta de Dom João V ao Governador Ayres de Saldanha*, 27 maio 1722.

_______, Fundação Biblioteca Nacional, Projeto Resgate Barão do Rio Branco. Rio de Janeiro, avulsos, cx. 12, doc. 1391. *Carta do Governador Ayres de Saldanha a Dom João V*, 21 nov. 1722.

AMADOR, Elmo da Silva. *Baía de Guanabara: ocupação histórica e avaliação ambiental*. Rio de Janeiro: Interciência, 2013.

AN. ARQUIVO NACIONAL. BR.RJANRIO.5D.0.LNO.0142, *1º Ofício de Notas*, vol. 142, fólios 214v-215.

______. *Polícia da Corte*, códice 329, vol. 3, 9/12/1815

BARKAN, Elazar; BUSH, Ronald (ed.). *Claiming the Stones/Naming the Bones: Cultural Property and the Negotiation of National and Ethnic Identity in the American and British Experience*. Los Angeles: Getty Research Institute, 2002.

COARACY, Vivaldo. *Memórias da cidade do Rio de Janeiro: quatro séculos de histórias*. Rio de Janeiro: Documenta Histórica, 2008.

ELTIS, David; RICHARDSON, David. *Atlas of the Transatlantic Slave Trade*. New Haven: Yale University Press, 2010.

FÁLOLÁ, Tóyìn; AKÍNYEMÍ, Akíntúndé (ed.). *Encyclopedia of the Yorùbá*. Bloomington: Indiana University Press, 2016.

______; WARNOCK, Amanda (ed.). *Encyclopedia of the Middle Passage*. Westport: Greenwood Press, 2007.

GASPAR, Maria Dulce (coord.). *Programa de Gestão do Patrimônio Arqueológico e Histórico da Área de Implantação do Sistema Veículo Leve Sobre Trilhos (VLT) e Respectivas Paradas para Acesso de Passageiros, Trecho L900, Centro, Rio de Janeiro/RJ e Área de Ampliação*. Relatório Final, vol. I-VIII. Artefato Arqueologia, processo n. 01500.002422/2017-06. Rio de Janeiro: 13/05/2020.

______. *Programa de Gestão do Patrimônio Arqueológico e Histórico da Área de Implantação do Sistema Veículo Leve Sobre Trilhos (VLT) e Respectivas Paradas para Acesso de Passageiros, Trecho L900, Centro, Rio De Janeiro/RJ*. Artefato Arqueologia, processo n. 01500.002422/2017-06. Rio de Janeiro: fev. 2018.

IPHAN. *Nota técnica nº 8/2019/COTEC IPHAN-RJ/IPHAN-RJ*. Pesquisa arqueológica da linha 3 do VLT, 26/2/2019.

______. *Parecer técnico nº 626/2018/COTEC IPHAN-RJ/IPHAN-RJ*, 28/11/2018.

______. *Projeto VLT — Pesquisas arqueológicas na av. Marechal Floriano (Largo de Santa Rita)*, Ata de reunião, 12/7/2018.

MATTOS, Regiane Augusto. "De Cassange, Mina, Benguela e Gentio da Guiné. Grupos étnicos e formação de identidades africanas na cidade de São Paulo (1800-1850)". Dissertação (Mestrado em História Social). Universidade de São Paulo, 2006.

NARA JR., João Carlos. "Análise do arrendamento do imóvel do Cemitério de Pretos Novos do Valongo (30 de abril de 1774)". Acervo: *Revista do Arquivo Nacional*, Rio de Janeiro, vol. 34, n. 3, p. 1-21, set./dez. 2021.

______. "As Rosas Negras do Cemitério de Pretos Novos de Santa Rita: Sinais de um Patrimônio Invisível". *Revista do Instituto Histórico e Geográfico do Rio de Janeiro*, Rio de Janeiro, ano 29, vol. 29, p. 15-28, 2022.

______. *Arqueologia da persuasão: o simbolismo rococó da matriz de Santa Rita*. Curitiba: Appris, 2016.

______. *Fronteiras da Escravidão: da África ao Cemitério de Pretos Novos de Santa Rita no Rio de Janeiro*. Brasília: Senado Federal, 2024. (Edições do Senado Federal, vol. 316).

______. *O Rio de Janeiro entre conquistadores e comerciantes: Manoel Nascentes Pinto (1672-1731) e a fundação da freguesia de Santa Rita*. Curitiba: Appris, 2019.

NARCISO, Pedro Miguel da Silva. *O Trapiche de Antônio Leite: (des)continuidades de uma infraestrutura portuária dos arrabaldes do Rio de Janeiro dos séculos XVIII e XIX*. Dissertação de mestrado em Arqueologia. Rio de Janeiro" Museu Nacional/Universidade Federal do Rio de Janeiro, 2016.

PIZARRO E ARAÚJO, José de Souza Azevedo. *Memórias históricas do Rio de Janeiro e províncias anexas à jurisdição do vice-rei do Estado do Brasil*. Rio de Janeiro: Typografia de Silva Porto, 1822, vol. 5.

SANTOS, Luís Gonçalves dos (Padre Perereca). *Memórias para servir à História do Reino do Brasil*. Brasília: Edições do Senado Federal, 2013.

SOARES, Carlos Eugênio Líbano. *Valongo, cais dos escravos: memória da diáspora e modernização portuária na cidade do Rio de Janeiro, 1668-1911*. Relatório de pós-doutoramento em Arqueologia. Rio de Janeiro: Museu Nacional/Universidade Federal do Rio de Janeiro, 2013.

UNESCO. *Legacies of Slavery. A Resource Book for Managers of Sites and Itineraries of Memory*. Paris: Unesco, 2018.

VASSALLO, Simone Pondé. *Entre ciência e ancestralidade: o Cemitério dos Pretos Novos na encruzilhada das interpretações*. Trabalho apresentado no XIII Congresso da Associação de Estudos Brasileiros/BRASA. Brown University, Providence, 2016.

VIDE, Sebastião Monteiro da. *Constituições Primeiras do Arcebispado da Bahia*. Estudo introdutório e ed. de Bruno Feitler e Evergton Sales Souza. São Paulo: Edusp, 2010.

Marché aux Nègres,
Johann Moritz Rugendas,
Rio de Janeiro, 1835.
FUNDAÇÃO BIBLIOTECA NACIONAL

A MORTE E O SAGRADO

O QUE AS COSMOGONIAS AFRICANAS DIZEM SOBRE A IMPORTÂNCIA DOS RITUAIS FÚNEBRES AUSENTES NA EXPERIÊNCIA DO CEMITÉRIO DOS PRETOS NOVOS

Cláudio Zeferino
e Marcelo Monteiro

CONEXÃO COM O DIVINO, RELIGIOSIDADES E VISÕES DO PARAÍSO

Marcelo Monteiro

Os vestígios do Cemitério dos Pretos Novos nos mostram que mulheres e homens enterrados ali tiveram a conexão com o divino desrespeitada, uma vez que não puderam contar com rituais nem oferendas fundamentais para uma boa recepção no reencontro com os ancestrais, como é costume na tradição iorubá. É essa cosmogonia que apresento a seguir, buscando enfatizar, com isso, os sentidos da violência dessa experiência.

Segundo a tradição iorubá, vivemos no Orun, o mundo espiritual em comunidades, e, ao morrer no Orun para renascer no Àiyé, o mundo físico, temos o livre-arbítrio de escolher a nossa cabeça interior, junto a Àjàlà, o modelador de cabeças. Quando escolhemos a nossa cabeça interior, escolhemos o nosso destino; ao atravessar o portal, denominado Àkoso, encontramos Onibode o guardião da fronteira entre o Orun e o Àiyé, declaramos o nosso destino, porém na viagem e chegada ao Àiyé esquecemos. Então, quando chegamos aqui no mundo físico, vamos buscando caminhos que facilitem o reconhecimento, até quando nos encontramos espiritualmente de várias formas, inclusive, através de Òrùnmilá, o testemunho do destino.

A diversidade de crenças e verdades em culturas como as africanas, em que os ancestrais são divinizados, é um ponto fundamental a ser considerado. A crença na existência do Orun, o mundo espiritual, no Àiyé, o mundo físico, na liberdade de escolha de nossa própria cabeça interior e do destino são discutidas em profundidade.

A importância do reconhecimento espiritual, seja através de Òrùnmilá ou do guardião da fronteira entre os mundos, Onibode, é destacada, enfatizando a busca constante por caminhos que nos levem a essa conexão espiritual. Trata-se de uma diversidade cultural belíssima que envolve os costumes e as crenças do dia a dia de povos tradicionais, transladados para o Brasil e para outros países da diáspora africana, os quais foram adaptados de acordo com a regionalidade e com as condições geopolíticas de cada região.

Isto posto, trago à luz uma das cosmogonias africanas: a visão de mundo do povo iorubá, segundo as tradições culturais daqueles que reconhecem Òrùnmilá como o testemunho do destino, com um papel importante na criação do mundo físico denominado Àiyé.

Podemos considerar algumas afirmativas científicas, começando com o surgimento do mundo a partir da teoria do *Big Bang*, sugerida primeiramente pelo físico belga George Lemaître (1894-1966), em um artigo publicado no ano de 1927, que discorre a respeito de como o Universo pode ter se originado a partir da expansão de um único átomo (o chamado átomo primordial). As ideias de Lemaître receberam suporte por meio dos estudos realizados por Edwin Hubble (1889-1953) a respeito do comportamento das galáxias e como elas se movimentam no espaço, afastando-se umas das outras a uma velocidade acelerada; "O homem surgiu da argila", afirma o químico Graham Cairns-Smith (1931-2016), da Universidade de Glasgow. Segundo ele, o barro teria sido a primeira substância genética, que ele chama de cristal gene. Como se sabe, cristais, inclusive os de barro, são autorreplicantes. E, se a autorreplicação é um traço fundamental dos seres vivos, dá para admitir que a vida pode ter recebido um empurrãozinho daquelas substâncias inorgânicas para obter suas cópias; "A humanidade surgiu há cerca de 100 milhões de anos dentro do continente africano e começou a expandir-se para outros continentes há cerca de 50 milhões de anos".

Diante dessas abordagens, devemos fazer uma correlação com o que já vem sendo dito pelo povo iorubá, muitos anos antes, conforme registrado no livro de Olu Daramola e Adebayo Jeje.[1] Segundo seus autores, Elédùmarè, o Senhor do Universo, "saturado" de tanta energia emanada por ele mesmo, "explode" e se subdivide nos Osa, as divindades: Omi, água; Ilè, terra; Òfúrufú, ar; Iná, fogo e seus desdobramentos: Odò, rio; Òkun, mar; Òsa, lagoa; Òjo, chuva; Igbó, floresta; Aféfe, vento; Ara, raio; entre outros.

1_Olu Daramola; Adebayo Jeje. *Awon àsà ati Òrìsà ile Yorubá*, 1975.

Disposto a criar o Àiyé, o mundo físico – vida, Elédùmarè apresentou a essas divindades duas cabaças, uma contendo uma massa vermelha e outra uma massa branca (hoje representada pelo Èko ou Akasa, mingau feito de fubá de milho branco), além de uma árvore denominada Igi àiyé, a árvore da vida. Pondo à prova que: a divindade que conseguisse colocar uma cabaça em cada mão e a árvore na cabeça, iria criar o Àiyé. Como nenhum dos Osa conseguiu realizar o intento, Elédùmarè, então, criou uma divindade, representação dele mesmo, *Orun+mi+ela* (Universo+minha+ação), ou seja, Òrùnmilá, minha ação do Universo.

Òrùnmilá tendo conseguido realizar a tarefa, recebeu o saco da existência, além das duas cabaças e da árvore da vida. Atirou na imensidão do Universo a terra contida no saco da existência. Enviou um camaleão – hoje símbolo de Elédùmarè e Òrùnmilá – para pisar na terra, comprovando a sua firmeza, e uma galinha para espalhar a terra (ilè nfé, terra que se espalha, origem do nome da cidade de Ilé Ifè, berço da civilização *iorubá*). Nessa terra, plantou a árvore e colocou as duas cabaças questionando Elédùmarè quanto aos próximos procedimentos para a criação do Àiyé. Foi então orientado a juntar o conteúdo das duas cabaças em uma única e, no dia seguinte, antes do nascer do sol, deveria destapá-la, nascendo Èsù Igbá Ketà, a terceira cabaça, ou o primeiro ser criado da existência genética que deu origem aos seres humanos. Elédùmarè orientou-o, ainda, que sobre ele deveria jogar água todos os dias antes de o sol nascer para que crescesse e se multiplicasse. Atitude hoje reproduzida no processo de iniciação, dentro do culto aos orixás.

Assim, iniciou-se o ciclo de criação e reprodução da humanidade. Cabendo a Òrùnmilá, o testemunho do destino, o controle de todas as vidas humanas no Àiyé. Aos Osa que, como parte integrante de Elédùmarè, continuaram com ele, coube a tarefa de escolher a cabeça daqueles que nasciam. Logo, da união de Orí (cabeça) com Osa (divindade) resultou Òrisà. Èsù, por ter sido o primeiro da existência genética que constitui cada um de nós a partir da argila, teve a felicidade de ter a sua cabeça escolhida por todas as divindades da natureza, recebendo o título de Enugbarijo, a boca coletiva.

Cabe ressaltar um paralelo, aqui já citado, entre a visão da ciência, na argila, como fator primordial para o surgimento da humanidade, tal como o povo iorubá relata, por meio de histórias, que da junção da terra e da água nasceu a lama e consequentemente a pedra porosa Yangi, laterita vermelha, à qual Elédùmarè insulflou o sopro da vida, dando origem a Èsù, o primeiro ser criado da existência genética que originou todos os seres humanos.

Dando continuidade à sua tarefa de criação do mundo físico e da humanidade, todos os dias, Òrùnmilá destapava a cabaça, e nascia mais um ser humano. Jogando água sobre eles todas as manhãs, cresceram e se multiplicaram. Muitos anos se passaram, famílias, aldeias, vilarejos, cidades e demais grupos étnicos foram sendo formados e espalhados por todo Àiyé. Até que um dia Òrùnmilá se sentindo cansado e sem condições de controlar tanta gente, solicitou que os orixás viessem até o Àiyé para lhe ajudar. Na solução do problema, Elédùmarè indicou, em cada grupo étnico constituído, aquela pessoa que mais se destacara como Onílè, o Senhor da terra (senhor de muitos filhos e de vasto território) ou como Ìdílé, a importante personalidade da família (aquele que, apesar de não ter filhos ou terras, era considerado pela família como benfeitor), a fim de dar-lhes o seu Ìpònrí, força vital, fazendo com que ele representasse o orixá que havia escolhido a sua cabeça. Assim citamos, por exemplo, a força e representação do fogo, atribuída à: Sàngó na cidade de Oyo; Aira em Save; Oramfé em Ifè; Zaze em quimbundo; Elemusat na cultura Omoloko do povo kathókee; Hevioso no Dahome; etc. Esses Esa, ancestrais, foram, após a morte, divinizados pelo seu povo e hoje são reconhecidos como a representação viva dos orixás.

Em cada canto do planeta, seja na África negra ou não, em qualquer cultura que reconheça a força e a importância dos elementos da natureza (fogo, água, ar e terra), apontando uma divindade, existe a ação e a força vital de Elédùmarè.

Precisamos hoje, no terceiro milênio, conhecer e entender nossa cultura e religiosidade, conectada com o divino, a fim de, na qualidade de afrodescendente, continuar a luta dos nossos antepassados pela preservação e o bom nome de Odùduwà, o precursor da cultura iorubá e restaurador da cidade de Ilé Ifè, berço não só da cultura iorubá, como também da humanidade.

É importante observar que meus estudos se concentram na visão de mundo do povo iorubá, um dos maiores grupos étnicos e linguísticos do continente africano, que reúne centenas de idiomas diferenciados e, assim sendo, congrega uma diversidade de culturas e costumes que constituem a sua identidade.

O mundo é um conjunto de forças coordenadas e hierarquizadas segundo a sua classe e o seu direito de prioridade. Os primeiros pais dos homens, os fundadores de clãs e entidades – Onile e Idíle – a quem Elédùmarè comunicou a sua força vital, assim como o poder de exercer sobre toda a sua descendência a sua influência de energia vital – Iponrí, conectando o ser humano ao divino.

Essa ancestralidade – Okú orun – possui uma força extraordinária como fundadora do gênero humano familiar e propagadora da divina herança da força vital. Por esse motivo, é sempre invocada e cultuada nos ritos de iniciação, sobretudo nos rituais de iborí, o culto à cabeça.

O primeiro antepassado – Akoda, prolonga-se nos seus descendentes por sucessivas utilizações de parte da essência ancestral, o Iponrí.

O Èmí é representado pela respiração que revela que a força vital divina está no homem. Quando uma pessoa acaba de morrer, diz-se: "*Èmí rè ti lo*" (Seu *èmí* foi embora), que quer dizer o espírito deixou o corpo. Além do ara, corpo, e da èmí, respiração, o homem recebe a alma, definida ora como o próprio Èmí, outras vezes como íwìn, o ânimo interior, e okàn, o ânimo exterior, representado pelo coração. Essa alma forte do corpo físico é invocada como Egúngún, e o okàn, coração, é visto como a base da emoção e da energia psíquica.

O Orí (cabeça) é a parte essencial do corpo humano; quando nos referimos às funções vitais, é encarregado ainda de sediar a percepção – pelos cinco sentidos, além da razão e emoção. É o receptáculo e difusor das ideias, opiniões, emoções e sofrimentos do indivíduo. Relativo a culto, já percebemos que também é a parte primordial na concepção de destino – sorte e infortúnio, e é onde a personalidade encontra-se acolhida. Uma das formas de demonstração de reconhecimento de sua importância, é o culto que se faz através de orações matinais e oferendas regulares. Toda força que uma pessoa tem está na cabeça.

Espiritualmente, a cabeça é dividida em Orí òde, cabeça exterior (física) e Orí inú, cabeça interior (espiritual). A primeira possui atributos relativos à sabedoria medicinal e à parte de Orí que se presta aos rituais de iniciação; a segunda tem como finalidade absorver a sabedoria divina ligada a Ifá, a essência da personalidade.

Orí tem atribuições genéricas, mas cada um possui a sua individualidade. Olóri rere, cabeça boa, que recebeu Orí bom e Olóri buruku, cabeça fraca, cujo destino pode ser sinuoso. Vale ressaltar que nenhum Orí é essencialmente mau, o destino é o fator que pode afetá-lo.

Criado por Àjàlà, Orí inú é a essência espiritual, é imortal e controla Orí òde. É o Orí Inú que determina as condições de Orí òde, que muitas vezes podem ser contrárias às do Òrìsà. Orí inú e Orí òde detêm fatores contraditórios em sua natureza, e o objetivo do culto de Orí, em especial o iborí, é preservar o equilíbrio. O bom Orí é o fator determinante da vida do homem sobre a terra.

Todos os aspectos da experiência humana são predestinados pela escolha que alguém faz do Orí. Cada ancestral cede as substâncias necessárias para aperfeiçoar a forma das cabeças. Essas substâncias são denominadas Oke iponrí, que passam a acompanhar a pessoa por toda a sua existência, merecendo respeito e devoção. Elédùmarè sempre ordena que Òrúnmilà ensine os seres humanos a restabelecer o ponto de equilíbrio necessário em suas cabeças por meio do iborí, culto à cabeça. Um homem com a cabeça bem-feita será sempre bem-sucedido.

Vejamos aqui um Itan de Ifá que fala sobre a importância da boa escolha do Orí no Orun: havia três amigos: Oriseku, filho de Orisà Ògùn; Oríleemére, filho de Orisà Ija; Afuwàpe, filho de Òrùnmilá. Eles viviam no Orun. Foram procurar um adivinho, pois nada dava certo, e disseram ao adivinho que queriam vir para o Àiyé para que tivessem mais sorte. Então, o adivinho recomendou que fossem à casa de Àjàlà, à procura do um Orí, porém, no caminho encontrariam a casa de seus pais, mas não deveriam parar.

Iniciaram a jornada. Muitos dias eles andaram até que encontraram no caminho um velho que socava inhame no pilão fazendo Iyan. Oríleemére recomendou aos dois amigos que perguntassem ao velho homem se estavam no caminho certo e se faltava muito para chegar até a casa de Àjàlà. Todos concordaram e se aproximaram do velho homem e o indagaram. O velho respondeu que só poderia ajudar depois que acabasse de pilar todo o lyan. Então os três amigos pegaram mãos de pilão e começaram a ajudar o velho homem e ficaram por três dias até acabar todo lyan. Perguntaram novamente ao homem, que respondeu que deveriam andar muitos dias ainda até encontrar a casa de Àjàlà, porém, encontrariam antes a casa de Onibode, porteiro da casa de Àjàlà.

Recomeçaram a jornada e muitos dias andaram, quando Oriseku ouviu o barulho de forja e quis ver seu pai, porém os dois amigos o lembraram das prescrições do adivinho e continuaram a andar. Andaram muitos dias, quando Oríleemére ouviu a voz de seu pai e quis ter com ele, mas os dois amigos lembraram da prescrição do adivinho e recomeçaram a jornada. Muitos dias se passaram quando Afuwàpe ouviu o som do Iroke de seu pai, voltou-se para os amigos e disse: "Não sabemos se estamos no caminho certo, devemos visitar meu pai Òrùnmilá e lhe pedir para consultar Ifá."

Todos concordaram, e Òrùnmilá ficou feliz com a visita dos amigos e de seu filho, ouvindo com atenção o pedido dos três. Foi consultar o oráculo pedindo tudo de bom para o filho. O jogo recomendou ao filho que fizesse um ebo com sal, muitos búzios, entre outros materiais, porém que conservasse consigo sal e búzios. Afuwàpe fez e resolveu ficar com seu pai. Oriseku e Oríleemére continuaram e, dentro de poucos dias, estavam diante da casa de Àjàlà. Dentro da casa fazia muito barulho e, ouviram dizer que Àjàlà não estava, e lhes perguntaram o que queriam de Àjàlà. Os dois disseram que vieram pedir um Orí a Àjàlà para poderem viver no Àiyé. Responderam que se o motivo da presença deles era esse, era só entrar e escolher cada um seu Orí. Ambos entraram na casa e escolheram seus Orí. Um escolheu um Orí bem grande; o outro, um Orí bem novo, e seguiram na etapa final rumo ao Àiyé. Na chegada à divisa do Orun com o Àiyé, chovia muito. O Orí grande rachou, e o Orí novo deformou-se, pois não havia secado o suficiente. Mesmo assim, começaram a viver no Àiyé, nada dava certo.

Após algum tempo vivendo com seu pai Òrùnmilá, Afuwàpe resolveu ir à casa de Àjàlà em busca de seu Orí. Andou um pouco e no caminho encontrou Olobe (o cozinheiro). Afuwàpe parou para perguntar-lhe se estava no caminho certo, observou que Olobe temperava a comida com cinza não com sal, e perguntou por que fazia isso. Olobe respondeu que temperava assim. Afuwàpe tirou um saquinho de sal da cintura, pediu licença a Olobe, temperou um pouco da comida e deu para Olobe experimentar. O paladar de Olobe aprovou o novo tempero, e Afuwàpe lhe presenteou com dois sacos de sal que trazia por recomendação de Ifá. Grato a Afuwàpe, Olobe lhe ensinou como devia proceder para chegar à casa de Àjàlà e escolher um bom Orí.

Não deverás deixar de bater no Ibode, o portão de entrada de Onibode, e perguntar onde fica a casa de Àjàlà, dizer a ele o que pretendia e que gostaria de receber um bom Orí. E assim fez Afuwàpe: bateu no Ibode e explicou a Onibode o que pretendia e que gostaria de receber um bom Orí. Onibode disse: "Você está ouvindo este barulho na casa de Àjàlà Por esta razão, você não deve entrar agora." Afuwàpe perguntou: "Por quê?" Onibode explicou que aquele ruído era porque Àjàlà estava se escondendo no forro da casa, pois estava devendo a um credor e não tinha dinheiro para pagá-lo. Onibode recomendou a Afuwàpe que fosse pagar a dívida de Àjàlà. Afuwàpe foi e perguntou ao credor de quanto era a dívida de Àjàlà. O credor respondeu que era de 12 mil búzios. Afuwàpe abriu a bolsa e retirou os búzios que Ifá lhe recomendara carregar consigo, contou-os, e havia exatamente 12 mil búzios. Pagou a dívida de Àjàlà, e o credor se retirou. Àjàlà desceu do forro quando viu o credor indo embora e encontrou Afuwàpe que lhe comunicou que havia quitado a sua dívida. Àjàlà perguntou o que ele queria, e ele explicou toda a sua história. Àjàlà pegou um pedaço de ferro e começou a bater nos Orí que havia confeccionado. Os mais frágeis se racharam, lascaram ou deformaram, até que bateu em um Orí resistente e perfeito e o entregou a Afuwàpe. O filho de Òrúnmìlà pegou seu Orí e começou sua jornada em direção ao Àiyé. Ele, como seus dois amigos, pegou chuva, mas seu Orí não se deformou ou rachou, e a vida de Afuwàpe no Àiyé prosperou.

Muito tempo se passou, e Afuwàpe reencontrou seus dois amigos. Oriseku e Oríleemére perguntaram por que na vida deles nada dava certo. Afuwàpe respondeu que eles não sabiam da importância de Àjàlà e do Orí. "Nós três saímos do Orun e fomos à procura de nossos Orí e o encontramos no mesmo lugar. O que diferencia meu Orí do de vocês é Kadárà, as circunstâncias de aquisição do destino."

O que quer que lhe seja confiado é inalterável e se torna parte da pessoa para o resto da vida. Todo esse ritual é assistido por Òrùnmilá, que se torna testemunha do que está sendo determinado. Por essa razão, as nuances deste destino podem e devem ser devidamente acompanhadas através de consulta aos oráculos, mais especificamente a Òrùnmilá Bàbá Ifá, com a possibilidade de reajustar o que está em dissonância com o que foi determinado.

Um homem com uma cabeça bem-feita será sempre bem-sucedido.

Cada Orí constitui a divindade pessoal que regula a vida da pessoa. Aquilo que não for sancionado pelo Orí não poderá ser feito pelo orixá. A escolha de um bom Orí significa a escolha da potencialidade para vencer, mas não a escolha do sucesso. Aos que escolhem um Orí buruku, a única esperança está no trabalho duro aliado à realização de oferendas votivas, já que essa é vista como elemento de reparação dos defeitos da pessoa. É importante que as pessoas consultem Ifá de tempos em tempos, a fim de acompanhar o verdadeiro caminho de seu destino.

Importante apresentar um paralelo entre os saberes tradicionais do povo iorubá sobre Orí (cabeça) e pesquisas recentes sobre a glândula pineal, focando no tratamento do ser humano. De fato, as religiões afro-brasileiras, para além do culto à ancestralidade, tem como papel primordial a busca da melhor qualidade de vida dos seres humanos, sejam eles praticantes ou pessoas que buscam somente tratamento terapêutico para doenças que, muitas vezes, não encontraram um diagnóstico no âmbito biomédico.

Orí, ou mais especificamente Orí inú (cabeça interior, espiritual), é para nós, povos tradicionais de matriz africana, seguidores das religiões africanas e afro-brasileiras, considerado a divindade mais importante e individual de cada ser humano. É ele que abriga destino, força vital, interdições, emoções, personalidade, sabedoria, conhecimento, sorte, opiniões, ideias, espiritualidade e interfere no bem-estar de todo ser vivo.

No corpo humano, a localização do Orí inú coincide com a glândula pineal, que vários estudos científicos reconhecem como a "principal sede da alma", sistemas médicos tradicionais e terapias integrativas e complementares lhe atribuem uma posição de destaque. Em contrapartida, na biomedicina, a glândula pineal continua sendo considerada exclusivamente como uma estrutura neuroanatômica, uma glândula endócrina, entre muitas.

Voltando à questão mais específica da conexão com o divino, parte dos africanos, assim como no candomblé, creem e aceitam a existência ativa dos antepassados. Na cultura iorubá, as manifestações são processadas através de cultos aos Egúngún e aos orixás, destacando que a vida é movida por rituais. Todas as ações coletivas são apoiadas em rituais, desde o nascimento até a morte, e até mesmo no pós-morte. Rituais esses que visam a conexão com o divino e a coletividade.

Vejamos alguns rituais na visão ocidental que se assemelham aos rituais tradicionais de matriz africana, os quais visam primordialmente a conectividade: batizado – ritual do nome – saída de ìyàwó, o noviço, ou ritual público do nome do noviço ou nome daquele que renasceu na tradição de orixá; aniversário de um ano do recém-iniciado, como o primeiro aniversário de uma criança, em que a família se empenha para realizar uma grande festividade. Embora, tenhamos a certeza de que a criança nem entenda o que está acontecendo, a festa é realizada com a presença sobretudo de crianças, parentes e amigos para recepcionar aquela criança que acaba de chegar ao mundo físico. Da mesma forma, acontece com o neófito, aquele ser que foi iniciado para orixá, no dia da sua apresentação à sociedade. É fundamental que haja a participação de outros iniciados entre os presentes, para recepcioná-lo em sua chegada à comunidade tradicional.

Também é possível citar o aniversário de quinze anos de uma debutante, uma menina que passa da infância para a adolescência, que acontece geralmente com o ìyàwó na sua obrigação de sete anos, passando para a fase adulta ao receber um cargo sacerdotal. Nessa ocasão, assim como não podem faltar adolescentes para recepcionar os novos adolescentes, na obrigação sacerdotal não faltará a presença dos orixás que já passaram por essa obrigação, ou seja, inserindo-os nessa nova fase da vida e da coletividade.

Indo mais além, no casamento, uma festividade em que se faz mister a presença e participação de casais, amigos e parentes para recepcionar o novo casal em uma nova fase da vida e da coletividade. Assim, é o ritual fúnebre denominado Asese na cultura iorubá, uma festividade que invoca a presença de antepassados (Egúngún) para que possam receber no Orun aqueles que partiram de volta à sua origem no mundo espiritual e sejam recebidos com alegria pelos que pertencem à sua comunidade – Egbé Orun, onde permaneceram sem ter a oportunidade nascer no Àiyé, e pelos antepassados que nos antecederam aqui no mundo físico, Àiyé.

Acreditamos na vida eterna onde os nossos ancestrais vivem até hoje, e quando nós os chamamos através dos nossos rituais, eles vêm nos visitar e trazer alegrias e orientações. Precisamos entender que o homem e a natureza têm uma ligação intrínseca, e isso é algo que todos precisam ter em mente. Precisamos cuidar da nossa qualidade de vida; nossos ancestrais não precisam de cuidados, mas sim serem louvados, honrados e sobretudo lembrados. É importante dizer que eles não precisam de cuidados, quem precisa de cuidados é o ser humano. Cultuamos pessoas através de orixás e não orixás através de pessoas. É preciso ressignificar a tradição e ampliar a compreensão de que quem precisa de qualidade de vida é o ser humano.

A conexão espiritual com os ancestrais e o uso de objetos ritualísticos para invocar sua presença são componentes significativos de muitas tradições espirituais e culturais. Assim, as indumentárias, os adereços, os diferentes instrumentos musicais, os alimentos estão todos ligados a uma linguagem simbólica que nos conecta com o que é divino. Algumas de minhas roupas e adereços nunca foram lavados nem descartados, estão sendo guardados para servir de herança e manutenção da minha existência no mundo físico, através dos meus descendentes.

É fundamental para a qualidade de vida do ser humano representar a força vital que habita o Universo a partir de uma linguagem simbólica. Posso citar aqui alguns exemplos: Em nossos rituais, embora o sal sirva para temperar os alimentos, ele tem um poder vital de conservar a carne onde não tem geladeira, logo podemos buscar dele a força vital da vida longa. A banana para além das suas propriedades nutricionais, podemos afirmar que quando alcança a maturidade nunca tem uma vida dura ou amarga. O igbin (caramujo) mesmo sem pés e sem mãos sobe ao topo da árvore, com paciência e determinação. O galo luta pela sua soberania e pelas suas propriedades. A pena do pássaro Agbe simboliza o comprometimento com a união e defesa da sua comunidade, através do seu Oriki (identidade oral): "*Bi agbe gba ke ninu igbo, gbogbo egbe re ngbohun re*" (Quando o Agbe grita na floresta toda a família escuta, compreende e corre para acudir). A pena do pássaro Aluko simboliza que mesmo que ela esteja longe dos olhos nao me deixa estar longe da mente.

Esses dados são importantes para entendermos a força dos ancestrais, como são vistos como protetores e guias espirituais, além da crença na espiritualidade, em suas práticas e nos objetos simbólicos associados.

Na cultura dos povos iorubá, assim como em outras culturas tradicionais africanas, o líder de uma família diz: "Quando morrer não me jogue fora, eu quero ficar em minha casa, dando origem aos assentamentos, locais de culto dos ancestrais." A tradição católica fez isso muito bem e consegue garantir o sepultamento dos sacerdotes dentro da própria igreja, e nós estamos trabalhando para que também tenhamos essa tradição garantida. Nesse sentido, há duas tarefas que precisamos estabelecer politicamente: a primeira é cultuar nossas lideranças dentro das nossas casas com maior naturalidade, sem o estigma de que Egúngún é algo que precisa estar longe de nós. A outra tarefa é entender que o antepassado nos colocou no mundo, nos permitiu chegar até aqui e permanecer com vida, saúde e realizações, logo não pode ser substituído ou esquecido, pois "rio que esquece a fonte seca". Orixa é família; assim sendo, como se consegue trocar de pai ou de mãe?

Refletir sobre as tradições de sepultamento e a importância de honrar os ancestrais dentro de suas próprias casas fortalece a crença de que os líderes de família e figuras importantes da comunidade e religião devem ser sepultados e homenageados em casa. No entanto, manter essa tradição é um grande desafio, diante das diferentes tradições culturais existentes no Brasil e das leis em vigor.

A importância de cultuar e homenagear os ancestrais dentro do contexto familiar e cultural é um tema significativo em muitas sociedades, e a preservação dessas tradições pode ser vista como uma forma de respeito e gratidão aos que vieram antes de nós. E é por isso que também se faz necessário ter um olhar cuidadoso para o Cemitério dos Pretos Novos e as pessoas que foram ali sepultadas sem direito aos seus rituais e tradições.

REFERÊNCIA

DARAMOLA, Olu; JEJE, Adebayo. *Awon àsà ati Òrìsà ile Yoruba*. Ibadan: Onibonoje Press, 1975.

ENSINAMENTOS DE UM SOBREVIVENTE

Cláudio Zeferino

Que local seria o mais adequado para reinar a felicidade, a prosperidade, o amor, a boa saúde, a proteção e força do que o local onde nascemos, onde crescemos, formamos família, deixamos descendentes, morremos e somos devolvidos ao solo sagrado?

Esse local, esse paraíso na visão africana dos povos bantu, que ainda se mantêm ligados às suas tradições espirituais ancestrais, é a nossa própria terra de origem. Estando nela, não precisamos explicar o que é, nem quem é Deus.

Nzambiampungo (o Deus criador, em nianja) está em tudo; ele é o todo, ele é incognoscível, inacessível, incompreensível, o grande legislador. Não cabe ao Ntu (homem) tentar explicar quem ou o que ele ou ela é, sem ter tido a noção ou coragem de experienciar o que Nzambiumpungo nos proporciona e nos permite usufruir todos os dias. Por isso, assim como a ancestralidade se faz hoje, no aqui e no agora, o paraíso, algo de suma importância para os cristãos, está onde minha cabeça (mutuê) e meu coração (muxima) estiverem.

Dentro dessa visão, o que há de mais importante para os povos bantu é preservação do seu moyo (força vital), pois ele é proveniente da sua linhagem. É o moyo que nos torna fortes, é o moyo que indica nossa ligação e pertencimento em nosso mundo. Sem a ligação com a terra, significa sem a ligação com os ancestrais, e a não ligação com os ancestrais significa a própria inexistência no mundo físico (nseke) e o completo desamparo no mundo espiritual (mpemba). É como ser engolido para onde nada existe. A morte só nos alcança quando Nzambiumpungo deseja, e seu desejo é que partamos velhos, pois, assim sendo, poderemos desfrutar de tudo o que ele nos proporcionou e, principalmente, ensinar aos mais novos como sobreviver, pois os mais velhos são a âncora para o futuro.

Essa ligação com Nzambiumpungo é o que constrói o caráter para que nossas ações atuais nos façam "ancestralizáveis", ou seja, aqueles que vierem depois irão considerar seu futuro olhando para nós, que nascemos antes.

A morte (kufua) também pode ser trazida pela uanga (feitiço) ou por alguém do mundo espiritual que seja seu inimigo. Mas não há nada mais desonroso do que ser amaldiçoado ou se amaldiçoar. A maldição, a quebra de regras, nos faz ser banidos de nossas terras porque somos apartados de nossa linhagem, perdemos nosso sentido de pertencimento. Isso é o que muitas religiões chamam de inferno; porém, geralmente, se culpa o diabo quando isso acontece, um ser sem caráter e capaz de executar toda e qualquer coisa sem medir as consequências de seus atos. Muitos não perceberam que esse mal está dentro de todos. Porém, nós sabemos lidar com ele, pois seguimos a sabedoria dos nossos mais velhos e nunca descartamos os avisos trazidos por nossos ancestrais através de sonhos, oráculos ou da manifestação direta em nossos corpos.

Para nós, povo preto, estamos percorrendo a dikenga – o cosmograma bakongo que nos orienta sobre os ciclos da vida no mundo físico e no mundo espiritual – num giro eterno em que, a cada ciclo, nos aperfeiçoamos, nos aprimoramos e nos lapidamos. Apreciamos muito mais a viagem do que a necessidade de chegar a algum local pré-determinado. Estar no mundo físico (nseke) não nos tira a possibilidade de estarmos em contato constante com nossos ancestrais no mundo espiritual (mpemba). Poder (a linha vertical da dikenga) e harmonia (a linha horizontal da dikenga) se intersectam e formam uma encruzilhada de eternas e infindáveis possibilidades de experiências e vivências. Cabe a nós nos orientarmos e sabermos em que momento desse eterno ciclo estamos.

Nzambiumpungo está em tudo e tudo está nele. Sentir sua existência já é o dito paraíso. Se desconectar dele, como já foi dito, é a inexistência ou, se preferir, o inferno.

O que nos mantêm vivos são as coisas e atos simples, mas de extrema importância: orações diárias de agradecimento a Nzambiumpungo, contato diário com nossos Bakulus, nossos ancestrais divinizados, contato com a natureza da qual fazemos parte e realização das oferendas solicitadas. É dessa forma simples, mas visceral, que nos mantemos ligados ao "divino". Nossos sacerdotes são mestres na arte da vida e da orientação; seus saberes nos trazem esclarecimentos para que possamos entender como alinhar o que pensamos, sentimos, falamos e fazemos. Somente estando alinhados com nós mesmos é que nossos ancestrais terão maior atuação em nossas vidas, podendo assim cumprir nosso propósito.

Makumba, como aqui ficou conhecida nossa mbanda/mbándawa ou umbanda ou Arte de Curar, é filosofia de vida. Para os nossos ancestrais divinizados, que possuem sua base de pensamento na filosofia de vida dos povos africanos e dos povos originários que aqui viviam antes da chegada dos invasores, não há religião. O que há é um sistema espiritual e civilizatório que nos mantém em conexão direta com nossos ancestrais.

Por isso, devemos encarar a makumba e a umbanda popular (a umbanda sem rótulos da casa-grande) como uma filosofia de vida. Se assim não fizermos, nada entenderemos sobre ela e passaremos nossas vidas buscando respostas sem termos feitos as perguntas certas.

Alguns de nossos irmãos possuem uma visão diferente de Nzambiumpungo ou o chamam por outro nome, porém nunca se referem a ele como sendo uma divindade punitiva. Nos punir é não nos deixar usufruir e experimentar a sua própria criação.

Para alguns de nós, o Deus criador, Nzambiumpungo, é também um educador, no mais puro sentido de ser aquele que cuida da comunidade. Ele então nos ensina a respeitarmos as mães, a evocar nossos ancestrais nos momentos de dúvida e dor.

Em terras novas e distantes, quase perdemos a fé, mas os nossos mais velhos que estavam próximos, tinham a força da palavra, o vova ngolo! E foi essa força da palavra que nos fez resistir à escravização e à ruptura com o chão em que nascemos. Por isso, não tememos a morte, pois sabemos que ela não é o fim, mas sim uma outra forma de existir e de se relacionar com nossa linhagem. A vida em mpemba, o mundo espiritual, nos prepara para uma nova jornada.

Assim, o não cumprimento dos rituais fúnebres traz desconforto e desamparo, pois não houve a celebração para lembrar o quanto aqueles que se foram eram importantes em vida. Não houve o preparo adequado para permitir que aquele espírito retorne de forma tranquila e adequada para sua família espiritual. É como se o ciclo de existência no mundo físico não tivesse terminado, e isso nos afasta de nossos ancestrais, pois é como se a alma daquele ente querido vagasse sem rumo. A morte não nos assusta! O que tememos é não rever nossa família espiritual, principalmente se isso é causado pela não permissão de rendermos homenagens aos que se foram.

A única morte que tememos e não queremos é pela maldição ou pelo feitiço e, caso a morte se aproxime de nós por um desses meios, nossos sacerdotes têm o conhecimento e sabem como manipular e combinar os elementos que trazem a cura, para dissipar o mal e afastar a má sorte, a morte e o banimento por desonra. Porém, nada mais poderoso do que a força da palavra, o vova ngolo. A boa palavra é sagrada e possui valor inestimável, é ela que nos permite fazer a magia. Mas, assim como a água que nos traz a vida e também pode nos levar à morte, a má palavra pode nos causar estragos.

Nossas boas palavras foram amaldiçoadas. Nossas divindades são vistas como demônios, nossa makumba é tida como algo satânico, nossos sacerdotes foram amaldiçoados, e sua arte de cura, com base no conhecimento e na combinação dos elementos da natureza e do contato com nossos ancestrais, foi banalizada.

Nossa transmissão oral ensina o respeito. É na palavra que o material e o sagrado se unem e nos dão ensinamentos de força. A palavra dos mais velhos é que nos deu, e ainda nos dá, esperança de revermos nossos ancestrais em nossa terra de origem. Aqueles que nunca nela pisaram conseguem senti-la e visitá-la em sonhos. A palavra é divertimento, é trabalho, é reza! É a palavra do mestre que forja a alma do aprendiz. É a voz do mestre que acorda o ancestral daquele que precisa de orientação. É a força da palavra que movimenta nossos ancestrais. Quando proferida impregnada de ritmo e emoção, ela é ouvida por nossas divindades e ancestrais de cura e de guerra. É na reza que evocamos nossos ancestrais para nos curar do mal que a escravidão e o preconceito nos trouxeram.

Não há maldição maior do que usar a palavra para ferir! Por isso, nós cantamos e dançamos em nossos rituais. O corpo se move e se comporta da forma como a palavra conforma e forja nossas almas.

Nossos rituais, hoje chamados de gira, foram transformados em conversas de lamentações, quando na verdade são uma celebração aos nossos ancestrais e nos servem como forma de ensinar, educar e gerar pertencimento aos nossos. É no momento da gira que você verá o movimento da força da natureza e terá a presença dos mais velhos. O que é uma gira de pretas velhas e pretos velhos senão um conselho de anciãs e anciões?

A gira conta uma história! É a educação de uma geração através das demonstrações e performances. É no momento da gira que podemos reconhecer o som e a voz dos encantados. O som que nos recebeu em terras estrangeiras e que nos deu esperanças e força para evocarmos nossos ancestrais, mesmo em terras tão distantes.

Hoje, nossos ancestrais são chamados de pretos velhos, de exus, de caboclos, mas na verdade são a manifestação ancestral contida dentro de cada um de nós.

Quando nossos ancestrais "baixam" nos terreiros, algumas pessoas se questionam e nos questionam como eles sabem tanto duvidam até de que sejam pretos!

O tráfico de escravizados invadiu e destruiu nossa terra. Levaram para o nosso "paraíso" o "inferno" que existia dentro deles, destruíram nossos templos e ordens iniciáticas; hoje fingem não saber de onde vem nosso poder e conhecimento. Muitos ainda querem nosso poder e conhecimento, mas não querem nossa história e muito menos a nossa liberdade. Por isso, makumba boa é aquela que ninguém vê! Feita distante dos olhos dos profanos e dos sem lealdade, pois, quando podiam ver abertamente, eles a amaldiçoaram e a destruíram. Hoje, os mais tradicionais fazem a makumba em silêncio e longe dos olhos dos profanos.

Nosso paraíso – já que nos querem dar um – fica longe dos olhos dos que não conhecem nossa filosofia de vida.

Em terras novas, pois aqui não somos estrangeiros e muito menos invasores, conseguimos novas formas de conexão, além de termos resgatados nossas formas tradicionais.

Nosso paraíso é sermos seres humanos por completo, e para isso nossa cabeça (mutuê), nosso coração (muxima) e a força da palavra (vova ngolo) sempre estarão ligados e vivos dentro de nós!

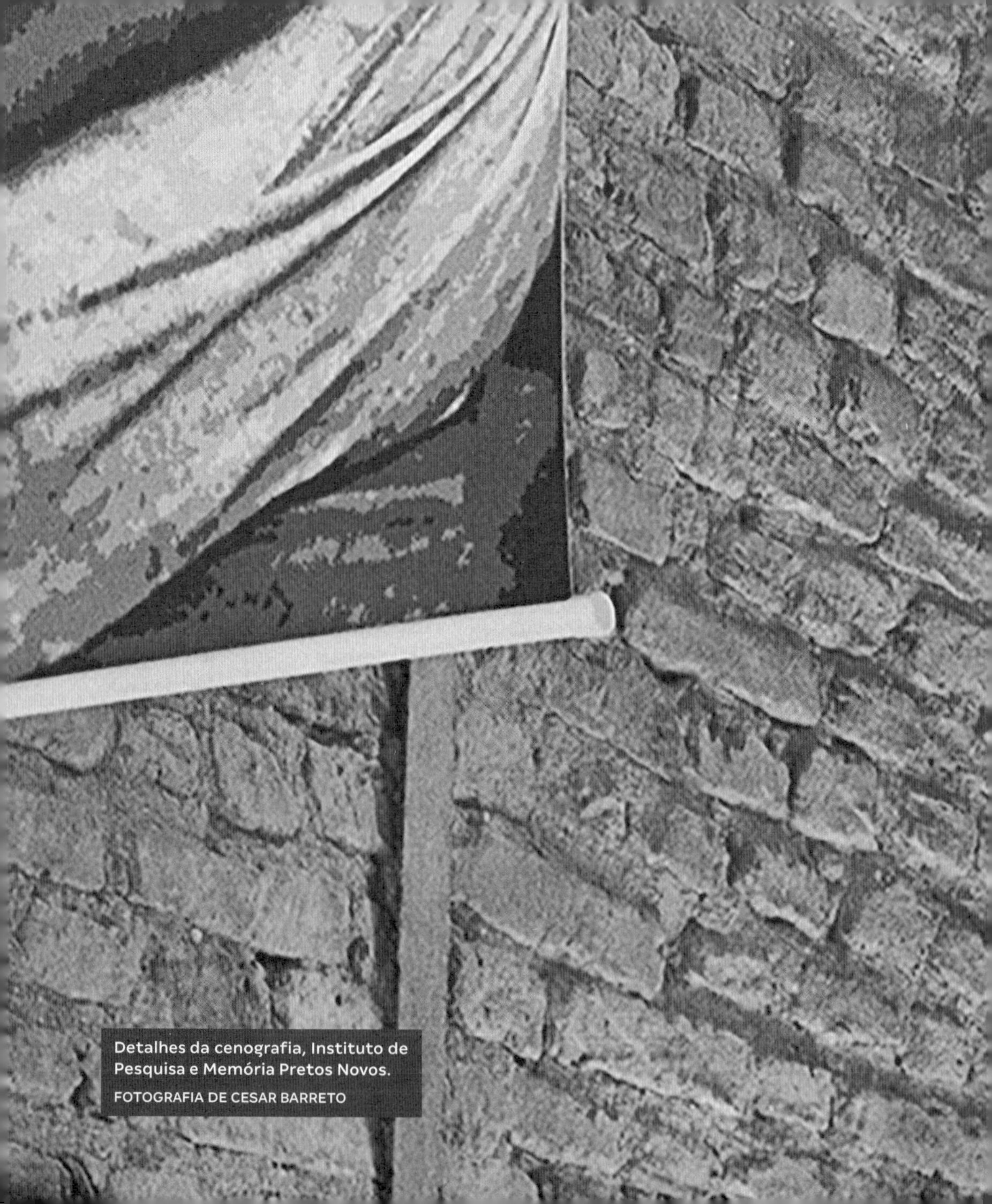

Detalhes da cenografia, Instituto de Pesquisa e Memória Pretos Novos.

FOTOGRAFIA DE CESAR BARRETO

MULHERES NEGRAS NA REGIÃO DO CAIS DO VALONGO NO SÉCULO XIX

Monica Lima

> *Tentaram nos profanar, mas nós sempre resistimos.*
> *Resistimos ao pior dos males, estamos sempre buscando*
> *a nossa plena liberdade.*
> *E não vamos parar, nós pretas nunca iremos parar.*
> *Cuidamos dos nossos e rezamos pelos que tiveram*
> *o seu fim no mar.*
>
> **SOPHIA BISPO, "ESTRELAS HUMANAS"**[1]

Os números do tráfico atlântico de africanos escravizados para o Brasil, durante todo o tempo em que durou esse infame comércio, informam sobre uma presença bem menor de mulheres trazidas cativas do continente, do que homens. Quase sempre a demografia dos navios escravagistas identificava em torno de um terço de escravizadas no total de pessoas cativas transportadas nos porões dos tumbeiros. No entanto, pesquisas e trabalhos historiográficos destacam a presença delas entre a população negra alforriada e mesmo entre quem, nesse mesmo grupo, conseguiu acumular bens suficientes para deixar um testamento com suas últimas vontades e a destinação da herança. A partir do trabalho com as fontes que trazem registros sobre essas mulheres negras que conquistaram a liberdade e conseguiram amealhar recursos nos séculos XVIII e XIX, a historiadora Sheila Faria as nomeou como *sinhás pretas*, localizando e iluminando suas histórias.[2]

As imagens produzidas sobre a presença negra e africana nas cidades brasileiras, em especial no Rio de Janeiro, durante um dos períodos mais intensos da escravidão, entre as décadas finais do século XVIII e a primeira metade do século XIX, também são abundantes no que se refere aos registros de mulheres nas ruas, nas festas e em diversos tipos de cenas retratadas pelos artistas – que, em geral, eram viajantes estrangeiros do sexo masculino. E, em que pese a expressiva demografia de homens entre a população negra que povoava as ruas e

---

1_Sophia Bispo, poeta e *slammer* de Juiz de Fora, MG.

2_S. de Castro Faria, *Sinhás pretas, damas mercadoras: as pretas minas nas cidades do Rio de Janeiro e São João del Rei (1700-1850)*, 2004.

os campos das cidades brasileiras, são elas as que parecem predominar nas imagens que até hoje são referências para a visualidade daqueles tempos da história do país. Da mesma forma, nas fotografias da segunda metade do século XIX, podemos observá-las em grande número, sendo retratadas nos estúdios em trajes e poses que indicam ter sido cuidadosamente arranjadas. Os estudos sobre essa exposição visual involuntária sinalizam a existência de uma visão sobre o corpo feminino negro em que se mesclam o interesse pelo o exótico e o desejo de poder – sob suas mais distintas conotações. Mas, apesar de toda a situação opressiva que lhes envolvia, se pode observar nestas imagens os olhares firmes, por vezes desafiadores, daquelas que estavam sendo fotografadas independentemente de suas vontades.

Nas fontes produzidas nos jornais de época, as mulheres negras – africanas, sobretudo, mas também nascidas no Brasil – são constantemente mencionadas nas seções em que esses periódicos identificavam a existência de cativos e libertos: os anúncios de compra, venda e aluguel e de fugas. Nestas partes dos jornais da cidade do Rio de Janeiro, durante a primeira metade do século XIX, mulheres africanas são citadas abundantemente. Nos anúncios de aluguel de amas de leite, para serviços de casa ou de mucama, como costureiras prendadas, aparecendo também com frequência nos anúncios de fugas. Surgem identificadas nas publicações de denúncias de senhores escravistas acerca do presumível acoitamentode fugitivos e fugitivas do cativeiro, em suas casas ou guiando essas pessoas pelos caminhos em direção a esconderijos ou quilombos.

Na cidade do Rio de Janeiro, as quitandeiras e quituteiras circulavam pelas ruas com seus tabuleiros levando ingredientes frescos indispensáveis para a preparação de alimentos e as delícias produzidas nas suas cozinhas. Em pontos de grande circulação de pessoas – em especial as que trabalhavam nas ruas da cidade – havia postos onde se vendia angu, com as panelas fumegantes comandadas por mulheres que preparavam o famoso prato de resistência para atender à demanda de clientes esfaimados. Elas, mulheres negras, com trabalho e talento, povoavam de sabores o dia a dia da cidade, fosse no espaço privado ou no espaço público.

JEAN-BAPTISTE DEBRET, *NEGRAS VENDEDORAS DE ANGU*, 1835.

ACERVO FUNDAÇÃO BIBLIOTECA BRASILIANA.

Os pontos de venda de angu no Rio de Janeiro eram locais de encontro. Na parada para comer, acontecia uma conversa, informações eram compartilhadas, contatos eram feitos para combinar um encontro, uma festa ou uma fuga. Era também onde se poderia contar com a comerciante, a quem se poderia confiar um recado ou um objeto. O espaço público era onde se juntavam os trabalhadores das ruas da cidade, majoritariamente negros e, na primeira metade do século XIX, em grande parte africanos e africanas. Nesses espaços, com diversas heranças africanas em contato, uma viva sociabilidade se constituía e modificava tanto seus frequentadores quanto a própria cidade. O historiador Carlos Eugenio Líbano Soares realizou estudo pioneiro sobre os zungus, nome pelo qual ficaram conhecidas algumas "casas de angu", comandadas por mulheres que haviam prosperado no comércio de rua do popular alimento.[3] Os zungus foram se tornando referências para encontros, batuques, celebrações religiosas – e eram frequentemente onde se escondiam aqueles que fugiam, em geral como primeiro abrigo, pois também eram os primeiros locais onde a polícia os procurava.

Nas ruas, nas suas próprias casas, na casa de senhores e senhoras da chamada "boa sociedade", as mulheres negras existiam e resistiam, e eram visíveis, ainda que durante muito tempo se tenha buscado desvalorizar ou negar suas presenças na vida das pessoas e na história da cidade do Rio de Janeiro escravista. Elas estavam ali e eram centrais em todos os sentidos: para a sobrevivência, para os encontros, como força e abrigo, e na constituição de espaços de liberdade.

NO VALONGO

A presença de mulheres negras no Rio de Janeiro do século XIX se fazia especialmente visível no Valongo, região em que se localizava o *mercado de almas* da praça carioca,[4] onde estavam os lugares em que se comercializavam pessoas escravizadas, sobretudo aquelas recém-trazidas de sua terra natal, situada nas proximidades do cais de desembarque de cativos que chegavam pelas rotas atlânticas da escravidão africana.

No entorno do Cais do Valongo se formou esse mercado de escravos com suas lojas, nas quais pessoas eram colocadas à venda como mercadorias. Na mesma região, havia um lazareto, que era o hospital de tratamento dos que chegavam da terrível viagem transoceânica, onde se buscava curar os enfermos para que pudessem ser postos no mercado ou entregues aos seus compradores. E, também próximo, estava o Cemitério dos Pretos Novos, destino daqueles que não resistiam às doenças contraídas na viagem nos tumbeiros ou adquiridas logo após a sua chegada. Um complexo escravagista foi se constituindo no entorno do cais, alimentado pela chegada constante de novos desembarques e pela demanda por cada vez mais cativos no Brasil.

3_C. E. Líbano Soares, *Zungu: um rumor de muitas vozes*, 1998.
4_C. Honorato, *Valongo: o mercado de almas da praça carioca*, 2019.

No entanto, a expressiva presença de africanos e africanas se dava para além da exposição no mercado. Eram percebidas no mundo do trabalho, circulando nas ruas realizando diversas atividades, prestando serviços, descarregando mercadorias das embarcações, transportando objetos, vendendo produtos. Essas pessoas e seus descendentes diretos foram transformando aquele espaço, afirmando e recriando suas heranças culturais em contato uns com os outros e com os demais habitantes da cidade. O resultado dessa presença, e da afirmação de sua humanidade, a despeito do sistema escravagista, veio a constituir matéria-prima da musicalidade, da religiosidade, da ciência e da tecnologia trazidas e criadas pela população negra no Brasil. Em torno do cais se produziu uma intensa relação histórica, marcada pela morte, dor e pelo sofrimento, e, ao mesmo tempo, de criação de uma rica herança cultural africana, pulsante, e que está no centro da nossa identidade como povo. Nessas histórias, mulheres negras tiveram um papel preponderante.

Os anúncios de jornal noticiaram abundantemente a presença delas neste espaço, como estes do *Diário do Rio de Janeiro*, no início da década de vinte do século XIX:

> Vende-se para fora da terra, huma parda escura de meia idade, sabe lavar, engomar, cozinhar, e mais serviço de uma casa; quem a pretender, pode procurar o dono, ou quem faz as suas vezes, na Rua do Vallongo N. 118.[5]
> Quem quiser comprar huma negra de nação Angola de idade de 12 anos que já tem seu princípio de costura e he boa pra mocamba, procure na Rua do Vallongo N. 131. Matheos Lino Vellozo.[6]
> Na Rua do Vallongo N. 97, há uma escrava a se vender, de nação Cabinda, a qual terá 13 ou 14 anos, sabe lavar e engomar lizo, e por ter só hum ano e meio de casa, seu preço são 600$000 rs. livres de sisa.[7]

5_*Diário do Rio de Janeiro*, 21/03/1822, p. 2.
6_Ibid., 20/07/1822, p. 2.
7_Ibid., 25/04/1830, p. 2.

Para além do sentimento que despertam a quem lê, em razão da crueldade e da desumanização explícita que revelam, esses recortes dos jornais da época sinalizam alguns aspectos sobre a vida das mulheres negras colocadas no mercado, que nos ajudam a pensar sobre suas possíveis trajetórias. Em sua maioria eram jovens, praticamente crianças, quando trazidas escravizadas ao Valongo. Outras, em menor número, haviam sido colocadas à venda como cativas já mais velhas, depois de uma longa história de labuta, por quaisquer razões que tivessem aqueles que delas se assenhorearam e agora as queriam passar adiante. Em comum, nesses anúncios, as prendas domésticas que tinham, ou seja, seus conhecimentos sobre o trabalho requerido em uma casa.

Um dado em comum desse tipo de publicação em jornal era a ausência de nomes que identificassem essas mulheres. O que vem nomeado é a origem delas, por meio dos nomes de nação e eventualmente a classificação de cor – no caso do primeiro anúncio, sendo uma mulher parda escura se poderia presumir que era uma pessoa nascida no Brasil. A informação relativa à idade ou faixa etária, tanto poderia indicar qualidades relativas ao vigor físico para as tarefas, quanto, em sendo mais velha, a experiência e o conhecimento sobre os diferentes afazeres relacionados ao trabalho doméstico.

Podemos, com o bom uso da imaginação histórica, pensar sobre essas mulheres e os seus sentimentos. O quanto sua estada nos armazéns do Valongo teria significado uma espera ansiosa para se livrar do ambiente do mercado ou, mais que tudo, o medo de ser colocada numa casa em que os maus-tratos e o abuso fossem a regra? E conjecturar ainda se, enquanto aguardavam a sua venda, fariam trabalhos de semelhante natureza, nas casas comerciais onde se encontravam ou se seriam, nesta espera, alugadas para outros misteres. As mais jovens, sendo africanas de nascimento, há quanto estariam por ali? A mais velha, qual seria sua história, para ter sido colocada no mercado, tendo tantas prendas? Olhamos esses breves trechos em que se faz referência a elas e toda a iniquidade da situação em que foram colocadas, e o que podemos supor sobre suas vidas, se apresenta em nossa frente. As descrições dos viajantes sobre o Valongo, os rostos e corpos desenhados nas imagens de época se juntam a estas histórias que imaginamos – e então as vemos.

AMAS DE LEITE

A presença de mulheres no Valongo durante o século XIX também se pode perceber por meio da oferta, naquele local, do trabalho das amas de leite escravizadas, como se pode ler nestes anúncios:

> Quem quiser alugar huma ama de leite, inda rapariga, de primeira barriga, e com muito bom leite, dirija-se a Rua do Vallongo N. 28, lado esquerdo.[8]
> Quem quiser alugar uma preta nova, com muito bom leite, muito limpa e sadia, procure na Rua do Príncipe, em Vallongo, N. 66.[9]

Eram tantas as publicações dessa natureza que os jornais do século XIX criaram uma seção específica para tal. Nos textos, em geral se atestava a boa qualidade do leite e a juventude da mulher que estava sendo oferecida. Igualmente se destacavam com frequência qualidades como a limpeza e a saúde e, não poucas vezes, o fato de esse leite ser originado de uma primeira gravidez. Todos esses quesitos agregavam valor. E a ama de leite, por ter um trabalho que a colocava dentro da casa, em estreita intimidade – física, inclusive – com a família que dela se apropriava, tinha essas qualidades especialmente destacadas.

A historiadora Mariana Muaze, em seu trabalho sobre as amas de leite no Brasil do século XIX,[10] traz informações especialmente relevantes para se compreender as condições a que eram submetidas essas mulheres, muitas vezes separadas de seus filhos com poucos meses de vida e, em alguns casos, sendo obrigada a colocá-los na Roda dos Ex-

---

8_Ibid., 18/07/1823, p. 3.

9_Ibid., 23/01/1830, p. 3.

10_M. Muaze, "Maternidade silenciada: amas de leite no Brasil escravista, século XIX", in Helen Osório e Regina Célia Lima Xavier (orgs.), *Do tráfico ao pós-abolição: trabalho compulsório e livre e a luta por direitos sociais no Brasil*, 2018.

postos, onde se entregavam as crianças abandonadas. Tudo isso porque a ama de leite era quase sempre alugada sem sua criança. Há alguns anúncios em que isto fica explícito: "Quem quiser comprar huma negra nova com muito bom leite, e sem cria, dirija-se à Rua do Vallongo N. 14."[11]

O Valongo, território de chegada de africanos e africanas recém-desembarcadas, lugar de provável (certo) medo e espanto na chegada, de aprendizagem da escravidão em terra estrangeira, também por essas mulheres se revela como um lugar de dor. O conceito de dororidade, cunhado por Vilma Piedade,[12] se apresenta com total sentido nesses casos, em que essas mães negras compartilhavam sentimentos impossíveis de serem descritos, tamanha a sua profundidade e extensão. Imaginamos, como já dito, com base no que trazem as fontes, que se o que se produzia entre as que viveram essa situação, era uma dor que só poderia ser compreendida por outra que também dela padecesse. Assim, entendemos que a dororidade poderia existir entre as mulheres no Valongo.

SEMPRE BUSCANDO A LIBERDADE

Na epígrafe deste capítulo, o trecho da poesia da jovem *slammer* nos lembra que resistir à escravidão fez e faz parte da vida, e se trata de um elemento constitutivo da condição de mulher preta. A poeta acerta quando afirma a sempre presente atitude de negar a subjugação, de enfrentar a violência, ou ao menos dela buscar escapar.

Nesse sentido, as mulheres negras no Valongo fizeram notar sua insubmissão nas inúmeras fugas que diariamente os jornais informavam:

> Fugio da Rua do Principe, nos Cajueiros, defronte do N. 60, huma preta de nome Joaquina, alta e reforçada [...][13]
> [...] preta Maria, de nação Benguella, boa lavadeira, que fugiu da Rua do Cemitério N. 12.[14]

11_*Diário do Rio de Janeiro*, 28/07/1821, p. 4.
12_Vilma Piedade, *Dororidade*, 2017.
13_*Diário do Rio de Janeiro*, 11/08/1830, p. 4.
14_Ibid., 11/09/1830, p. 1.

> Fugio uma preta que terá idade entre 10 a 11 anos, de nome Felicidade, de nação Calabar, cara redonda reforçada, olhos grandes, e levou vestido de chita desbotado, lenço cor de ouro com flores também desbotado, roga-se a quem o pegar que queira participar na Rua do Propósito indo para a Gamboa, na casa que tem uma escada, ultima antes de chegar ao mar.[15]

De diferentes idades, trazidas de procedências africanas diversas, enfrentando muitas vezes os perigos de um lugar desconhecido, o medo de uma recaptura, o castigo que viria se encontradas, a violência dos capitães do mato, a ira de senhores e senhoras – elas escapavam. Muito provavelmente com ajuda, mas possivelmente também sem, fugiam. Encaravam, dentro de suas fragilidades, com a força da afirmação de sua humanidade. E nas quebradas do Valongo, ganhavam mundo.

Muitas tomavam esse caminho e se embrenhavam na cidade negra, encontrando guarida em casas e zungus, ou mesmo sendo guiadas por rotas até quilombos nas periferias do Rio de Janeiro. Ou se escondiam no espaço urbano, em locais de difícil acesso, onde não seriam descobertas e reconhecidas. A busca por liberdade mobilizava as mulheres negras no Valongo, e muitas vezes os que se consideravam seus proprietários publicavam por longo tempo anúncios como este:

> Quem tiver notícias de uma preta, fugida há 7 meses, por nome Luzia, da nação Cabundá, com um sinal no peito esquerdo, de uma cortadura, cara redonda muito preta, falta de dois dentes adiante, estatura ordinária, [...] Rua Nova do Livramento, em Vallongo.[16]

E havia as mulheres negras que eram (re)conhecidas como as que ajudavam outras pessoas escravizadas a escapar na região do Valongo.

15_Ibid., 27/04/1830, p. 3.

16_Ibid., 26/03/1824, p. 4.

Por sua mobilidade e conhecimento da região, poderiam ser companhia e referência. Estavam entre as que guiavam pelos caminhos da fuga, davam o primeiro abrigo e apoiavam os fugitivos, como sinaliza este anúncio: "Fugio um preto de nação Moçambique de nome Antonio, idade de 18 anos [...] consta andar pela Praia do Vallongo com uma preta Monjolla que é quitandeira."[17]

NEGRAS E LIVRES

Entre tantas pessoas que circulavam pela região do Valongo no século XIX estava dona Florinda Josefa Gaspar, comerciante, natural de Benguela, mulher livre, filha de um soba (uma autoridade centro-africana), que parece ter viajado entre Benguela e o Rio de Janeiro várias vezes. Ao contrário dos escravizados que chegavam em situação vulnerável no Rio de Janeiro, Dona Florinda Josefa Gaspar parece ter vivido com um certo conforto.

Nascida em Benguela na década de 1790, ela batizou um filho em 1806 na Igreja Nossa Senhora do Pópulo, igreja que segue de pé naquela cidade. No registro de batismo, o pequeno José Ferreira foi identificado como filho legítimo de Dona Florinda e Francisco Ferreira Gomes, natural do Rio de Janeiro, degredado em Benguela desde o início do século XIX e que seria integrante do batalhão dos Henriques, o batalhão de homens negros e pardos do Império português. O registro de filho legítimo revela que o casal havia se casado pela igreja católica apesar do registro ainda não ter sido localizado.

O casal atuava como sócio comercial, mantendo negócios em regiões próximas à Benguela, como o Dombe Grande e a Catumbela. Após a independência do Brasil, em 1822, Francisco Ferreira Gomes foi acusado de envolvimento em um movimento separatista e expulso de Benguela. O segundo exílio do Ferreira Gomes, no entanto, não significou o fim da união. Instalado no Rio de Janeiro, Ferreira Gomes manteve o envolvimento no tráfico de seres humanos escravizados, com dois diferentes navios, *Florinda d'África* e o brigue *Maria*.

17_Ibid., 23/05/1830, p. 4.

Em 1836, Dona Florinda Josefa Gaspar desembarcou no Rio de Janeiro no brigue *Maria*, acompanhada de quatro menores, duas delas identificadas como suas netas. Além dela e das quatro jovens, 444 africanos escravizados vinham a bordo do navio. Não está claro se ela teve contato com os cativos, se escutava seus choros ou conversas. Os documentos históricos disponíveis não fazem menção à cor da Dona Florinda Josefa Gaspar, mas não deve ter passado despercebida a chegada de uma negociante de Benguela, filha de uma autoridade africana e esposa de um traficante de escravos. Uma mulher negra livre, uma africana que cruzava o Atlântico no convés, não no porão.

Poucos sabemos sobre a vida de Dona Florinda durante as três décadas em que viveu no Rio de Janeiro. Sabemos, no entanto, que era uma mulher de posses, que inclusive investiu na compra de onze homens escravizados e três mulheres escravizadas, entre elas Joana e Genoveva, duas lavadeiras, e Joaquina, quitandeira. Provavelmente Dona Florinda alugava os serviços de seus cativos na região do Valongo, e esses trabalhavam ao ganho ou em casas da região.

Nesta região havia grande circulação de africanas e africanos, vendendo variadas mercadorias e fazendo diversos tipos de serviços, e eram cativos e libertos de diferentes regiões da África. Essas pessoas interagiam, se relacionavam e criavam laços de compadrio, de parentesco e de sociabilidade diversa, como nas irmandades católicas e nas casas de religiões de matrizes africanas.

Dona Florinda provavelmente se destacava não apenas por sua condição financeira como por ser uma africana que não havia experimentado a condição de cativa. Podemos imaginá-la caminhando pelas ruas da região, muito bem-vestida e adornada, indo a alguma celebração religiosa na Igreja de São Domingos de Gusmão, que ficava nas proximidades. O batismo de seus netos e o casamento de suas filhas certamente motivaram reuniões festivas, realizadas em seu solar ou na aprazível chácara de sua propriedade. Podemos imaginar quem seriam os convidados dessas festas: outros negros e negras prósperos da cidade? Parceiros de suas atividades comerciais, com suas famílias? Certamente, integrantes da irmandade de São Domingos de Gusmão, uma irmandade de pessoas negras.

E, mais além deste exercício de imaginação histórica, se pode afirmar, sem medo de errar, que Dona Florinda não era uma personagem da cidade que pudesse passar despercebida. Quando faleceu, em 1863, deixou diversos bens, entre eles uma chácara e um sobrado na rua do Engenho Velho, um terreno na Tijuca e vários sobrados e casas térreas na rua Princesa dos Cajueiros (atual rua Barão de São Félix), na Gamboa. Uma dessas casas, conhecida como solar, sobrevive hoje ainda imponente, e é imóvel tombado por instâncias do patrimônio público.

As pesquisas realizadas por Sheila Faria, já citada anteriormente, revelam que Dona Florinda não era a única mulher negra de boa condição a poder circular livremente pela região do Valongo. Havia outras, que, à custa de muito trabalho, de talentos próprios e eventualmente condições propícias para negociar, conseguiram conquistar sua liberdade e prosperar, mesmo naquele ambiente hostil. Nenhuma dessas histórias excepcionais prova que era fácil para uma mulher negra viver naquele mundo, naquele tempo. Mas, demonstra, sim, a diversidade de experiências e a força que carregavam dentro de si, e indica a necessidade de conhecermos melhor estas trajetórias para valorizarmos a luta travada por nossas ancestrais.

Além das que viveram no tempo da escravidão na região do Cais do Valongo, no pós-abolição, destacaram-se na vida social da região, entre final do século XIX e início do século XX, mulheres que em tempos mais recentes ficaram conhecidas como as *tias pretas* da região portuária. Delas, a mais conhecida, e que viveu na região logo depois de chegar da Bahia, é Tia Ciata (Hilária Batista de Almeida, 1854-1924), consagrada como a grande matriarca do samba, por acolher em sua casa encontro musicais e celebrações religiosas. Além dela, e de não menos importância, estava Tia Carmem do Xibuca (Carmen Teixeira da Conceição), também baiana, e moradora da rua Senador Pompeu, rezadeira, quituteira, vendedora de doces pelas ruas do centro da cidade, liderança negra em reuniões promovidas em sua casa, participante ativa na criação de blocos carnavalescos que marcam a história da região. E havia ainda Tia Perciliana, Tia Raymunda, Tia Amélia, Tia Veridiana, Tia Sadata e Tia Neném, e tantas outras que viveram e circularam na região portuária e que a historiadora

Angélica Ferrarez iluminou com sua pesquisa pioneira nesse assunto.[18]

Lélia González, em seu estudo sobre a mulher negra na nossa sociedade,[19] desenvolveu uma análise que nos permite entender a força dessas mulheres no enfrentamento de contextos de violência e subalternização. Ela questiona os estereótipos da "mãe preta" e apresenta novos parâmetros para compreendermos as estratégias de luta e criação de caminhos desenvolvidas por essas mulheres. Faz lembrar que as mulheres negras, mesmo quando escravizadas, ou em relações de trabalho marcadas pela opressão, criam e encontram brechas para disseminar e afirmar sua humanidade e sua cultura.

Nas casas, ruas e becos da região do Cais do Valongo, ao longo do tempo e hoje, mulheres questionam lugares de menor importância onde são colocadas, e se revelam fortes, luminosas e em posições de liderança neste espaço que tanto tem a referenciar o Brasil e o mundo na luta contra o racismo e pelo direito à história e à memória.

REFERÊNCIAS

ALMEIDA, Angélica Ferrarez de. *A tradição das* tias pretas *na Zona Portuária: por uma questão de memória, espaço e patrimônio*. Dissertação de mestrado. Rio de Janeiro: PUC-RJ, 2013.

BISPO, Sophia. "Estrelas humanas". Disponível em <https://www.pjf.mg.gov.br/noticias/view.php?modo=link2&idnoticia2=71798.> Acesso em 30 abr. 2024.

DEBRET, Jean-Baptiste. *Negresses marchandes d'angou. Fours a chaux*. Paris: Firmin Didot Frères, 1835.

Diário do Rio de Janeiro, Rio de Janeiro, 1822, 1823, 1824, 1830.

FARIA, Sheila de Castro. *Sinhás pretas, damas mercadoras: as pretas minas nas cidades do Rio de Janeiro e São João del Rei (1700-1850)*. Tese de titular. Niterói: Universidade Federal Fluminense, 2004.

18_Angélica Ferrarez de Almeida, *A tradição das tias pretas na Zona Portuária: por uma questão de memória, espaço e patrimônio*, 2013.

19_Lélia Gonzalez, "A mulher negra na sociedade brasileira: uma abordagem político-econômica, in F. Rios; M. Lima (orgs.), *Por um Feminismo Afro-Latino-Americano*, 2020, p. 43-57.

GONZALEZ, Lélia. "A mulher negra na sociedade brasileira: uma abordagem político-econômica, in RIOS, F.; LIMA, M. (orgs.). *Por um feminismo afro-latino-americano*. Rio de Janeiro: Zahar, 2020.

HONORATO, Claudio. *Valongo: o mercado de almas da praça Carioca*. Rio de Janeiro: Appris, 2019.

MUAZE, Mariana. "Maternidade silenciada: amas de leite no Brasil escravista, século XIX", in OSÓRIO, Helen; XAVIER, Regina Célia Lima (orgs.). *Do tráfico ao pós-abolição: trabalho compulsório e livre e a luta por direitos sociais no Brasil*. São Leopoldo: Oikos, 2018.

PIEDADE, Vilma. *Dororidade*. São Paulo: Nós, 2017.

SOARES, Carlos Eugenio Líbano. *Zungu: um rumor de muitas vozes*. Rio de Janeiro: Arquivo Público do Estado do Rio de Janeiro, 1998.

Instituto de Pesquisa e Memória Pretos Novos.

FOTOGRAFIA DE FREDERICO SVOBODA

O NOSSO SAGRADO

Eduardo Possidonio

HISTÓRIAS EM CONEXÕES

O ano é 1814, um recém-chegado viajante inglês passeia assombrado pela rua do Valongo, atual Camerino. O espanto não seria nenhuma novidade, com a abertura dos portos promovida pela chegada de dom João ainda na Bahia, as principais cidades brasileiras viraram local de desembarque de inúmeros viajantes. Em especial no caso do Rio de Janeiro, duas coisas não escapavam aos olhares atentos e curiosos desses recém-chegados, as belezas naturais da Corte, que abraçava com a baía de Guanabara e seu belo entorno quem cansado chegava de alto-mar, e o contraste já em terra com as mazelas da escravidão. O maior porto de desembarque de cativos era também uma cidade africanizada nos costumes, perceptível em um simples golpe de vista. Não por acaso, curiosos eram atraídos para uma complexa área da cidade, a rua da compra e venda de escravos.

Diante de um dos tantos trapiches da região, Georg Wilhelm Freyreiss (1789-1825) se deparou com uma cena que, muito provavelmente, sua visão de mundo não fora capaz de compreender. Esquálidos africanos jovens, recém-desembarcados na urbe e levados para as casas de engorda, fechavam-se em círculo, cantavam e dançavam ora de forma enérgica, ora em ritmos de calmaria, mas sempre batendo com as mãos umas nas outras e nos peitos, seguidos dos pés ritmados no chão. O inglês não demorou muito para acreditar que estava diante de uma festa de negros, não por acaso, comparou as danças africanas aos costumes de um povo, assim como seriam as corridas de cavalo para um típico inglês, bem como as touradas para os espanhóis. Creio que errava o viajante, pelos próprios indícios que deixou em seu trabalho intitulado de *Viagem ao interior do Brazil nos annos de 1814-1815*. Tratava-se de uma chegada traumática, meses em uma embarcação sabendo ser amaldiçoado por algum tipo de feitiçaria que os jogara na escravidão do outro lado da Kalunga Grande, era o medo do desconhecido.[1]

1_G. W. Freyreiss, "Viagem ao interior do Brazil nos annos de 1814-1815", *Revista do Instituto Historico e Geographico de São Paulo*, 1907. Para maiores informações sobre a visão de viajantes no Brasil do Oitocentos, ver: Jean Marcel Carvalho França. *Viajantes estrangeiros no Rio de Janeiro joanino: antologia de textos (1809-1818)*, 2013.

Cabe destacar, que se fossem centro-africanos, principalmente ambundo e bacongos da região dos reinos do Congo e de Angola, se acostumariam rapidamente às estruturas sociais de uma cidade como o Rio, dadas as semelhanças com o resultado do encontro de culturas advindo do contato entre portugueses, indígenas e africanos. A arquitetura de São Paulo de Assunção de Luanda, por exemplo, era muito parecida com a da Corte, as irmandades de negros se espalhavam pela urbe. Contudo, tratava-se da chegada, do profundo momento de incertezas para onde iria, com quem e como, ou seja, eram muitas questões. Fora tantas outras dúvidas, entre elas acredito que a mais profunda seria a de estar longe da terra/sepultura de seus ancestrais. Ponto importante, já que, estando distante, como se reverenciaria os mortos? Como acalmá-los?

Outro ponto importante, segundo o viajante, dos trapiches era possível observar, ao longe, o conhecido e assustador Cemitério dos Pretos Novos, evidenciando para os recém-chegados doentes em recuperação, que a morte naquele espaço significava um sepultamento sem nenhum ritual que se aproximasse minimamente de um *entembe*[2] celebrado em Angola ou outro rito fúnebre africano. Portanto, só alargaria a má sorte, a desventura.[3]

Os jovens vistos por Georg Freyreiss provavelmente faziam um ritual religioso, genuinamente aos moldes praticados do outro lado do Atlântico, visando clamar e principalmente acalmar os ancestrais, ali não havia espaço para a alegria, somente tristezas, angústias e incertezas. Talvez fossem traficados comprados de um mesmo navio, ou mesmo um "apanhado" de peças compradas de diferentes mercadores, o que já obri-

2_*Entembe*: Rituais fúnebres praticados entre os ambundos do antigo Reino de Angola e que atravessaram o Atlântico. Duravam aproximadamente uma semana com celebrações públicas, envolvendo cantos, danças, incorporações, que visavam homenagear e acalmar o morto, para que não interferisse negativamente na vida dos vivos.

3_Para mais informações a respeito da utilização do cemitério, da utilização e ocupação do entorno, ver os seguintes capítulos deste livro: J. C. M. S. Pereira, "Ainda à flor da terra? Novos olhares, velhas recordações: breve análise sobre o significado do Cemitério dos Pretos Novos"; C. Zeferino e M. Monteiro, "A morte e o sagrado: o que as cosmogonias africanas dizem sobre a importância dos rituais fúnebres ausentes na experiência do Cemitério dos Pretos Novos"; C. E. Líbano, "Os zungus do Valongo".

gava a um diálogo de culturas africanas, só vistos em terras americanas impactadas pelo tráfico transatlântico de viventes como o Rio de Janeiro.

Saltemos um século adiante, precisamente, 121 anos depois, em uma terça-feira, subúrbio da mesma cidade do Rio de Janeiro, agora capital republicana em uma tradicional noite de São Jorge, dia 23 de abril. Santo festejado desde os tempos coloniais em terras brasileiras, e na Corte ao longo do Oitocentos ganhava célebres cortejos pelas ruas da urbe. Apesar da Mãe de Santo Judith Cândida de Oliveira ter em suas mãos uma autorização do pároco local para realizar uma procissão em homenagem ao santo guerreiro, seu terreiro em conjunto com Pai Alberto Santos, celebrava vibrantemente o orixá Ogum.[4]

Pai Alberto, também conhecido como Zinho, trajava, no momento da cerimônia de umbanda, uma roupa encarnada, sua camisa fora trabalhada com detalhes de pedraria, duas camadas formavam uma linha horizontal e, no centro, em letras garrafais, o nome OGUM. Seu gorro ritualístico se aproximava ao que os *ngangas* usavam na região do Congo Angola, da mesma cor que a roupa, continha ricos bordados e búzios cuidadosamente costurados em formato de cruz por toda a borda do *Mpu* (nome centro-africano do objeto). O terreiro estava situado em um importante bairro carioca, Madureira, rua Guaxindiba, esquina com a Mambucaba. Terreno de canto de rua, com grande espaço de quintal, com árvores sagradas e plantas frequentemente utilizadas nos rituais. Existiam animais sendo criados também no local, destinado às cerimônias, como foi o caso do bode sacrificado naquela noite do dia 23 de abril.[5]

A estrutura do barracão de Mãe Judith e Pai Alberto se aproxima da realidade dos dias atuais e começava a se diferenciar das casas de umbanda do século XIX, que ocupavam as ruas do centro da urbe, especificamente nos sobrados que atualmente formam um conjunto arquitetônico chamado pelos cariocas e seus visitantes de Rio Antigo. A perseguição policial empreendida pelo Estado imperial brasileiro e, principalmente, pelo republicano afastou progressivamente as casas de

---

4_*A noite*, 24/04/1935, n. 8.409, 3ª ed.

5_Ibid., 2ª ed.

umbanda e candomblé para o subúrbio e principalmente para regiões da Baixada Fluminense, principalmente com o Código Penal de 1890, primeira lei republicana, e seus artigos 156, 157 e 158, que tipificavam como crime espiritismo, exercício ilegal da medicina e o curandeirismo.

Foi tal legislação que permitiu à polícia usurpar a Cabana do Zinho na noite do dia 23 e conduzir as lideranças religiosas rumo à "Primeira Delegacia de Tóxicos Entorpecentes e Mystificações". Uma procissão macabra, coberta de vergonha e exposição para líderes religiosos e praticantes das religiões de matrizes africanas no Rio de Janeiro, que na maioria das vezes eram obrigados a carregar na cabeça objetos litúrgicos até a sede do Palácio da Polícia. No local, além das principais delegacias da cidade, funcionava também desde 1912 o Museu da Polícia. Não era uma instituição voltada para preservação do patrimônio ou da história da polícia no Brasil, mas sim uma escola de formação de novos policiais civis. Por conta dessa estrutura "educativa", nesse espaço foram acondicionados parte dos objetos litúrgicos que saíram das casas afro-cariocas usurpadas pela polícia, ganhando o preconceituoso nome de Coleção Magia Negra.

RECORTES DE MATÉRIAS DE CAPA DO JORNAL *A NOITE*, 24/04/1935, N. 8.409, 3ª ED.

Jupyra, a mãe de santo
A noitada de magia negra, em Madureira

Espadas exoticos uniformes e outros apetrechos da macumba, apprehendidos pela policia

"Ogun", figura central das scenas de magia negra que a policia surprehendeu durante a noite

Não foram poucos objetos recolhidos de Mãe Judith e Pai Alberto, bandeiras presas em estandartes, lanças, dois capacetes, uma espingarda, algumas espadas, estando em uma delas escrito dom Pedro II, dois candongueiros, entre outros. Nas fotos estampadas nos vários jornais que cobriram a batida policial, chama a atenção a cobertura do jornal *A noite*. Em sua 2ª edição, estampara na capa um pequeno candongueiro, seguido de uma cabeça de bode sacrificada dentro de um alguidar, cravejada por um punhal. Completando, uma manchete que estampava o racismo presente em tais publicações: "Xangô! Xangô! E rodopiavam, alucinados, ao redor da cabeça do animal sacrificado."[6] Já na 3ª edição, que circulava no mesmo dia, com atualizações das notícias do dia. Dessa vez, os objetos já haviam sido amontoados no Palácio da Polícia, ganhando duas fotografias na capa, a dos objetos litúrgicos, seguida de Pai Alberto exposto como troféu ao lado dos policiais civis.[7]

A cena, como de costume, fora composta a pedido dos policiais e fotógrafos dos jornais para capas e manchetes que viriam a seguir. Desse modo, Pai Alberto, além de sua vestimenta já descrita, segurava um escudo com a Cruz da Ordem de Cristo, (conhecida popularmente como Cruz de Malta) e um grande tridente. Seus objetos não foram devolvidos; ao contrário, parte significativa deles foi incorporada ao então Museu da Polícia. Em 1938, constava entre os duzentos objetos da Coleção Magia Negra, na primeira lista de tombamento etnográfico do Serviço do Patrimônio Histórico e Artístico Nacional (Sphan) (atual Instituto do Patrimônio Histórico e Artístico Nacional, Iphan), portanto, os objetos de Pai Alberto Santos e Judith Cândida de Oliveira estão hoje no Acervo Nosso Sagrado.

Os instrumentos de culto foram identificados e catalogados como pertencentes ao rito da rua Guaxindiba esquina com a Mambucaba, no contexto das pesquisas históricas realizadas junto ao acervo hoje integrado ao Museu da República. Saltam aos olhos dos visitantes previa-

---

6_Idem.

7_"Jupyra, a mãe de santo: a noitada de magia negra em Madureira", *A noite*, 24/03/1935, n. 8.409, 3ª ed., p. 1.

mente apresentados aos jornais e inquéritos, a vestimenta utilizada por Pai Alberto, seu gorro, tridente e seu inconfundível candongueiro marcado por duas flechas que se cruzam em seu centro e cuidadosamente pintado, em que o verde dos cultos aos caboclos é ressaltado.

Com base nas pesquisas, é possível afirmar que a polícia invade a cerimônia durante sua execução, permitindo intuir atualmente, que as marcas existentes na camisa de Pai Alberto,[8] podem ser suor, tanto o ritualístico dos conhecidos cultos a Ogum Guerreiro, como também o provocado pelo estresse que envolvia toda a já descrita atuação das autoridades.

O candongueiro retirado da cerimônia de Ogum é um interessante exemplo de como funcionam as pesquisas com as imagens presentes nos jornais, revistas, periódicos e por vezes dentro dos inquéritos. Na fotografia publicada pelo jornal *A noite*, ele aparece, em primeiro plano e invertido, com outros objetos litúrgicos, com a seguinte legenda: "Espadas, exóticos uniformes e outros apetrechos da macumba, apreendidos pela policia."[9] Mesmo com a baixa qualidade da imagem, uma boa tomada do instrumento, permitiu comparar o enquadramento e disposição das flechas nele estampadas, que se cruzam, em homenagem aos caboclos. Ampliando a imagem, foi possível contar o número linhas que representam as penas presas do lado oposto dos artefatos indígenas, possibilitando, por fim, afirmar ser o mesmo objeto presente no acervo.

NOSSO SAGRADO, ONDE AS HISTÓRIAS SE ENCONTRAM

Cabe a essa altura conectar as histórias dos africanos recém-chegados ao Cais do Valongo, acondicionados em um trapiche de engorda, desesperados com a existência de um cemitério destinados aos pretos novos, com a cerimônia presidida por Mãe Judith Cândida de Oliveira e Pai Alberto Santos em Madureira, com a formação do Acervo Nosso Sagrado, composto atualmente de 519 objetos litúrgicos saídos do terreiro da

8_Apreendida em 1935, a camisa de Pai Alberto atualmente integra o Acervo Nosso Sagrado, Museu da República. (N.E.)

9_Idem.

rua Guaxindiba, esquina com a Mambucaba, e com outras tantas casas afro-cariocas, usurpadas pela polícia na primeira metade do século XX.

Aqui, a História (com H maiúsculo por tudo o que representa hoje o Instituto de Pesquisa e Memória Pretos Novos e o Acervo Nosso Sagrado), os eventos se encontram: cemitério para sepultamento desumano de seres traficados e rituais religiosos que impregnariam, no melhor sentido da palavra, terras americanas, em especial, a brasileira. O contato com os ancestrais seguido do contraste que seria ter a desventura de ser sepultado no Pretos Novos é a chave que conecta esses dois espaços.

Ambos são o resultado de uma profunda violência promovida pela sociedade brasileira e principalmente pelo Estado. O espaço pensado pelo marquês do Lavradio para acomodar todas as etapas que envolviam o tráfico dos viventes, era profundamente marcado por violência e sofrimento. Mesmo que em sua época fizesse parte de uma realidade corriqueira e cotidiana, a morte e fim de vida no Pretos Novos era compreendida como algo indigno em seu contexto. Não por acaso, conectava diretamente os envolvidos com suas crenças, em modo de súplicas. Desse modo, evidencia-se que o sagrado acompanhava a vida dos africanos desde os primeiros momentos de suas vidas em um continente diferente.

Tal sagrado, espalhou-se pelas ruas e bairros de toda nação onde existiu escravaria, aí se desenvolveu alguma prática sagrada, algum ritmo que atualmente é configurado como parte da cultura nacional. No Rio de Janeiro, expressões religiosas que se iniciavam nos primeiros momentos de desembarque, espalhavam-se com facilidade e desenvoltura pelos espaços urbanos da Corte. Dessa forma, caminhavam lado a lado, na construção da nação brasileira, casas lideradas por africanos oriundos de diferentes regiões do vasto continente, proporcionando um encontro de culturas no campo do sagrado.

"Angola, congo, benguela, monjolo, cabinda, mina, quiloa, rebolo [...]", conforme declamou Jorge Ben Jor na canção "Zumbi", eram diferentes grupos de procedência africana que se encontravam na cidade do Rio de Janeiro, cada qual com sua bagam cultural, com suas práticas sagradas. Ao longo do século XIX, espaços sagrados afro-cariocas foram pejorativamente chamados de "casas de dar fortuna", e as lideranças religiosas tinham suas casas invadidas com base na acusação de estelionato, como ocorreu com célebres pais e mães de santo no Império. Exemplo disso é o caso de Sebastião José Rosa, o Juca Rosa, que, em 1870, teve sua vida, seu longo inquérito policial e processo devassados pela imprensa, publicados como se folhetins fossem.[10]

Não por acaso, jornais e profissionais que dividiam seu tempo com a imprensa, iniciaram no Oitocentos a prática de divulgar batidas policiais nas casas afro-brasileiras por todo o território, o que desde muito cedo passou a despertar o interesse da população. No final do século XIX, o Museu Imperial Nacional teve como diretor Ladislau Netto, que desejava, aos moldes das instituições europeias e norte americanas, ter uma coleção etnográfica africana; porém, sem verbas públicas para tal empreitada, resolveu solicitar aos subdelegados das freguesias urbanas do Rio de Janeiro que enviassem para o museu os objetos retirados das "casas de dar fortuna" da urbe. A solicitação prontamente foi atendida e, além de correspondências trocadas, diversos materiais foram enviados para a instituição.[11]

Seria a primeira vez que objetos dos cultos afro-cariocas seriam transformados em artefatos museológicos. Em trabalho recente, quase que um presságio do que viveria com o Acervo Nosso Sagrado, identifiquei na imprensa do século XIX os verdadeiros donos de objetos litúrgicos presentes dentro de instituições museológicas. A *Gazeta de Notícias* do dia 2 de abril de 1882 publicou, em forma de comemoração, a invasão da polícia à "casa de dar fortuna" de Mãe Benta, chamada de forma jocosa de *A Deusa Mandinga* pelo profissional da imprensa. Sua casa situava-se na travessa Cabuçu, no Engenho Novo. A descrição da batida policial e

---

10_G. dos Reis Sampaio, *Juca Rosa: um pai de santo na Corte imperial*, 2009.

11_Para mais informações sobre a Coleção da Polícia do Museu Nacional, ver: C. Cabral, *Da polícia ao museu: a formação da coleção africana do Museu Nacional na última década da escravidão*, 2017. O trabalho de Cabral foi inspirado na exposição *Kumbukumbu. África, memória e patrimônio* (2014), coordenada por Mariza Soares de Carvalho. Essa relevante pesquisa resultou na exposição permanente no Museu Nacional, vitimado pelo incêndio de 2018. Nos escombros, encontrou-se parte da coleção da Polícia da Corte que foi exposta no Centro Cultural Banco do Brasil (CCBB) do Rio de Janeiro. Exposição *Museu Nacional vive: arqueologia do resgate*, de 27/02/2019 a 29/04/2019.

do interior da casa não deixam dúvidas de que o saque interrompia uma feitura de santo. Três jovens moças encontravam-se recolhidas em um quarto, com suas cabeças raspadas, e o próprio profissional da imprensa reconhecia o que ocorria diante de seus olhos, não por acaso, afirmou que "para poder ser admitidas aos favores da deusa mandinga".[12]

Evidencia-se a maior das violências, que conectam africanos recém-chegados e obrigados a realizarem suas cerimônias dentro dos trapiches, passando por Juca Rosa, Mãe Benta, chegando ao século XX com Mãe Judith e Pai Alberto, a violência litúrgica. No caso das casas afro-cariocas, nenhuma delas estudadas até aqui, teriam sido invadidas fora do momento de culto. Segundo a matéria da *Gazeta de Notícias*, Mãe Benta teve "roupas enfeitadas com missangas e búzios, cocares, penachos, grande quantidade de ídolos, chifres enormes [...]" levados pela polícia e finaliza afirmando que "Alguns dos objetos apreendidos foram enviados para o museu público".[13]

Sob o ofício n. 909, o 1º Delegado de Polícia do Engenho Novo, Raymundo do Valle, encaminhou, no dia 4 de abril de 1882, para os cuidados do diretor do museu, Ladislau Netto, os objetos recolhidos na casa de Mãe Benta, visando atender aos anseios deste quanto a uma exposição etnográfica sobre a África. Talvez Raymundo e os demais delegados de polícia nunca tenham entendido os reais motivos do dirigente do museu, mas podem ter visto em seu pedido uma interessante oportunidade de livrarem-se de objetos indesejáveis marcados por superstição em sua delegacia. Na entrega do dia 4 de abril, além do que denominou "diversos objetos da casa do Engenho Novo", entregou também cinco tambores e um chifre de boi. Os objetos de Mãe Benta, tão necessários nos rituais iniciáticos, pararam primeiro na polícia, como prova do que seria compreendido como delito, e acabaram aumentando a coleção do diretor do Museu Nacional.[14]

12_"A deusa mandinga", Gazeta de Notícias, 02/04/1882, n. 91, p. 1. Ver também: E. Possidonio, *Caminhos do sagrado: ritos centro-africanos e a construção da religiosidade afro-brasileira no Rio de Janeiro do Oitocentos*, 2020.

13_Idem.

14_MUSEU NACIONAL, RJ. *Ofício n. 909 de 04/04/1882*.

Recentemente, por iniciativa da professora Mariza Soares de Carvalho, a coleção chamada de Polícia da Corte recebeu um importante catálogo e ganhou uma exposição dentro do Museu Nacional, antes do criminoso incêndio que destruiu significativamente seu acervo. Camadas de violência. Com o incêndio de 2018, restava no Rio de Janeiro a coleção presente no Museu da Polícia com objetos advindos de casas afro-cariocas. Pleiteada na década de 1980 por jovens pesquisadores do Grupo André Rebouças ligado a Universidade Federal Fluminense (UFF), a coleção nunca deixou de fazer parte do imaginário dos principais terreiros do Estado do Rio de Janeiro. A frase já famosa repetida por Mãe Meninazinha de Oxum, do Ilê Omolu Oxum em São João de Meriti: "Eu cresci ouvindo minha avó Iá Davina afirmando que precisávamos tirar o Nosso Sagrado das mãos da polícia."

Em 2017, liderados por Mãe Meninazinha de Oxum, lideranças de diferentes terreiros do Estado do Rio de Janeiro, conseguiram mobilizar diferentes setores da sociedade, políticos, artistas, pesquisadores, movimento social, junto a campanha que ficou conhecida como *Liberte Nosso Sagrado*. Com o crescimento do apoio popular, principalmente pelas redes sociais, o movimento apresentou uma convergência de interesses por parte das instituições públicas como o Ministério Público Federal, o Iphan, Instituto de Museus e a Superintendência de Museus do Estado do Rio de Janeiro. A campanha contou também com dois apoios institucionais efetivos: o Instituto Ibirapitanga, que estabelece parcerias em defesa do aprofundamento da democracia no Brasil, e a Quiprocó filmes, produtora de audiovisual que a essa altura já havia lançado o documentário *Respeite Nosso Sagrado*, sobre o acervo.

Em meio às tratativas para transferência, as lideranças religiosas envolvidas na campanha escolheram o Museu da República para receber o acervo. Instaurou-se um Grupo de Gestão Compartilhada, em que todas as decisões referentes ao acervo, que imediatamente passou a ser chamado de Nosso Sagrado, passariam pelo olhar atento daqueles que de fato possuem os saberes ancestrais para lidarem com os 519 objetos litúrgicos pertencentes à coleção.

Da pareceria com o Instituto Ibirapitanga, Quiprocó Filmes e Museu da República, resultou uma chamada pública visando a seleção de profissionais que trabalhariam diretamente com o acervo, que desembarcou na reserva técnica no dia 21 de setembro de 2020. Maria Gabriela Glória foi selecionada como estagiária, Emanuelle Rosa Ferraz como museóloga, e eu, o historiador, que após anos de pesquisa sobre o sagrado afro-carioca no século XIX, me vi diante das prisões arbitrárias de líderes religiosos ao longo da primeira metade do século XX.

A ideia inicial era compreender historicamente o contexto de invasões que aumentaram significativamente após a promulgação do Código Penal de 1890, contudo, *Exu matou um pássaro ontem com a pedra que lançou hoje*. Fui compreender esse *oriki* pelo olhar das fontes históricas. Os documentos constituídos para perseguir esses espaços são os mesmos que hoje mostram as procedências e, de forma inédita no Brasil, os objetos litúrgicos. No caso de Mãe Benta, relacionada ao então Museu Imperial Nacional e Mãe Judith Cândida de Oliveira e Pai

ILUSTRAÇÃO DE PAI ALBERTO COMO "OGUM, O CHEFE DA MACUMBA" NA REVISTA *A NOITE ILUSTRADA*, 27/04/1935.

Alberto, que celebravam Ogum, viram todo seu preparo para a referida noite parar no Museu da Polícia.

Pai Alberto continua "querendo falar", compreendo, foram anos de silêncio. O Acervo Nosso Sagrado ficou por décadas dentro do Palácio da Polícia, que abrigou, além do museu, também a sede do Departamento de Ordem Política e Social (DOPS) durante a ditadura civil-militar no Brasil. Por vezes, a coleção ficava acessível, mas na maior parte do tempo, os contatos foram diminutos. Durante décadas, escrevemos sobre essas peças pelo olhar de poucos pesquisadores que as viram em partes na década de 1970, como a professora Yvonne Maggie e o professor estadunidense Robert Farris Thompson.[15]

Nas fontes que seguem sendo levantadas junto à Biblioteca Nacional, surgiu a imagem imponente de um líder religioso, que hoje, sem dúvidas, ganha novos contornos. Assim como, o espaço destinado para que pretos novos fossem jogados de forma indigna ao fim da vida hoje transformou-se no Instituto de Pesquisa e Memória Pretos Novos, com espaço de museu, sítio arqueológico, cursos de pós-graduação em Patrimônio e em História da África, que já formou diversos alunos nos últimos anos. Recebe, em visitas guiadas, discentes das redes públicas e privadas de diferentes lugares do Rio de Janeiro, além de ser um grande centro cultural que acolhe de braços abertos quem visita a cidade do Rio de Janeiro. Ou seja, do sofrimento à luta pela valorização da cultura e herança africana e afro-brasileira.

Se a imagem de Pai Alberto foi utilizada pela *A noite illustrada* para ridicularizá-lo como "Ogum, o chefe da macumba" (Figura 2), hoje, pelos caminhos da pesquisa histórica, novos trajetos podem ser propostos. A retirada do anonimato de diferentes objetos litúrgicos do Acervo Nosso Sagrado permite que Pai Alberto figure diante de sua camisa, seu gorro, seu tridente e seus candongueiros, além dos capacetes e bandeiras quando, enfim, inaugurar a exposição nas salas do luxuoso palacete do Catete. Construção que remonta à segunda metade do sé-

15_Y. Maggie, *Medo do feitiço: relações entre magia e poder no Brasil*, 1992 e Robert Farris Thompson, *Flash of the spirit: arte e filosofia africana e afro-americana*, 2011.

culo XIX, erguida por ordem do barão e da baronesa de Nova Friburgo, ricos produtores de café, mas também envolvidos com o tráfico de cativos. Outro fator importante: quando Pai Alberto e Mãe Judith foram presos, a sede da presidência era no mesmo palacete, e a polícia civil estava subordinada às autoridades federais, não aos governos dos estados como atualmente.

Um líder altivo, trajado ritualisticamente, que ganha face, nome, sobrenome e ajuda a compreender a história de um culto que conecta os dois lados do Atlântico desde o início da diáspora africana, figurará ao lado de outras lideranças identificadas, ajudando a ressignificar também as histórias do Palácio do Catete. Cabe lembrar que os objetos litúrgicos dele não serão mais lembrados como parte da Coleção Magia Negra. Conectada às histórias ancestrais, uma das primeiras atitudes de Mãe Meninazinha de Oxum foi chamar a coleção de Nosso Sagrado. Questionada algumas vezes se não deveria ser Nosso Sagrado Afro-Brasileiro, ela prontamente respondia: "É o Nosso Sagrado, meu filho... O Nosso Sagrado."

REFERÊNCIAS

A noite ilustrada. Rio de Janeiro, 27/04/1935, n. 286.

A noite, "Jupyra, a mãe de santo: a noitada de magia negra em Madureira". Rio de Janeiro, 24/03/1935, n. 8.409, 3ª ed., p. 1. Disponível em <https://memoria.bn.gov.br/pdf/348970/per348970_1935_08409.pdf>. Acesso em 01 jul. 2024.

CABRAL, Carolina. *Da polícia ao museu: a formação da coleção africana do Museu Nacional na última década da escravidão*. Dissertação de mestrado em História. Niterói: Instituto de História, Universidade Federal Fluminense, 2017.

FRANÇA, Jean Marcel Carvalho. *Viajantes estrangeiros no Rio de Janeiro joanino: antologia de textos (1809-1818)*. Rio de Janeiro: José Olympio, 2013.

FREYREISS, Georg Wilhelm, "Viagem ao interior do Brazil nos annos de 1814-1815", *Revista do Instituto Historico e Geographico de São Paulo*. vol. XI, 1906. São Paulo: Typographia do Diário Official, 1907.

Gazeta de Notícias, "A deusa mandinga". Rio de Janeiro, 02/04/1882, n. 91, p. 1. Disponível em <https://memoria.bn.gov.br/pdf/103730/per103730_1882_00091.pdf>. Acesso em 01 de julho de 2024.

MAGGIE, Yvonne. *Medo do feitiço: relações entre magia e poder no Brasil*. Rio de Janeiro: Arquivo Nacional, 1992.

MUSEU NACIONAL, RJ. Pasta 21, Doc. 61. 0410411BB2. Primeira Delegacia de Polícia da Corte. *Ofício n. 909 de 04/04/1882*.

PEREIRA, Júlio César Medeiros da Silva. *À flor da terra: o Cemitério dos Pretos Novos no Rio de Janeiro*. Rio de Janeiro: Garamond/Iphan, 2007.

POSSIDONIO, Eduardo. *Caminhos do sagrado: ritos centro-africanos e a construção da religiosidade afro-brasileira no Rio de Janeiro do Oitocentos*. Tese de doutorado em História. Seropédica: Universidade Federal Rural do Rio de Janeiro, 2020.

SAMPAIO, Gabriela dos Reis. *Juca Rosa: um pai-de-santo na Corte imperial*. Rio de Janeiro: Arquivo Nacional, 2009.

SOARES, Carlos Eugênio Líbano. *Valongo, cais dos escravos: memória da diáspora e modernização portuária na cidade do Rio de Janeiro, 1668-1911*. Relatório de pós-doutoramento em Arqueologia. Rio de Janeiro: Museu Nacional/Universidade Federal do Rio de Janeiro, 2013.

THOMPSON, Robert Farris. *Flash of the spirit: arte e filosofia africana e afro-americana*. São Paulo: Museu Afro Brasil, 2011.

As quitandeiras da região portuária, Charles J. Martin, Rio de Janeiro, 1848.

COLEÇÃO INSTITUTO FLÁVIA ABUBAKIR

RELIGIOSIDADE, SIM, MAS NÃO SÓ

AS IRMANDADES NEGRAS COMO ESPAÇOS DE RE-EXISTÊNCIA E EMPODERAMENTO – RIO DE JANEIRO, SÉCS. XVII-XIX

Marcos Coutinho

A historiografia da cidade do Rio de Janeiro conta que o processo de constituição das primeiras irmandades negras cariocas ocorreu a partir do segundo vintênio do século XVII, quando, na Matriz de São Sebastião, no antigo Morro do Castelo, registrou-se a presença de três irmandades negras: Nossa Senhora do Rosário (1640), São Benedito (1643) e São Domingos de Gusmão (data desconhecida).[1] As irmandades religiosas eram, nesse período, o modelo mais institucionalizado de organização social permitido aos africanos e seus descendentes. Em uma sociedade cujos traços fenotípicos tornavam-se construtores de hierarquias e determinantes do lugar-comum, a filiação a um grêmio católico era um passo significativo em direção à legítima representatividade perante as esferas de poder constituídas. É por isso que as "caravanas" desenraizadas pela diáspora negra muniam-se das memórias ancestrais e construíam identidades coletivas em torno dos valores culturais cultivados e compartilhados no interior desses sodalícios.[2]

No momento em que o regime de autoridade consentiu aos negros se irmanarem na Sé Catedral, o que buscava, de fato, era esconder a própria dominação. Os grupos desprivilegiados, diante de postura tão opressora, estavam sendo impedidos de pensar no próprio lugar que ocupavam. Mantidos em "silêncio" e "escondidos", tiveram seus espaços preenchidos pelo poder hegemônico, que passou a falar em seus nomes e de suas posições. É provável que a fusão das irmandades de Nossa Senhora do Rosário e São Benedito, ocorrida em 1663, tenha sido a primeira tentativa de seus confrades de romper com a imposição desse silêncio. O historiador Nireu Cavalcanti relata que essa aliança corporativa se configurou como um movimento estrategicamente importante para a organização dos negros na cidade, proporcionando ao novo grêmio não só concentrar um quadro maior de congregados, mas, sobretudo, incrementar ainda mais as suas receitas.[3]

1_N. Cavalcanti, *O Rio de Janeiro Setecentista: a vida e a construção da cidade da invasão francesa até a chegada da Corte*, 2004, p. 210-211.

2_O termo "irmandade" será intercambiado por seus diversos sinônimos, tais como: confraria, confraternidade, fraternidade, grêmio, agremiação, sodalício e império. Trata-se de terminologias muito comuns, encontradas em seus documentos mais antigos, como os compromissos ou estatutos.

3_N. Cavalcanti, op. cit., p. 211.

Mas a situação dos irmãos negros ficaria ainda mais complicada a partir de 1685, data de instalação do Cabido ou Corpo Capitular na Sé do Rio de Janeiro. Tratava-se de um conjunto de cônegos que, ao invés de assegurar o serviço religioso da catedral – ofício primário ao qual foram instituídos –, parece que, ao revés, cumpriram com mais empenho a tarefa de perseguir as irmandades pretas. Avessos à ideia de conviver com os confrades negros no mesmo espaço sagrado, apesar de professarem idêntica fé, o Cabido lhes impôs uma "ordem de despejo". E tal episódio requer uma breve, porém necessária reflexão: embora gozassem canonicamente dos mesmos direitos oferecidos às irmandades "brancas", os negros preenchiam esse lugar na religião como uma espécie de "forasteiros de dentro". Sendo católicos e, portanto, "sujeitos de dentro", poderiam pleitear uma posição política. Mas o grande preconceito racial existente na instituição mantinha-os "de fora" dela, forjando a produção de espaços de fronteira habitados por comunidades religiosas com poderes desiguais.[4] As relações de força e estratégia entre esses agentes revelou que a incessante busca pelo direito de existência pode ter realmente convertido os afrossodalícios em espaços simbólicos de contraposição, de resistência, enfim, de contrapoder.

A objetificação do corpo negro havia destituído o escravizado de sua condição humana, reduzindo-o ao patamar de reles "mercadoria". As afroirmandades, ao contrário, representavam instituições assistencialistas com pouca intervenção clerical, estimuladas pelas legislações canônica e civil e exaltadoras da presença leiga na Igreja pós-tridentina.[5] Quando o regime de autoridade abriu uma brecha e não conseguiu impedir que dois elementos tão diferentes (escravizados e irmandades) se unissem e formassem uma confraria negra – entidade religiosa que

---

4_P. H. Collins, "Aprendendo com o *outsider within*: a significação sociológica do pensamento feminista negro", *Revista Sociedade e Estado*, jan./abr. 2016.

5_O Concílio de Trento (1545-1563), convocado para assegurar a unidade da fé em um contexto de avanço do Protestantismo, tinha como uma de suas principais finalidades a disciplinarização e a valorização do clero. No Brasil, em virtude das restrições impostas ao clero pelo regime de padroado régio, os fiéis passaram a exercer um papel muito mais ativo no catolicismo, sendo, dessa forma, estimulada a criação de associações leigas por toda a colônia. Para um aprofundamento do tema, ver: Ronaldo Vainfas, *Trópicos do pecado: moral, sexualidade e inquisição no Brasil*, 1989.

assegurava a assistência material e espiritual a quem sequer era percebido como humano – era aí, nesse exato momento, que se constituía um grande "paradoxo": o discurso dominante sempre foi instituído contra o ativismo subalterno, e toda vez que um sodalício negro o desautorizava, servindo de plataforma de inserção social ou de outorga de liberdade aos cativos, criava imediatamente uma "contradição", um "paradoxo", devido aos "espaços de autonomia e representação" que acabava de forjar.

Após a expulsão da Sé pelo Corpo Capitular, os irmãos da Irmandade de Nossa Senhora do Rosário e São Benedito dos Homens Pretos refugiaram-se em um terreno localizado nas proximidades da rua da Vala, doado a eles, em 1700, por uma senhora chamada Francisca Pontes. Sem demora, deram início à construção de sua igreja, que levou 25 anos para ser concluída, sendo toda a obra resultado de um trabalho árduo realizado pelos próprios confrades e financiado por meio de doações e esmolas. Por essa razão, o templo foi erguido aos poucos, tendo a capela-mor ficado pronta antes do restante do edifício.[6] A partir de então, a irmandade começou a ampliar o seu patrimônio, podendo, assim, com mais vigor, cumprir as finalidades para as quais havia sido criada, como financiar o enterramento de seus membros, educar os órfãos e libertar os cativos.[7]

E por falar em libertação de cativos, deve ficar bem claro que essa função assistencialista era atributo característico das irmandades negras. Tais sodalícios, mediante garantia posterior de pagamento, concediam empréstimos financeiros para que os irmãos escravizados pudessem se libertar da servidão, configurando-se, algumas delas, como verdadeiras "agências de alforria". E como essa assistência funcionava? Quando o escravizado prestava queixa contra o próprio "senhor", alegando, principalmente, a prática de crueldade, as confrarias negras poderiam intervir em sua defesa a fim de exigir, conforme previam as

---

6_A Igreja da Imperial Irmandade de Nossa Senhora do Rosário e São Benedito dos Homens Pretos encontra-se edificada no mesmo local, situando-se, atualmente, no seguinte endereço: rua Uruguaiana, 77, Centro, RJ.

7_A. A. Quintão, *Lá vem o meu parente: as irmandades de pretos e pardos no Rio de Janeiro e em Pernambuco (século XVIII)*, 2002, p. 129-130.

legislações da época, a imediata troca de senhorio ou o auxílio para a compra de sua liberdade. Graças a esse instrumento, o réu era punido, sendo obrigado a vender o cativo e, em casos mais extremos, declarado inábil para possuir outros. No entanto, o que muitos desconhecem é que a concessão de alforria, considerada um direito privativo do "senhor" e, portanto, uma doação de liberdade ao escravizado, poderia ser revogada a qualquer tempo. Para que isso não ocorresse, o liberto deveria mostrar gratidão e respeito pelo resto da vida para com quem o alforriou, evitando proferir injúrias graves contra a sua pessoa ou causar qualquer dano a(s) sua(s) propriedade(s).[8]

No Rio de Janeiro, por exemplo, o grêmio religioso negro que mais se empenhou em auxiliar nos casos envolvendo a alforria de cativos foi a Confraria de Nossa Senhora dos Remédios, fundada em 1788. Segundo as palavras do historiador Nireu Cavalcanti, o estatuto desse sodalício é uma peça documental habilmente redigida, apresentando dispositivos bem avançados para a época. E isso pode ser visto com bastante precisão nos parágrafos que denunciam os maus-tratos praticados pelos "senhores" e nos que lançam severas críticas aos mesmos infratores que dificultavam o andamento da alforria. A agremiação levava tão a sério essa missão que dispunha de dois advogados só para acompanhar e auxiliar os seus membros no decorrer desses processos judiciais.[9]

Durante o período colonial, as irmandades do Rosário foram, em geral, organizadas por negros vindos de Angola, do Congo ou por crioulos (nascidos no Brasil).[10] Nesse sentido, o critério inicial de ingresso nessas associações passou a ser marcado por um mecanismo de controle e exclusão, admitindo apenas os candidatos que fossem da "mesma procedência" de seus fundadores. Com o passar do tempo, algumas delas até se mostraram um pouco mais abertas à entrada de africanos oriundos de outras "nações", mas nunca à possibilidade de ocuparem

8_Ibid., p. 136

9_N. Cavalcanti, op. cit., p. 212.

10_O termo "crioulo" é usado para denominar pessoas negras nascidas no Brasil no contexto de sua acepção histórica. (N.E.)

postos na mesa diretora.[11] João José Reis, referência no estudo da escravidão negra, relata que, em Salvador, na Bahia, o compromisso da Irmandade do Rosário dos Pretos da Igreja da Conceição da Praia, de 1686, previa "a entrada de gente de outras origens, inclusive brancos e mulatos, mas só crioulos e angolas eram elegíveis, em números iguais, a cargos de direção".[12] No Rio de Janeiro, por outro lado, essa realidade começou a mudar a partir de 1759, quando o Compromisso da Irmandade de Nossa Senhora do Rosário e São Benedito dos Homens Pretos, já reformado, passou a admitir a entrada de africanos provenientes da Costa da Mina e da Guiné para ocuparem funções em sua mesa administrativa. A exceção, portanto, fazia-se aos cargos de juiz e tesoureiro, pois, como estipulado no mesmo estatuto, deveriam ser ocupados por irmãos brancos.[13]

Os compromissos, também conhecidos por estatutos, eram diplomas que definiam as normas de funcionamento de uma irmandade, bem como os direitos e deveres de seus membros. Quando colônia, o processo de aprovação de um estatuto no Brasil dependia de uma dupla chancela, a episcopal – concedida localmente pelo bispo – e a régia – via monarca reinante. Se brevemente analisados, os compromissos sobreditos explicitam três importantes aspectos que ocorriam no interior dessas irmandades: 1º) o reconhecimento das diferenças étnicas; 2º) o estímulo à realização de alianças estratégicas, e; 3º) a busca por maior autonomia. E esses aspectos eram inevitavelmente influenciados pelas condições específicas de cada lugar, pela história de determinada comunidade africana e pelas suas interações políticas em nossas vilas e cidades. É nesse sentido que devemos pensar os afrossodalícios como um importante dispositivo para observar as inúme-

---

11_A administração de uma irmandade negra era composta de um corpo dirigente – denominado de "mesa" –, cujos cargos obedeciam a uma rígida hierarquia estatutária. Entre os mais importantes estão os de provedor ou juiz, tesoureiro e escrivão. Havia outros postos de menor destaque, como o de mordomo de culto e procurador.

12_J. J. Reis, "Identidade e diversidade étnicas nas irmandades negras nos tempos da escravidão", *Revista Tempo*, 1996, p. 12.

13_AHU, *Compromisso da Irmandade de Nossa Senhora do Rosário e São Benedito dos Homens Pretos da Cidade do Rio de Janeiro*, 1759, cap. II, § 33, cap. XII, § 2.

ras tensões existentes dentro de cada comunidade negra no tempo da escravidão.[14] Sem contar que esses registros são muito valiosos para os pesquisadores, pois representam uma das poucas fontes históricas escritas nas quais a vontade subalterna pôde ser legitimamente expressa. Os irmãos, descendentes de homens e mulheres egressos de culturas orais, valeram-se da escrita para construir suas identidades e assinalar as próprias diferenças, convertendo os antigos compromissos em testemunhas atuais de sua capacidade de falar e re-existir na sociedade "branca" dominadora.

No final do século XVII, como anteriormente dissemos, o Cabido também havia contestado a permanência da Irmandade do Glorioso São Domingos de Gusmão na Sé. Esta confraria, ao contrário do que ocorreu com os irmãos do Rosário e São Benedito dos Homens Pretos, não teve a mesma sorte de encontrar um benfeitor ou devoto que lhe doasse um terreno quando de sua expulsão pelos capitulares, em 1700. Bem mais modesto em número de membros e em recursos financeiros, restou-lhe apenas um caminho a seguir: solicitar à Câmara uma porção de terra com o propósito de nela erigir um templo.[15] A demanda só foi atendida em 1706 e, ao longo desse período, é desconhecida a trajetória da agremiação. O mais provável é que tenha se abrigado em uma das igrejas localizadas na várzea enquanto esperava pela decisão dos camaristas.

A origem dos africanos fundadores da Irmandade do Glorioso São Domingos de Gusmão também é imprecisa. A fundação do grêmio é atribuída pela historiografia ora aos de "nação" angola, ora aos de "nação" guiné. Como se ainda não bastasse, existem linhas de investigação que imputam aos "crioulos" essa façanha.[16] Seja qual for a procedência desses negros pioneiros, é importante esclarecer aqui o uso do termo

---

14_ J. J. Reis, op. cit., p. 14.

15_ A Igreja da Irmandade do Glorioso São Domingos de Gusmão foi o primeiro templo negro a ser edificado no Rio de Janeiro, tendo sua obra finalizada em 1713. A igreja permaneceu no Largo de São Domingos até 1942, ano em que foi demolida para a construção da avenida Presidente Vargas. Com os recursos obtidos com a indenização paga pela prefeitura, a irmandade adquiriu dois terrenos na Tijuca, dando início à construção de uma nova igreja em 1967. O atual endereço é: rua José Higino, 120, Tijuca, RJ.

16_A. A. Quintão, op. cit., p. 155.

"escravizado de nação". Ao contrário do que pode sugerir, essa terminologia faz referência imediata a um sistema classificatório que surgiu com a intensificação do tráfico atlântico e não necessariamente à etnia ou à exata procedência geográfica dos cativos. Trata-se, portanto, de uma construção social portuguesa para indicar, na maior parte das vezes, o lugar de embarque ou de aprisionamento do africano dominado. Assim, as irmandades pretas se constituíram em terrenos férteis para a afirmação das identidades étnicas, utilizando a cor da pele em combinação com a ideia de "nação", como um dos seus principais critérios de pertencimento. Porém, a ideia de "nação" que havia sido forjada no imaginário das comunidades afro-brasileiras em formação não evocava a reprodução exata de tradições, costumes e padrões culturais ancestrais, mas, ao contrário, buscava, sobretudo, resgatar ou se remeter às mesmas raízes africanas e reelaborá-las em solo americano.[17]

É por essa razão que trabalhamos com a hipótese de que as confraternidades negras se constituíram historicamente como fontes de saberes e insurgências. Jamais devemos infantilizá-las e inseri-las em um lugar que, apesar dos limites impostos pelo sistema, não tiveram a chance de transcender.[18] A imposição de uma "máscara de Flandres" para imprimir silêncio e medo não foi o bastante para impedir uma reflexão acerca da própria condição cativa.[19] Os irmãos se mostraram tão cientes que falaram pelos "orifícios da máscara", e o fizeram com tanta potência que acabaram por "estilhaçá-la".[20] Esse rompimento revelou que a "fala" havia forçado a "máscara" em um processo contínuo, e mesmo que em alguns momentos tenham querido reduzir o seu vigor, nunca deixou de existir, demonstrando que essas instituições, as irmandades negras, concretizaram-se, de fato, para os seus congregados, como espaços de auxílio mútuo, de solidariedade e, principalmente, de luta e

---

17_M. de Mello e Souza, *Reis negros no Brasil escravista: história da Festa de Coroação de Rei Congo*, 2014, p. 177.

18_D. Ribeiro, *Lugar de fala*, 2019, p. 75.

19_G. Kilomba, *Plantation Memories. Episode of Everyday Racism*, 2012. [Ed. bras.: *Memórias da plantação: episódios de racismo cotidiano*, Rio de Janeiro: Cobogó, 2019.]

20_D. Ribeiro, "C. Evaristo: 'Nossa fala estilhaça a máscara do silêncio'", *Revista Carta Capital*, 13/05/2017.

resistência contra a opressão e a discriminação racial – feridas que infelizmente ainda ardem na sociedade brasileira.

Foi em virtude do incremento do tráfico negreiro, ocorrido na primeira metade do século XVIII, que outros grêmios afrocatólicos começaram a surgir na cidade. Nesse primeiro momento, as "igrejas de homens pretos" já edificadas, como Nossa Senhora do Rosário e São Benedito e São Domingos de Gusmão, serviram de "hospedeiras" para alguns desses recém-formados sodalícios. Como ainda não possuíam recursos suficientes para construírem os próprios templos, o processo de instalação geralmente se efetivava a partir de uma prática muito comum no período: o aluguel de altares laterais – estruturas secundárias situadas nos nichos das paredes laterais das naves de uma igreja ou capela. Era em torno desses espaços, agora dedicados ao(à) santo(a) de devoção da irmandade, que aconteciam as suas celebrações e demais exercícios de culto.

Diante dessa constatação, é importante enfatizar o seguinte: apesar de certas fontes históricas mencionarem que a relação entre determinadas associações religiosas, "inquilinas" e "proprietárias", não tenha sido lá muito amigável, não se pode negar o proeminente papel que exerceram essas casas de oração ao atuarem na sobrevivência das novas agremiações negras. Motivo pelo qual consideramos as igrejas de Nossa Senhora do Rosário e São Benedito dos Homens Pretos e de São Domingos de Gusmão como "incubadoras de irmandades de cor". Ao alugarem seus altares laterais para outras confrarias, possibilitaram, em simultâneo, as condições necessárias para garantir a segurança, o desenvolvimento e a preservação de uma nova geração de afrossodalícios. Especialmente em um período marcado por uma política mais restritiva à organização social negra, implementada pelo então vice-rei marquês do Lavradio, e que acabou ocasionando a derrubada de alguns templos e capelas.[21] Entre os grêmios religiosos "incubados" nas igrejas pioneiras, ressaltaremos apenas as histórias da Venerável Irmandade

21_M. de C. Soares, "O Império de Santo Elesbão na Cidade do Rio de Janeiro", *Revista Topoi*, jun. 2002, p. 63.

de Santo Elesbão e Santa Efigênia e da Venerável Confraria de Nossa Senhora da Lampadosa, já que, de todos eles, são os únicos cujos templos que ainda resistem na paisagem urbana como sinais visíveis da memória e da cultura afro-brasileiras.

A devoção a Santo Elesbão e à Santa Efigênia começou em uma casa particular, na freguesia da Candelária, antes mesmo de 1740. O culto era praticado por um grupo de aproximadamente trinta indivíduos, composto, em sua maioria, de africanos oriundos da "Costa da Mina".[22] Não se sabe ao certo o motivo, mas o fato é que, já em 1740, esses devotos decidiram transladar as imagens dos padroeiros para a Igreja do Glorioso São Domingos de Gusmão, dando início aos trâmites, nesse mesmo ano, para se fundar o próprio grêmio religioso, denominado de Venerável Irmandade de Santo Elesbão e de Santa Efigênia. Em menos de uma década, de 1745 a 1754, conseguiram aforar terreno, construir e inaugurar a própria igreja[23] nas proximidades do Campo de São Domingos.[24]

A agilidade com a qual conduziram as obras nos faz pensar o quão abastados deveriam ser alguns desses irmãos, visto que conseguiram edificar, em um prazo tão curto de tempo, uma igreja de projeções arquitetônicas bem razoáveis. Mariza de Carvalho Soares aponta que, mesmo tendo os recursos financeiros mais limitados do que os de algumas irmandades "brancas", a sua origem advinha das mais variadas fontes. Segundo a historiadora, é possível que a direção da confraria tenha acumulado patrimônio em virtude de uma suposta ligação de parte de seus membros com a indústria do tráfico negreiro. Além disso, a autora também não descartou a existência de recursos de outras procedências, como a importante injeção de capital privado feita em

---

22_A Costa da Mina corresponde, aproximadamente, à faixa litorânea da região do Golfo da Guiné que compreende os atuais Estados de Gana, Togo, Benin e Nigéria, e de onde foram compulsoriamente embarcados para a América milhões de indivíduos escravizados. A feitoria de São Jorge da Mina, em torno da qual se desenvolveu a atual cidade de Elmina, em Gana, foi o mais famoso porto de embarque de cativos dessa região.

23_A Igreja da Venerável Irmandade de Santo Elesbão e Santa Efigênia está situada na rua da Alfândega, 219, Centro, RJ.

24_M. de C. Soares, op. cit., p. 64-65.

espécie (por meio de esmolas, missas e anuidades, por exemplo) ou via sucessão testamentária (adquirida em herança, com a venda de bens e/ou escravizados).[25]

O culto dedicado à Maria sob a invocação de "Senhora da Lampadosa"[26] chegou à cidade do Rio de Janeiro antes da segunda metade do século XVIII. Conta a história que um grupo de abexins, natural da Abissínia (atual Etiópia), resolveu deixar o seu país e subir o rio Nilo em busca de uma vida mais próspera no Mar Mediterrâneo – via de grande circulação de riquezas entre a Europa e o Oriente Médio. Por infortúnio, foram capturados por corsários "italianos" no Delta do Nilo, norte do Egito, e levados como cativos para uma pequena ilha chamada Lampedusa, situada entre a costa da Sicília e da África (atual Tunísia). Cristãos de origem, prontamente renderam devoção a uma antiga imagem da Virgem que se encontrava em uma capela da ilha, a qual passaram a chamar de "Nossa Senhora da Lampadosa".[27]

A rota marítima percorrida por esses escravizados etíopes é tão desconhecida pela historiografia quanto o ano de seu desembarque no litoral brasileiro. Tudo o que se sabe é que, desde 1747, já havia sido fundada, na Igreja de Nossa Senhora do Rosário e São Benedito dos Homens Pretos, uma venerável confraria em honra à Nossa Senhora da Lampadosa. Ocupando um altar lateral na referida igreja, os irmãos ali permaneceram até o ano seguinte (1748), quando receberam de Pedro Coelho da Silva e de sua esposa, Teresa de Jesus Almeida, a doação de um terreno para a construção de um templo. A obra, realizada com grande lentidão, levou 24 anos para ser concluída, tendo a capela-mor sido inaugurada apenas em 1772.[28] O perímetro doado localizava-se em uma área pouco habitada, além da rua da Vala (atual rua Uruguaiana), limite natural da

---

25_Ibid., p. 65-66.

26_A língua portuguesa aceita as duas grafias, "Lampedusa" e "Lampadosa". Por essa razão, utilizaremos "Lampedusa" para nos referirmos à ilha italiana e "Lampadosa" para intitularmos a devoção mariana, uma vez que, contemporaneamente, são assim mais conhecidas no Brasil.

27_J. P. Torres, *Venerável Confraria de Nossa Senhora da Lampadosa*, 1997, p. 21-22.

28_A Igreja da Venerável Confraria de Nossa Senhora da Lampadosa situa-se na avenida Passos, 13, Centro, RJ.

cidade.[29] Há um dado muito interessante sobre esse terreno: o historiador e etnólogo Edison Carneiro diz que nele funcionou, a partir de 1724, um pequeno cemitério provido de capela pertencente à Irmandade de Nossa Senhora do Rosário e São Benedito dos Homens Pretos.[30]

Vale a pena levantar mais uma questão sobre a história dessa confraria, e ela também diz respeito à origem de seus fundadores. Tal qual se passou com a Irmandade do Glorioso São Domingos de Gusmão, a historiografia se mostrou mais uma vez bem confusa ao tratar desse assunto: enquanto Antonia Quintão e Anderson de Oliveira afirmaram que a predominância nessa associação foi de "pretos-minas",[31] Mariza de Carvalho Soares, por seu turno, caminhou em direção oposta e disse que nela prevaleceram os "gentios da Guiné".[32] Mas esse imbróglio não termina por aí. José Pereira Torres traz em seu livreto uma versão mais condizente com o suposto costume baseado na fundação por africanos etíopes. Vejamos o que nos diz o jurista e teólogo:

> Nunca é de mais repetir que os *africanos fundadores* da Confraria de Nossa Senhora da Lampadosa *não eram provenientes da Mina ou de outro ponto da costa ocidental africana.* Eles eram *etíopes, cristãos* e livres. Por esta razão é que não se conformaram em se integrar a uma Irmandade composta de imigrados daquelas origens, procurando, desde que aqui chegaram, criar a sua própria Irmandade.[33]

O que o autor está querendo salientar é que, diferentemente das outras irmandades, os negros fundadores da Venerável Confraria de Nossa Senhora da Lampadosa já eram cristãos, e isso é comprovado por serem procedentes da Etiópia, isto é, da costa Oriental da África, onde

---

29_M. A. de Queiroz Ferreira, *Templos históricos do Rio de Janeiro*, 1946, p. 112.

30_E. Carneiro, *Ladinos e crioulos: estudos sobre o negro no Brasil*, 1964, p. 56-57.

31_A. A. Quintão, op. cit., p. 164; Anderson José Machado de Oliveira, "Devoção e identidades: significados dos cultos de Santo Elesbão e Santa Efigênia no Rio de Janeiro e nas Minas Gerais no Setecentos", *Revista Topoi*, jan./jun. 2006, p. 97.

32_M. de C. Soares, op. cit., p. 62.

33_J. P. Torres, op. cit., p. 23-24 [grifo do autor].

o cristianismo havia sido introduzido nesse território desde o século IV, e não da costa Ocidental da África, de onde vinha a maioria dos escravizados que aqui chegaram, não cristão, e que precisavam ser convertidos por seguirem religiões tradicionais, baseadas em crenças animistas, politeístas e panteístas – talvez estivesse aí, na procedência e na necessidade de não conversão, os principais fatores que distinguiam essa confraria das demais. Mesmo tendo sido o termo "etíope" utilizado naquele período para designar o indivíduo oriundo do continente africano, o autor pareceu bem ciente do fato ao negar a procedência "ocidental" de seus fundadores, deixando claro que vieram de um lugar específico daquele continente, a Etiópia, localizada na África Oriental.

A área geográfica de instalação desses afrossodalícios foi o Campo da Cidade ou Rossio – um logradouro público, recoberto por pântanos e brejos e estabelecido além dos limites da "cidade".[34] Considerando a antiga geomorfologia carioca, torna-se evidente o quanto deve ter sido difícil para esses confrades domarem os imperativos de superfície tão encharcada. A história relata que as agremiações negras não se intimidaram e assumiram as obras corretivas dos terrenos doados.[35] Sem dúvida, estavam cientes de que a construção de uma igreja própria representaria o seu maior esforço de tentar romper com o silêncio. O templo, além de um espaço de celebração religiosa, simbolizava, também, um "lugar de fala". Ao edificá-lo, os irmãos tiveram a chance de obter um "endereço" no catolicismo, de assumir uma posição menos subalterna e de re-existirem na sociedade colonial escravista. Acreditamos que o "falar" não se restringiu apenas ao ato de poder emitir palavras, mas, acima de tudo, ao de poder existir. É por isso que, parafraseando Djamila Ribeiro, pensamos o "lugar de fala" como o *locus* social que autoriza (ou nega), dentro das relações de poder, a inserção de alguns atores subalternos em espaços de representação ou "cidadania"

34_V. Coaracy, *Memórias da Cidade do Rio de Janeiro*, 1965, p. 61-62.

35_Para uma compreensão mais cuidadosa acerca do processo de urbanização do Rio de Janeiro colonial a partir da ação protagonista das irmandades negras cariocas, ver: Marcos Coutinho, "A produção (negra) do espaço urbano (branco) do Rio de Janeiro Setecentista – século XVIII", *Revista Mosaico*, 2022.

forjados a partir das próprias vivências.[36] É nessa lógica que cogitamos a possibilidade de o templo ter se convertido em um "veículo" político que dava aos seus membros a possibilidade de amenizar a ideia de universalidade do regime vigente. Quatro irmandades negras conseguiram, de acordo com a nossa interpretação, alcançar essa proeza: a Irmandade de Nossa Senhora do Rosário e São Benedito dos Homens Pretos, cujo templo já se encontrava pronto por volta de 1734; a Irmandade do Glorioso São Domingos de Gusmão, com igreja própria a partir de 1713; a Venerável Irmandade de Santo Elesbão e Santa Efigênia, que terminou a edificação de sua casa religiosa em 1754; e a Venerável Confraria de Nossa Senhora da Lampadosa, que registrou a finalização de sua igreja em 1772.

O templo, como parte da natureza visível da Igreja, exprime sua dimensão material ao se mostrar humanamente percebido, tocável. É a partir dessa materialidade que o edifício sagrado pode ter oferecido aos afro-brasileiros outros modos de existência além dos que já eram impostos pelo sistema. Toda vez que suas dependências acolhiam as reuniões decisórias, sediavam as eleições para compor os cargos da mesa administrativa da confraria, abrigavam e encobriam as atividades religiosas com maior ou menor incidência de elementos africanos, convertiam-se em espaços de preservação de costumes e tradições, de (re)criação dos laços afetivos esfacelados pela escravidão, de arranjo de novas hierarquias e de construção de (novas) identidades e alteridades, haveriam, sim, de se materializar para o fiel como um "lugar de fala". Se essas e outras iniciativas converteram a "igreja negra" em "mecanismo" de interlocução e de interrupção momentânea da matriz hegemônica, atuando em favor da existência de grupos discriminados em outros lugares além da reificação, então é possível pensá-la como tal.

A historiadora Antonia Quintão nos traz um bom exemplo de como os confrades tiveram ciência da importância do templo como um grande símbolo de resistência e autonomia no âmbito da dominação. A autora relata que, no Rio de Janeiro, o juiz da Irmandade de Nossa

36_D. Ribeiro, op. cit., p. 53-79.

Senhora do Rosário e São Benedito dos Homens Pretos redigiu uma petição ao rei de Portugal, no ano de 1738, suplicando ao monarca a retirada do Cabido de sua igreja, tomada em 1737.[37] A petição, um instrumento jurídico formal e fundamentado, havia sido o meio legal escolhido pelos congregados para poder solicitar ao monarca a resolução de um litígio com o Corpo Capitular, o mesmo que outrora os havia expulsado da Sé, no Morro do Castelo. Era uma "ferramenta" com a qual a confraria poderia "falar" com as autoridades constituídas, expressando-se de maneira detalhada sobre a causa a pedir (a retirada do Cabido de sua igreja), os direitos violados (a usurpação de seu templo) e o pedido de providência requerido (a solução dessa contenda favorável a si). Eis a prova de que o templo potencializava o direito do subalterno de se manifestar de forma mais autônoma. É por essa razão que os irmãos jamais desistiram da possibilidade de reavê-lo, mesmo que esse processo só tenha realmente se efetivado mais de setenta anos depois.[38]

Não eram só os templos as únicas fontes das quais os negros dispunham para conseguir "falar" na sociedade escravista. As procissões, festas e coroações de reis, rainhas, imperadores e imperatrizes, práticas "visibilizantes" da religiosidade colonial afro-brasileira, representavam outras maneiras de se comunicar ou se dirigir ao público de origem não africana. No processo de eleição dos reis negros, por exemplo, era comum observar seus membros tomarem as ruas ricamente paramentados, cantando em suas línguas ancestrais e dançando ao som de instrumentos de matriz africana. A festa, percebida como um espetáculo de caráter lúdico e popular, era frequentemente acompanhada por grandes banquetes e regada à farta ingestão de bebida alcoólica, permitindo, mesmo que de forma temporária, a inversão de hierarquias e a liberação de comportamentos moralmente proibidos pelas autoridades civis e eclesiásticas, já que poderiam causar uma ruptura definitiva da ordem vigente.[39]

37_A. A. Quintão, op. cit., p. 135.

38_A Igreja de Nossa Senhora do Rosário e São Benedito dos Homens Pretos foi elevada ao ofício de nova sé catedral quando de sua usurpação pelo Cabido, em 1737, que nela permaneceu até a chegada da Família Real portuguesa, em 1808.

39_M. de Mello e Souza, op. cit., p. 196.

No entanto, a política oficial referente ao controle ou à proibição das atividades religiosas das comunidades negras era conduzida de maneira bastante ambígua, não passando, muitas vezes, de medidas estanques, tomadas por certos vigários ou administradores locais.[40] Talvez seja por esse motivo que a maior parte dos compromissos das afroconfrarias não faça referência à regulamentação das festas de eleição e coroação de seus reis, consideradas pela ortodoxia católica um aspecto demasiadamente profano de manifestação da fé. Mas os estatutos, por seu turno, não deixaram de regimentar o processo de escolha dessas "cortes negras", revelando que as irmandades étnicas eram locais de intensas negociações, ora para dirimir conflitos dentro de uma mesma associação – como Julita Scarano diz ter acontecido em Minas Gerais[41] – ora para apaziguar os ânimos entre associações distintas – como ocorreu no Rio de Janeiro, segundo Célia Borges.[42]

O território carioca foi palco de diversas disputas protagonizadas entre diferentes "nações" que se agrupavam em distintos grêmios religiosos. A historiadora Marina de Mello e Souza, especialista nos estudos sobre a coroação de reis negros no Brasil, traz um bom exemplo dessas rivalidades ocorridas durante o século XVIII. A autora descreve que, por meio de um requerimento de 1767, enviado ao vice-rei, conde da Cunha, os irmãos de Nossa Senhora do Rosário e São Benedito dos Homens Pretos, de "nação Benguela", requisitavam do governante a possibilidade de existência de apenas um rei, o de sua irmandade, a quem as demais "nações" deveriam seguir e obedecer, furtando-se, com essa atitude, do dever de acompanhar os reis eleitos por outras associações. A indignação dos "confrades benguelas" com a existência de múltiplos reis os levou a solicitar a exclusividade na eleição e a primazia de seu soberano sobre todos os outros, fatores que transformaram esse documento em uma fonte exemplar quando o assunto

---

40_C. A. Resende Maia Borges, *Devoção branca de homens negros: as irmandades do Rosário em Minas Gerais no século XVIII*, 1998, p. 96.

41_J. Scarano, *Devoção e escravidão: a irmandade de Nossa Senhora do Rosário dos Pretos no Distrito Diamantino no século XVIII*, 1978, p. 46.

42_C. A. Resende Maia Borges, op. cit., p. 70.

se refere aos antagonismos existentes entre as irmandades negras do Rio de Janeiro.[43]

Em outro caso, observando agora uma disputa que se deu no interior da Venerável Irmandade de Santo Elesbão e Santa Efigênia, em meados do século XVIII, Marina de Mello e Souza, com base em pesquisa realizada por Mariza de Carvalho Soares, constatou que dentro desse grêmio eram eleitos vários reis, sendo cada um deles representantes dos vários grupos étnicos que compreendiam o conjunto de pretos-minas congregados nesse mesmo afrossodalício. Desse modo, o "Império de Santo Elesbão", como era conhecido, poderia ser estruturado a partir de uma corte composta de até seis reis, representando cada qual uma etnia. Contemplava-se, dessa maneira, a existência de "minorias" dentro da irmandade, demonstrando que os reis poderiam, de fato, ter servido de elementos de aglutinação para esses pequenos grupos. Em outras ocasiões, a autora pôde verificar que houve a reunião de várias etnias para formar apenas um único reinado, e isso ocorreu quando os Makii, Angolim, Ianno e Subaru criaram uma congregação à parte e elegeram como rei um indivíduo da "nação" Makii, separando-se logo após a ocorrência de alguns conflitos. Esse evento é historicamente importante porque mostra o quanto os diversos grupos étnicos marcavam a sua distinção apesar de estarem sob a guarda de uma mesma "nação", a Mina.[44]

O cronista Mello Moraes Filho confirma, reforçando a tese de Mariza de Carvalho Soares, a igual existência de reis de diversas "nações" no interior das afroirmandades cariocas, correspondendo cada um aos principais grupos étnicos que as compunham. Tendo como ponto de partida uma petição encontrada no que havia restado do patrimônio da Venerável Confraria de Nossa Senhora da Lampadosa, de 1748, o autor pontua que o documento, direcionado ao Ouvidor Geral do Crime, continha um pedido de permissão para que "o imperador, o rei e a rainha e mais adeptos da nação do santo rei Baltazar" pudessem pedir

43_M. de Mello e Souza, op. cit., p. 201-202.
44_M. de Mello e Souza, op. cit., p. 202-203.

esmolas para auxiliar no custeio das suas festividades.[45] É interessante notar que, além do dever de contribuir com doações vultosas para a realização da festa, os reis e rainhas ainda tinham a responsabilidade de arrecadar os donativos. A coleta dessas ofertas era feita percorrendo as ruas da cidade, mediante prévia autorização policial, e sempre acompanhada de muita música e dança.[46]

Ao dar prosseguimento à pesquisa, outra solicitação apareceu. Dessa vez, foi feita em favor de um negro de nome Antonio, da "nação" Rebolo, criado do vice-rei, conde da Cunha, para que pudesse ser coroado como imperador.[47] "O vice-rei achou graça e não se opôs à 'honraria' conferida ao seu servidor, e até permitiu que se realizassem os habituais e correspondentes festejos".[48] Nesse trecho do documento, ficaram evidentes não só a posição do negro escolhido para ocupar o posto de imperador, muito próxima aos altos círculos do poder colonial, como o fato de os pretos da "nação" Rebolo terem assegurado o direito de poder elegê-lo.[49]

Valendo-se de outra fonte documental, agora um termo de coroação anexo ao mesmo diploma, de 1811, Mello Moraes Filho informou que, sob licença do Intendente Geral de Polícia e com testemunho de outras "nações" e de outros reis coroados, foram eleitos Caetano Lopes dos Santos, como rei, e Maria Joaquina, como rainha, ambos de "nação" Cabundá.[50] A indicação de que reis de outras "nações" legitimaram tal coroação indica que Rebolos, Cabundás e outras "nações" não mencionadas se congregavam na Venerável Confraria de Nossa Senhora da Lampadosa, recaindo sobre cada uma delas a regência e a autoridade de um rei próprio.[51] Apesar de ter sido forjada no contexto da escravidão, a eleição dos reis negros no Novo Mundo é identificada por grande parte dos pesquisadores como uma tradição de origem africana, ser-

45_M. M. Filho, *Festas e tradições populares do Brasil*, 1946, p. 382.
46_M. de Mello e Souza, op. cit., p. 203.
47_M. M. Filho, op. cit., p. 382.
48_M. A. de Queiroz Ferreira, op. cit., p. 113.
49_M. de Mello e Souza, op. cit., p. 203-204.
50_M. M. Filho, op. cit., p. 385.
51_M. de Mello e Souza, op. cit., p. 204.

vindo como um elo entre a comunidade negra colonial e um passado por ela idealizado.[52] A força simbólica que a figura de um rei exercia sobre os africanos se refletiu nas Américas como um meio para os negros se organizarem em torno de líderes eleitos, seja em função de suas características pessoais ou das posições que ocupavam na estrutura social.[53]

A presença feminina é outro importante fator de caracterização das irmandades negras no Brasil. Enquanto no Rio de Janeiro a documentação primária referente às principais irmandades negras diz apenas que as mulheres poderiam ser admitidas como irmãs ou ser eleitas para cargos na mesa administrativa das afroconfrarias,[54] na Bahia, ao contrário, essa investigação mostrou-se muito mais fecunda graças às notáveis fontes primárias ainda existentes. Ao analisar os sodalícios de Salvador e do Recôncavo Baiano, a historiadora Antonia Quintão ressalta que as mulheres chegaram a ocupar os cargos mais altos da mesa administrativa das irmandades, como juízas ou escrivãs, apontando um grande contraste em relação às associações formadas por "brancos", cuja composição parece ter sido predominantemente masculina. Esse fato nos remete a outro dado bem interessante: de que tais mulheres deveriam ser letradas e livres, exigências indispensáveis para exercer as funções mencionadas. No entanto, os estatutos reforçam que o posto que mais ocuparam foi mesmo o de "mordomas de culto" – ofício de menor expressão em termos de influência, mas de grande responsabilidade institucional para uma irmandade, ficando as mulheres responsáveis pela organização das procissões, das celebrações religiosas e das festas em honra ao dia do(a) padroeiro(a).[55]

52_O termo "idealizado", ao contrário do que possa parecer, não assume no texto o significado de "fantasioso" ou "alegórico", expressando talvez algo que não exista, que seja irreal. No entanto, mesmo estando ligado a um passado real, as narrativas forjadas desse mesmo passado não foram reproduzidas tais quais as originais, justamente porque seus produtores não estavam conectados ao tempo e ao espaço quando essas mesmas narrativas ocorreram, isto é, não possuíam a vivência local por estarem muito distantes de seu lugar de origem, a África. Entretanto, eram desejosos de que essas histórias se perpetuassem para as próximas gerações para unificá-las em torno desse passado real, mas não vivido. É por isso que vão buscar reelaborá-las de longe, no Brasil, resgatando suas raízes ancestrais africanas, mas sem necessariamente reproduzir as mesmas tradições.

53_M. de Mello e Souza, op. cit., p. 216.

54_M. de Carvalho Soares, op. cit., p. 64; 79.

55_A. A. Quintão, op. cit., p. 89.

Patricia Mulvey, historiadora norte-americana, comprovou em suas pesquisas que não havia regras de exclusão para as mulheres, cabendo a elas o livre direito de participar de "todos os cargos, e gozar todos os privilégios da Irmandade sem reserva".[56] João José Reis, outra importante referência no estudo da história da escravidão negra no Brasil, retomou a tese de Mulvey e a complementou dizendo que, por trás desse suposto "ato de benevolência", poderia estar escondido um viés muito mais pragmático: sabia-se, à época, que o fator demográfico pendia consideravelmente para o maior número de homens nessas comunidades, revelando, por sua vez, a escassez de mulheres negras. Hipoteticamente, configurava-se, assim, uma possível estratégia masculina de tentar recrutá-las, a despeito de suas origens étnicas, a fim de aumentar o mercado matrimonial em questão, demonstrando o quanto as mulheres haviam se convertido em um elemento-chave de interesse matrimonial para os homens. Enquanto isso, do ponto de vista feminino, o número reduzido de mulheres pode ter sido percebido como uma possibilidade de aumento do poder de barganha desse público, permitindo a elas, inclusive, ter a chance de ocupar os altos cargos diretivos dentro dessas confrarias.[57]

A estrutura social rígida e desigual da época havia deixado seus reflexos até mesmo no momento final da existência humana. A morte, um tema cada vez mais sensível na sociedade colonial, assumiu o seu caráter hierárquico ao determinar, no momento da inumação, o lugar social e a origem étnico-religiosa dos defuntos. Os templos católicos desempenharam uma função central na vida comunitária e espiritual de seus congregados. Como resultado, os enterramentos conhecidos por *ad sanctos apud ecclesiam* – realizados no interior do templo (*ad sanctos*) ou ao redor das igrejas (*apud ecclesiam*) – expressaram o firme desejo de muitos fiéis serem neles sepultados. Acreditava-se que, ao ser enterrado dentro ou nas proximidades de um templo, o finado alcançaria uma posição especial no pós-vida, sendo a ele permitido uma

---

56_P. Mulvey, *The Black Lay Brotherhoods in Colonial Brazil: A History*, 1984, p. 265.

57_J. J. Reis, op. cit., p. 14.

conexão contínua com a divindade e, por consequência, uma chance maior de salvação.[58]

JEAN-BAPTISTE DEBRET E THIERRY FRÈRES,
***ENTERREMENT D'UNE FEMME NÈGRE*, 1839.**

FUNDAÇÃO BIBLIOTECA NACIONAL.[59]

É importante destacar que o tratamento concedido ao escravizado quando de sua morte, mais do que desrespeitoso, era desumano. Vistos como mercadoria, a morte do cativo era encarada como uma simples perda de investimento. Por isso, quando faleciam, as cerimônias fúnebres eram limitadas ou quase nulas, sendo muitas vezes depositados nas praias e nas portas das igrejas sem qualquer cuidado. Essa prática abominável deixava claro que os corpos negros foram pensados

---

58_M. Bravo, "A morte hierarquizada: os espaços dos mortos no Rio de Janeiro Colonial (1720-1808)", *Revista do Arquivo Geral da Cidade do Rio de Janeiro*, jul./dez. 2014.
59_J.-B. Debret, "Enterrement d'une femme nègre", in *Voyage pittoresque et historique au Brésil*, 1839, t. 3, p. 28.

como objetos descartáveis e, dessa maneira, tratados sem consideração e dignidade alguma, até mesmo após a morte.

O Cemitério dos Pretos Novos, na região do Valongo, materializou-se como um espaço subalterno de inumação para milhares de africanos recém-chegados ao Brasil e que não conseguiram sobreviver às graves doenças e aos terríveis maus-tratos sofridos durante a desumana travessia do Atlântico. Nesse campo-santo, os "pretos novos", como ficaram conhecidos, foram enterrados de forma precária, em covas rasas, à flor da terra, sem nenhum tipo de memorial ou identificação. Além de um local seguro de descanso para os irmãos, a posse de um cemitério representava algo ainda maior para a comunidade preta – a possibilidade única de escapar da indigência. O que está se falando, na verdade, é do direito de o afro-brasileiro administrar a própria morte. Com isso, os cemitérios foram estabelecidos como uma resposta à segregação racial e à exclusão dessas mesmas comunidades étnicas dos espaços de enterramento tradicionais.

A construção desse texto, envolvendo o resgate de protagonismos e a capacidade de resistência, foi pautada no compromisso ético de conferir visibilidade às histórias de ativismo negro que têm sido frequentemente silenciadas pelo discurso colonial. Portanto, quando se ressaltou que uma irmandade negra reivindicava o direito de ter voz, de se expressar, o que se quis, na verdade, foi dizer que ela buscava o direito à própria existência. Então, pensando nisso, elaborou-se um contradiscurso que pretendeu contestar a razão colonial, permitindo que se entrasse no diálogo um agente periférico capaz de falar por si e de ocupar lugares outros que não só os de escravizado.

Ao tentar demonstrar que os afrossodalícios brasileiros puderam "falar" como produtores de saberes e insurgências no Brasil colonial, procurou-se romper definitivamente com a lógica de que os irmãos negros subalternos não estariam qualificados para produzir a partir de outras funções e para refletir sobre a própria posição social que ocupavam.

REFERÊNCIAS

AHU. Arquivo Histórico Ultramarino, Rio de Janeiro, cód. 150. *Compromisso da Irmandade de Nossa Senhora do Rosário e São Benedito dos Homens Pretos da Cidade do Rio de Janeiro*, 1759, capítulos II e XII.

BORGES, Célia Aparecida Resende Maia. *Devoção branca de homens negros: as irmandades do Rosário em Minas Gerais no século XVIII*. Tese de doutorado em História Social. Niterói: Universidade Federal Fluminense, 1998.

BRAVO, Milra. "A morte hierarquizada: os espaços dos mortos no Rio de Janeiro Colonial (1720-1808)", *Revista do Arquivo Geral da Cidade do Rio de Janeiro*, Rio de Janeiro, n. 8, p. 307-329, jul./dez. 2014. Disponível em <http://wpro.rio.rj.gov.br/revistaagcrj/wp-content/uploads/2016/11/e08_a18.pdf>. Acesso em 14 jul. 2023.

CARNEIRO, Edison. *Ladinos e crioulos: estudos sobre o negro no Brasil*. Rio de Janeiro: Civilização Brasileira, 1964.

CAVALCANTI, Nireu. *O Rio de Janeiro Setecentista: a vida e a construção da cidade da invasão francesa até a chegada da Corte*. Rio de Janeiro: Zahar, 2004.

COARACY, Vivaldo. *Memórias da Cidade do Rio de Janeiro*. Rio de Janeiro: José Olympio, 1965.

COLLINS, Patricia H. "Aprendendo com o *outsider within*: a significação sociológica do pensamento feminista negro", *Revista Sociedade e Estado*, Brasília, vol. 31, n. 1, p. 99-127, jan./abr. 2016. Disponível em: <http://goo.gl/RmjB7R>. Acesso em 22 jun. 2023.

COUTINHO, Marcos. "A produção (negra) do espaço urbano (branco) do Rio de Janeiro Setecentista – século XVIII", *Revista Mosaico*, Rio de Janeiro, vol. 14, n. 22, p. 1-34, 2022. Disponível em <https://periodicos.fgv.br/mosaico/article/view/85728>. Acesso em 22 jul. 2023.

DEBRET, Jean-Baptiste. "*Enterrement d'une femme nègre*", in *Voyage pittoresque et historique au Brésil*, t. 3. Paris: Firmin Didot Frères, 1839, p. 28. Disponível em <https://www.brasilianaiconografica.art.br/obras/17163/enterrement-d-une-femme-negre>. Acesso em 8 jul. 2024. [Ed. bras.: DEBRET, Jean-Baptiste. *Viagem pitoresca e histórica ao Brasil*. São Paulo: Circulo do Livro, 1985.]

FERREIRA, Mauricio Augusto de Queiroz. *Templos históricos do Rio de Janeiro*. Rio de Janeiro: Laemmert, 1946.

KILOMBA, Grada. *Plantation Memories. Episode of Everyday Racism*. Münster: Unrast Verlag, 2012. [Ed. bras.: *Memórias da plantação: episódios de racismo cotidiano*. Rio de Janeiro: Cobogó, 2019.]

MORAES FILHO, Mello. *Festas e tradições populares do Brasil*. Rio de Janeiro: F. Briguiet/Cia. Editores, 1946.

MULVEY, Patricia. *The Black Lay Brotherhoods in Colonial Brazil: A History*. Nova York: The City University of New York, 1984.

OLIVEIRA, Anderson José Machado de. "Devoção e identidades: significados dos cultos de Santo Elesbão e Santa Efigênia no Rio de Janeiro e nas Minas Gerais no Setecentos", *Revista Topoi*, Rio de Janeiro, vol. 7, n. 12, p. 60-115, jan./jun. 2006.

QUINTÃO, Antonia Aparecida. *Lá vem o meu parente: as irmandades de pretos e pardos no Rio de Janeiro e em Pernambuco (século XVIII)*. São Paulo: Annablume/FAPESP, 2002.

REIS, João José. "Identidade e diversidade étnicas nas irmandades negras nos tempos da escravidão", *Revista Tempo*, Rio de Janeiro, vol. 2, n. 3, p. 7-33, 1996.

RIBEIRO, Djamila. "Conceição Evaristo: 'Nossa fala estilhaça a máscara do silêncio'", *Revista Carta Capital*, 13/05/2017. Disponível em <http://goo.gl/ARsknv>. Acesso em 10 jul. 2023.

______. *Lugar de fala*. São Paulo: Pólen, 2019.

SCARANO, Julita. *Devoção e escravidão: a irmandade de Nossa Senhora do Rosário dos Pretos no Distrito Diamantino no século XVIII*. São Paulo: Companhia Editora Nacional, 1978.

SOARES, Mariza de Carvalho. "O Império de Santo Elesbão na Cidade do Rio de Janeiro", *Revista Topoi*, Rio de Janeiro, vol. 3, n. 4, p. 59-83, jun. 2002. Disponível em <https://www.scielo.br/j/topoi/a/Mkgkw3mj3KtjBJMKJf78jNL/?format=pdf&lang=pt>. Acesso em 24 jul. 2023.

SOUZA, Marina de Mello e. *Reis negros no Brasil escravista: história da Festa de Coroação de Rei Congo*. Belo Horizonte: Editora UFMG, 2014.

TORRES, José Pereira. *Venerável Confraria de Nossa Senhora da Lampadosa*. Rio de Janeiro: Edições Diáspora, 1997.

VAINFAS, Ronaldo. *Trópicos do pecado: moral, sexualidade e inquisição no Brasil*. Rio de Janeiro: Civilização Brasileira, 1989.

Négresses marchandes d´angou,
Jean Baptiste Debret, 1835.
FUNDAÇÃO BIBLIOTECA NACIONAL

OS ZUNGUS DO VALONGO

Carlos Eugênio Líbano Soares

Ao começar a pesquisa sobre o Cais do Valongo para a equipe de arqueólogos que trabalhavam no projeto Porto Maravilha, no ano de 2011, e para o pós-doutoramento em Arqueologia no Museu Nacional, eu já tinha noção do tamanho da comunidade africana que residia naquele trecho da antiga freguesia de Santa Rita, conhecida desde tempos remotos como Pequena África. Em estudos anteriores, vislumbrava que parcela importante da população africana liberta no Rio, da segunda metade do século XIX, residia na parte norte do centro velho da cidade, uma área esquecida do núcleo urbano original.

Mas somente ao me debruçar sobre os misteriosos zungus do Rio Oitocentista pude ter uma visão clara da importância daquela região portuária para a população historicamente marginalizada. A cidade do Rio de Janeiro é marcada por uma geografia da desigualdade ao longo de sua história. O sul da área central foi o ponto inicial da fundação, no finado morro do Castelo, e as áreas embaixo do morro se tornaram espaço privilegiado para expansão da incipiente rede urbana. Os morros do Castelo e Santo Antônio foram rapidamente ocupados por templos religiosos imponentes, e pelos centros de poder político, que somente no século XVII descem o Castelo para a "várzea".

A região norte da área central (morros de São Bento e Conceição, Livramento e Providência) foi ocupada tardiamente e de forma incipiente. Após o ataque do corsário francês René Duguay-Trouin (1673-1736) em 1711, essa parte da cidade reforçou suas defesas com a construção do forte da Conceição, no morro do mesmo nome. A Casa do Bispo, também no morro da Conceição, no final do século XVII, era outro sinal de que a atual zona portuária estava prestes a ser integrada ao centro nervoso da cidade.

Na década de 1760, o ordenamento do Caminho do Valongo (atual rua Camerino) abriu caminho para abertura de uma nova rota para as praias do litoral norte. O termo Valongo (vala longa) era a designação da vala que drenou as águas dos antigos pântanos que cercavam a vila colonial.

A geografia da região era muito diferente do que vemos hoje. A rua Sacadura Cabral era uma estreita praia, em que a areia batia na pedra do Livramento, e o mar, dependendo da maré, alcançava a encosta pedregosa. O trecho entre a Pedra do Sal e a rua Camerino era interditado por um imenso rochedo (Pedra da Prainha) cujo costão se estendia para o mar. A chapada entre as ruas do Livramento e a Pedro Ernesto era uma enorme área plana (Terreiro do Jogo) que desembocava na Praia da Gamboa, cuja enseada batia no pé do cemitério dos ingleses até a península da Gamboa, onde até hoje no cimo do morro repousa o hospital. No final da praia do Valongo, a igreja da Saúde, datada de 1742, foi o marco primordial da ocupação da região.

O bairro do Valongo (parte da freguesia de Santa Rita) só entra em definitivo na plenitude da vida econômica da cidade com a determinação do marquês do Lavradio em 1774, obedecendo ordens do marquês de Pombal, chefe de governo do império português. O mercado negreiro da rua Direita – que operou entre 1718 e 1774 – é desativado e os pretos novos (escravos recém-chegados) só podem ser vendidos na cidade dentro daquele estreito nicho, apesar de ainda ser cobrada a siza (imposto sobre escravos recém-chegados) na ponte da Alfândega.

Entre 1774 e 1811, cerca de meio milhão de africanos entraram na região do Valongo. A ponte de madeira na enseada do Valonguinho (pequena baía entre a atual esquina da rua Camerino e o Hospital dos Servidores) era necessária pela pouca profundidade da água no local, ao contrário da Gamboa, de águas profundas. Em 1811, o cais de pedra multiplicou as possibilidades. Até 1831, por vinte anos, mais de meio milhão de africanos saltaram no cais de pé de moleque (calçamento)[1] do embarcadouro, um triste recorde nas Américas.[2]

Os 57 anos como Complexo Negreiro marcaram de forma indelével a parte norte da área central da cidade. A elite carioca nutriu por décadas profundo desprezo por essa parte da capital, como condenando a região ao ostracismo e ao esquecimento pelo poder público. Somente nos anos 2010, a região desperta de um longo torpor, simbolizado pela escavação do Cais do Valongo.

1_Calçamento feito de pedras comum no Brasil Colônia, executado por filhos de escravizados, chamamos "moleques", que juntavam as pedras com os pés e jogavam areia. (N.E.)

2_M Florentino, *Em costas negras*, 1995, p. 59 (tabela 3).

Começaremos estudando a população africana residente na Pequena África na segunda metade do século XIX, focando principalmente nos libertos, e em seguida nas casas onde esses libertos se encontravam, conhecidas na época como casas de zungu. Antes disso, vamos realizar um levantamento da população africana remanescente na região entre 1860 e 1890. Pelos livros da Casa de Detenção da Corte Imperial do Rio de Janeiro, temos uma vaga ideia de quem eram aqueles ex-escravizados africanos que sobreviveram ao Cemitério dos Pretos Novos e conseguiram se fixar na região, alguns gerando descendentes e até conquistando a liberdade.

Importante lembrar que, mesmo com o fim do tráfico transatlântico de escravos para o Brasil, em 1850, o declínio do regime do cativeiro na cidade do Rio e a conquista da Carta de Alforria para muitos desses africanos, o ritmo da repressão policial contra essa população negra não arrefece. Os livros da Casa de Detenção são o testemunho silencioso dessa perseguição.

Entre 1860 e 1890, foram presos 56 africanos no 1º Distrito de Santa Rita, que correspondia a área desde a igreja matriz de Santa Rita até a rua da Imperatriz (Camerino). No 2º Distrito – que ia desde o Cais da Imperatriz (antigo do Valongo) até a fronteira com a freguesia de Santana, na Gamboa – foram outros 54 africanos libertos presos pelos mais diversos motivos, num total de 110 indivíduos. Cerca de um terço (29) eram africanos da lendária nação Mina, da África Ocidental, que corresponde a Nigéria, Benin, Togo. Mas outro terço (26) eram da atual Angola (Benguela e Angola) que junto com os Congo (5) e Cabinda (12) conformavam a sempre presente hegemonia da África Central e Atlântica. Por fim, a última fronteira, os Moçambique, que com dezoito indivíduos, representavam a derradeira grande leva do tráfico atlântico.

No final do século XIX, Santana, e não Santa Rita, era o principal reduto no Rio de Janeiro dos últimos malungos, como se chamavam entre si os africanos que vieram no mesmo navio negreiro. Ali, na fronteira do centro urbano, uma grande comunidade de africanos libertos ainda residia, como vemos pelos 239 africanos libertos presos em três décadas. Porém, o bairro do Valongo, na freguesia de Santa Rita, era como solo sagrado, o primeiro lugar onde muitos colocaram os pés na "terra de branco" e assim o portal atlântico através do qual a alma de muitos deles podia retornar para casa, a terra natal na África.

NO CORAÇÃO DA PEQUENA ÁFRICA[3]

No dia 30 de maio de 1880, na freguesia de Santana, foi preso o africano liberto Sabino, cozinheiro da nação Mina, por embriaguez. Levado para delegacia declarou ser morador do que em tempos remotos era chamado Pequena África: rua do Propósito, 48, a meio caminho do antigo Lazareto dos Escravos da Gamboa (ainda praia do Lazareto) e o extinto Cemitério dos Pretos Novos. A revelação bombástica ainda estava por vir. Normalmente quando um africano liberto era preso e se perguntava de quem ele é súdito, ele invariavelmente respondia "africano". Ou mesmo o imperador Pedro II. Sabino, que já tinha sido preso diversas vezes, num caso raríssimo, inovou. Ao responder para que monarca ele devia obediência como vassalo respondeu: Ony, o título do rei de Ifé, a cidade sagrada dos iorubás, hoje na República da Nigéria.

O caso de Sabino revela o quanto as memórias da África ainda pulsavam quando o mercado do Valongo tinha se tornado uma lembrança distante e o sonho do retorno um desejo impossível. Em 1880, a comunidade africana da Pequena África era uma sombra do que tinha sido cinquenta anos antes. Mas sobreviventes do apogeu da cidade africana do Rio de Janeiro percorriam as estreitas vielas da Pequena África, não como fantasmas de um tempo perdido, mas como agentes proeminentes de uma sofisticada rede de casas coletivas, os famosos zungus, ou Casas de Angu.

Nosso objetivo é levantar a população africana moradora da Pequena África nos últimos anos da escravidão no Brasil. Para isso, vamos percorrer os corredores da Casa de Detenção, o nome antigo do Presídio Frei Caneca, o primeiro do Brasil, utilizando os livros de entrada dos presos, focando especialmente naqueles que residiam na Pequena África.

3_Este texto se baseia em Carlos Eugênio Líbano Soares et al. *No labirinto das nações: africanos e suas identidades no Rio de Janeiro, século XIX*, 2005.

Nossa história começa em 1860, data dos mais antigos registros de prisão que sobreviveram ao tempo. Em primeiro lugar, a freguesia de Santa Rita, em 1860, não tinha a mesma extensão da época áurea do trato negreiro. A freguesia de Santana, criada em 1814, abrangia o Campo de Santana, do sul para o norte, chegando até a Gamboa, englobando parte do que era Santa Rita em 1808. Assim, Gamboa, parte da Pequena África, era em 1860 bairro da freguesia de Santana.

O mais antigo registro de africano liberto da Pequena África na Detenção é de Camilo João Antônio Gonçalves. Quando era alforriado, o africano recebia um nome composto, em geral derivado daquele que pagou ou permitiu a sua libertação. Camilo era um africano Mina, quer dizer, da África Ocidental, carregador de café, com apenas trinta anos, e morava na rua da Princesa (Senador Pompeu). Ele foi preso no dia 19 de novembro de 1860 para "averiguação de sua condição", quer dizer, a polícia não sabia se ele era escravizado ou livre. Permaneceu mais de um mês na cadeia.

Sua vizinha, Maria Luzia, quarenta anos, era uma quitandeira da nação Moçambique, nascida na região de Mussena. Era moradora da rua Estreita de São Joaquim e foi presa na freguesia do Engenho Velho (Tijuca) por "dar couto a escrava fugida", isto é, esconder uma cativa. Pagaria caro. Ficou mais de um ano em um cubículo da Detenção.

Seu compadre, Antônio José, da mesma nação que ele, morador da rua Nova do Livramento (Livramento) foi preso na distante freguesia semirrural do Engenho Velho, também para "averiguações", o que quer dizer, no jargão policial, para certificar se ele era livre ou escravizado. No mesmo dia, foi preso o Moçambique Joaquim Antônio, sessenta anos, catraieiro (trabalhava com embarcações) e morador da mesma rua Nova do Livramento, sem que a autoridade policial desse o motivo da prisão. Parece ter havido uma comunidade de africanos orientais na rua Nova do Livramento, frequentemente alvos das operações policiais.

O africano José Moçambique, conduzido pelo praça de polícia Raymundo da Costa Gadelha para a Detenção, morava na rua de São Diogo, em 27 de junho de 1860, quando foi preso por "desordem". Os africanos orientais foram a última grande leva do tráfico transatlântico a desembarcar no Cais do Valongo.

Desde muito tempo, os africanos libertos mostram preferência por residir na região, possivelmente pela quantidade de malungos que transitam por ali. Talvez esse tenha sido o caso do "Africano livre" Marcos. "Africanos livres" eram aqueles que tinham sido resgatados do tráfico negreiro por intervenção de forças navais inglesas e depois tutelados pelo estado, apesar de entregues a particulares até 1850. Em 1864, foram todos emancipados, o que significava que não eram mais tutelados. Ele morava na praça da Harmonia quando foi preso em julho de 1870 para assinar "termo de bem viver", o que mostra que era monitorado pelas autoridades policiais.

Faustino José Siqueira era um cozinheiro africano que residia no Valongo quando foi detido em 23 de outubro de 1870 por "suspeito de fugido". Ele trazia sempre sua carta de alforria, por isso ficou apenas cinco dias na cadeia. Os libertos africanos sempre despertavam suspeita na polícia de serem escravizados em fuga.

A luta contra a escravidão urbana renitente era tarefa diária dos africanos libertos e crioulos[4] livres, a costura do tecido da solidariedade, mesmo para aqueles que tinham largado sua triste condição. Era o caso de José de Souza Pinto, um liberto sobrevivente da misteriosa nação Cassange, no "sertão de Angola". Ele, que era cozinheiro e morador no Beco das Partilhas (perto da igreja de Santa Rita), com 62 anos de idade, foi preso no dia 6 de outubro de 1883 por "ter acoutado uma escrava fugida".

Foi o caso de Teresa, que disse à Polícia ser Maria Teresa de Jesus, de nação Cabinda, residente na rua São Joaquim, presa em 4 de abril de 1881 por ser suspeita de ser escrava, junto com Miguel Cabinda, de oitenta anos de idade, um velho ganhador, também liberto, e preso pelo mesmo motivo.

Uma comunidade misteriosa neste final de século na Pequena África eram os Cabo Verdianos. Eles não eram ex-escravizados, como a

---

4_O termo "crioulo" é usado denominar pessoas negras nascidas no Brasil no contexto de sua acepção histórica. (N.E.)

maioria esmagadora dos africanos no Rio de Janeiro, mas sim homens livres, marinheiros de nacionalidade portuguesa. Vemos isso pelas idades, muita mais novas que os africanos remanescentes do tráfico ilegal, que cessou em 1850. Eles gostavam de alugar casas no morro da Conceição, como José da Rosa, morador na rua da Pedra do Sal, 19. Ele foi preso com os conterrâneos Joaquim João Alexandre, quarenta anos, residente na travessa do Sereno; Manoel de Brito, 26 anos, morador na ladeira de João José, 6; além de Francisco Joaquim, trinta anos, que residia na ladeira de João Inácio, 6. Todos eram marujos da marinha mercante portuguesa e tinham o Rio de Janeiro, e em especial o morro da Conceição, como uma colônia comunitária. Eles foram presos com outros marinheiros negros, norte-americanos e ingleses, não sabemos se estavam em conflito. Parece que o morro da Conceição, neste tempo, era um campo internacional de trocas atlânticas, negras, diaspóricas, substituindo o finado tráfico transatlântico de escravos.

Raimundo, Africano Livre de nação Angola, morava no beco do Costa, lateral à rua do Costa (atual Alexandre Mackenzie) quando foi preso, em setembro de 1881, por "embriaguez e suspeito de furto". Embriaguez era um motivo comum para prisão de africanos, pois a aguardente, além de lenitivo para o cotidiano massacrante, servia como elemento importante nos rituais de extração afro brasileira que desembocam no moderno candomblé ou umbanda. A idade de 33 anos revela que deve ter vindo como criança nas últimas levas do tráfico clandestino.

A Pequena África era uma janela por onde as reminiscências da ancestralidade africana ficavam mais visíveis que em outros locais da cidade. É o caso de Antônio Joaquim de Oliveira, de 49 anos de idade, liberto conhecido como Antônio Mina, um quitandeiro morador na rua da Saúde (Sacadura Cabral) e que, diferente da esmagadora maioria dos africanos na Detenção, declinou o nome de seus pais: Agodae e Yemaida. Nomes de clara pronuncia iorubá, apesar dos erros do escrivão, que logicamente desconhece a língua.

Em 4 de dezembro de 1881, a polícia fez uma batida naquilo que era chamado no jargão policial "casa de pretos-minas": redutos ocultos no labirinto da cidade, esconderijo da cidade negra, onde africanos ocidentais, longe dos olhares da intolerância, mantinham suas preces e seus cultos proibidos, além de esconderem escravizados. Foi na rua do Principe (Senador Pompeu) que foram encontrados Tito Augusto Dionisio dos Santos, Serafim Henrique e Querino Gonçalves Martins, todos da nação Mina, que queria dizer africanos ocidentais, falantes das línguas fom, iorubá, entre outras. Essas casas eram pontos ocultos na rede urbana onde os oprimidos africanos se reuniam longe do ódio.

Querino Gonçalves Martins, ou Querino Mina, era quitandeiro e um famoso sacerdote do culto afro-brasileiro, morador na rua da Princesa (Barão de São Félix) com a provecta idade de 94 anos, ele foi preso em 1883. Querino era uma liderança religiosa importante da população preta e voltou a ser alvo de uma razia policial em abril de 1884. Um de seus seguidores era o liberto Joaquim Moçambique, morador na mesma rua, preso em 1884 por "suspeito de ser escravo".

À luz das ruas, os africanos eram vítimas contumazes da autoridade policial, sob a suspeição generalizada de que libertos eram escravizados em potencial. O que ocorreu com Izidoro Congo em 27 de dezembro de 1881. Ele era morador da rua da Imperatriz, antiga do Valongo, onde provavelmente havia sido vendido cerca de cinquenta anos antes. Izidoro foi preso para "averiguação" de sua condição e ficou um mês na cadeia, esperando que seus algozes confirmarem que era mesmo um liberto.

As formas de escapar da escravidão eram muitas, em uma cidade em que, no final do século XIX, o cativeiro estava praticamente desaparecendo. Mariano da Costa, de nação Cabinda, morador no morro do Pinto (morro da Providência), foi acusado de "seduzir escravos da casa de seus senhores e alugar por sua conta". Quer dizer, com a anuência dos próprios escravizados, ele os tirava da casa senhorial e os alugava para terceiros, possivelmente dividindo com os cativos o lucro da empreitada. Nada mal para quem já tinha sofrido as agruras do cativeiro.

Um recurso da polícia naquele tempo era o "Termo de bem viver": um documento em que o "meliante" era coagido a "tomar jeito", isto é, arrumar trabalho e não desafiar a lei dos brancos. O Moçambique Luis Antônio, cozinheiro, 64 anos, morador da rua da Saúde, foi detido por ter "quebrado" o termo assinado (a maioria esmagadora dos africanos não sabia ler nem escrever) e, por isso, foi trancafiado na Casa de Correção (para onde iam os presos para cumprir pena, diferente da Detenção, que era prisão simples sem processo). Ele foi levado a juízo, e não há registro da data de soltura, o que indica longo tempo no cárcere para alguém que já viveu a tortura da escravidão.

Para trabalhar "ao ganho", quer dizer, vender na rua, era necessária uma licença paga dada pela Câmara. Muitos não tinham acesso aos canais costumeiros, pois eram libertos, sem um senhor para traficar influencia. Assim, quando a polícia iniciava uma campanha de repressão – muitas vezes açulada pelas reclamações de cidadãos de classe média na imprensa – um grande número caía nas malhas. Foi o caso no dia 23 de agosto de 1883, quando catorze africanos são presos na freguesia de Santana, entre eles Felix Mina, morador na praia Formosa, onde hoje é a rodoviária.

Em junho de 1884, Querino Gonçalves Martins, o "feiticeiro" Mina da rua da Princesa, como falamos acima, foi preso novamente. As prisões não o impediam de se dedicar, ocultamente a "dar fortuna", como se dizia, para seus "clientes". Entre eles estava Alexandre Francisco Lourenço, da nação Luanda, o que quer dizer que nasceu na capital da Angola portuguesa antes de ser traficado para o Brasil. Francisco era um quitandeiro afamado do 2º Distrito da Freguesia de Santana.

A grande fonte de ocupação da zona portuária era o serviço de locar barcos para descarregar mercadorias das grandes embarcações ancoradas na baía. Era o serviço de Daniel Ribeiro da Silva, Mina, morador na Pedra do Sal, que se envolveu em uma briga e acabou preso pelo subdelegado do 2º Distrito de Santa Rita, mesmo com os seus setenta anos, em 17 de julho de 1884. Acabou processado pela justiça, e não há registros sobre sua soltura, ou se foi solto.

Carlota Maria da Silva pertencia à legendaria dinastia das quitandeiras da Costa da Mina. Morava na rua do Costa (antiga chácara dos Costa Barros) e usava elegante saia "de cor" e um pano da costa quando se desentendeu com o fiscal da freguesia e, aos sessenta anos de idade aproximadamente, foi detida em 28 de julho de 1885. Como prova de seu prestígio, foi solta no mesmo dia.

A República transferiu a política de intolerância religiosa da Monarquia contra cultos afro-brasileiros, baseada na preservação dos "bons costumes", para a pauta da medicina científica, criminalizando as formas populares de tratamento de saúde, incluindo as cerimonias religiosas de origem africana. É o caso de Clemente Medeiros, um africano ocidental morador na rua Barão de São Félix (novo nome da rua da Princesa) negociante de setenta anos de idade, que no dia 24 de fevereiro de 1892 foi preso pelo "uso de medicina ilegal". A Pequena África ainda era o celeiro dos centros religiosos de origem africana do Rio de Janeiro.

Na medida que o século XIX chega ao fim, a população africana remanescente da escravidão no Rio de Janeiro também se aproxima do seu fim. Com a República, o desprezo que as autoridades policiais nutriam pelos africanos há anos se intensifica. Na década de 1890, as "nações" africanas deixam de ser mencionadas no vocabulário policial, e apenas o termo "africano" aparece nos registros. João, um negociante de 86 anos de idade, originário da "costa da África", apesar de sua idade avançada, foi preso por "desordem". Ele morava na rua da Imperatriz, 91, a mesma rua do Valongo onde o mercado negreiro operava, e nos tempos áureos era, em 1827, a loja de venda de escravos de Antonia de Jesus. Talvez, quem sabe, tenha sido a mesma loja que testemunhou sua venda como "peça da Guiné" mais de meio século antes.

"CASAS DE DAR FORTUNA" DO VALONGO[5]

A Pequena África era famosa pelas chamadas "casas de dar fortuna". Esse era o jargão policial para as casas de culto afro-brasileiro, que no final do século XIX, no centro do Rio de Janeiro, eram invariavelmente seguidoras da tradição religiosa da África Ocidental iorubá que chegava na cidade quase sempre via Bahia. A repressão implacável da polícia e o ódio racial dos moradores de classe média tinham expulsado muitas dessas casas e seus líderes da área central, como no caso de Salvador José Lordeiro, da nação Cabinda, que mesmo na distante freguesia do

5_Este texto se baseia em Carlos Eugênio Líbano Soares, *Zungu: rumor de muitas vozes*, 1998.

Engenho Novo, em um lugarejo remoto chamado Recreio da Formiga, foi preso em outubro de 1886 por ser "feiticeiro e ter casa de dar fortuna".

"Casas de dar fortuna" e zungu se combinam com estratégias de africanos e crioulos para se ocultarem na cidade labirinto. A mais antiga referência com o termo zungu na documentação do Rio de Janeiro data de 15 de junho de 1837. Em uma batida policial no 1º Distrito da Freguesia de Santa Rita foram presos Carlos, de nação Mina; Antônio, Moçambique; Joaquim, Calabar; Adão, Mina; Eva, Calabar; entre outros crioulos.

Na Pequena África, a rua dos terreiros e casas de culto era a rua do Príncipe (Senador Pompeu). Era uma rua estreita e escondida, distante do burburinho da rua da Imperatriz (Camerino), onde se localizavam as melhores lojas. Muitos africanos presos como "feiticeiros" moravam na rua do Príncipe, e até mesmo o príncipe Obá, um filho de africanos que foi veterano herói da Guerra do Paraguai, e virtual soberano dos pretos da cidade.

Somente na segunda metade do século XIX, o termo "zungu" ia se popularizar e se tornar hegemônico na linguagem policial para descrever as casas onde pretos, pardos e até outros se reuniam para fugir da opressão diária.

Zungu era derivado de casa de angu (*Nzi Angu* em língua Kikongo, do norte de Angola) muito frequente na década de 1830. Além de alimentação, o zungu era um local de encontro e sociabilização, de escravizados e libertos, africanos e crioulos, e pobres urbanos em geral. Era também um ambiente para eventos religiosos e musicais, moradia para os residentes na cidade e até mesmo para os recém-chegados. Os zungus eram espaços de construção da identidade.

No começo de junho de 1868, a polícia invadiu uma casa (zungu) nas cercanias do Cais da Imperatriz, que cobriu o Cais do Valongo em 1843 para receber a esposa do imperador Pedro II. Foram presos Damião, servente, nação Mina, de 45 anos de idade. Damião não era morador da Pequena África, pois residia na rua Nova de São Bento, 69, na freguesia da Candelária. Foi preso com Luis José Maria Ferreira, de cinquenta anos de idade, também africano, nação Mina, este sim morador da rua Nova do Livramento, 59, ali próximo. Junto com eles foi preso também um garoto de 12 anos, crioulo, Domingos do Carmo Ferreira, aprendiz de pedreiro, filho de Maria Rosa e Luis Ferreira, morador na mesma rua Nova do Livramento, 59. Não pode haver dúvidas: Domingos era filho de Luis, pai africano e filho crioulo (brasileiro), vítimas da secular intolerância policial, presos juntos no zungu da rua Nova de São Francisco da Prainha, próximo ao Cais da Imperatriz. A nova geração de afrodescendentes, filhos de africanos (chamada Primeira geração), aprendendo os ritos da religião proibida e os rigores da perseguição.

Esses casos faziam parte da rotina policial, mas não eram comuns, sendo mais rotineiras as prisões por "desordem", "embriaguez" "fora de horas" (que significava ser encontrado na rua após às 22h), além de "vagabundo". A perseguição aos zungus era parte da estratégia do estado para controlar a população pobre urbana e multirracial, usando as táticas forjadas pela experiência de séculos de escravidão no meio urbano.

Após a prisão, geralmente esses libertos eram rapidamente soltos, mas ficavam marcados pelo aparato policial, rotulados como membros ativos das "classes perigosas".

A maioria dos "clientes" dos zungus era formada por crioulos, brancos, brasileiros, estrangeiros, não africanos. Os nascidos no continente africano eram os líderes, como Francisco Antônio, 79 anos, de nação Mina, ganhador, morador no beco dos Ferreiros, conhecido "chefe de zungu" preso em outubro de 1881.

Às vezes a documentação revela detalhes instigantes do *locus* cultural da gente africana. Constança Maria da Conceição, lavadeira, de nação Moçambique, moradora da rua das Violas (Teófilo Otoni) nos fundos da Igreja de Santa Rita, foi presa na freguesia de São Francisco do Engenho Velho (Tijuca) por "se achar em batuque e dar fortuna" o que queria dizer uma casa onde ritos religiosos de origem africana eram executados, em uma cerimonia para 42 pessoas. Ela teve de ir longe de sua casa para desfrutar da benção dos deuses – e orixás – de sua terra, na medida que no seu bairro o cerco da intolerância policial se fechava.

O caso mais gritante de invasão de zungu na Pequena África ocorreu em 1879. Na noite de 24 de setembro a polícia invadiu uma casa de número 236 da rua do Principe dos Cajueiros (Senador Pompeu) já próximo da Estrada de Ferro Dom Pedro II (Central do Brasil). Havia denúncia de que ali funcionava um zungu, ou centro religioso de origem africana. Havia um longo corredor lateral, ladeado pelos quartos dos moradores. Após longo percurso, os policiais se depararam com o quintal, onde jazia uma casinha de madeira. Arrombada, na escuridão, foram encontradas cinco mulheres negras, com as cabeças rapadas e pintadas. Eram as yaô, as destinadas a "receber o santo" e serem abençoadas pelo orixá. Elas deveriam ficar cinco dias no ipegi em total isolamento até a cerimônia no ebgé que as consagraria como "filhas de santo".

Foram retiradas e interrogadas. Pouco depois, a mãe de santo foi presa. Leopoldina Jacques da Costa, de acordo com a polícia, era "mãe de santo" e "chefe da Mandinga". Abaixo na hierarquia do terreiro estavam Feliciana Rosa de Jesus e Maria das Virgens, as chamadas "matadeiras" que operavam os sacrifícios no terreiro. A única africana era Rosa, escrava de Hilberta Genoveva, 69 anos. A mãe de santo, mesmo estando em adiantado estado de gravidez, foi levada para a delegacia.

Em pouco tempo, a notícia correu pelas ruas da cidade, e no dia seguinte uma aglomeração de pretos e pretas se formou em torno do posto policial. A multidão foi se avolumando, e apesar da fúria do titular e da truculência dos subalternos, as pessoas não se mexiam. As horas foram passando, e o ajuntamento só aumenta, mesmo com o reforço da segurança. Os que entravam na delegacia para ver a mãe de santo eram rapidamente enxotados e engrossavam a silenciosa, mas impressionante multidão.

A tensão só terminou quando a mãe de santo rainha Mandiga foi libertada, com grande ovação de seus seguidores e fiéis. O caso do terreiro/zungu da rua da Princesa revela o quanto a Pequena África conservava os laços da ancestralidade africana.

No dia 14 de novembro de 1883, o subdelegado de polícia do 1º Distrito de Santa Rita fez uma batida na rua da Prainha, 13 (rua Acre) próximo ao Largo da Prainha (Praça Mauá) em um zungu. Cerca de trinta pessoas foram presas. A diversidade de pessoas que foram detidas indica o quanto o legado africano no Rio de Janeiro era herdado pelos pobres urbanos das mais diferentes origens, na medida que a maioria dos ex-escravizados caminhava para a morte. Manoel Moreira era um carroceiro português de 32 anos, nascido em Braga. Ele não provou para a polícia estar empregado. João da Cruz também era lusitano, nascido em Santiago, 45 anos, filho de Manoel Lourenço e Teresa, e como Manoel Moreira não apresentou documento para provar estar empregado, o que o colocava como alvo fácil da truculência policial. Teófilo Figueiredo nasceu no Paraguai, país destruído pela guerra quinze anos antes, era um barqueiro branco de 24 anos, e foi fichado como todos os outros por não ter ocupação. Miguel José de Lemos era mestiço de Pernambuco marítimo de 33 anos e curiosamente só lembrava o nome do pai. Candido José Batista, filho da Paraíba, cor "fula", cabelo "carapinho" também era marítimo, 49 anos, filho de João Batista e Maria Joaquina. João Vaz era português de Braga, como Moreira, apesar da cor "cabocla" e em seus 27 anos foi fichado por não ter emprego. Era difícil na época ter emprego registrado, e isso era um pretexto que a polícia usava com frequência para perseguir os pobres.

João Natunha, de dezenove anos de idade, era de cor "morena" e veio da freguesia de Irajá, no norte da cidade do Rio de Janeiro. Henrique Antônio Lessa era nordestino de Maceió, tinha dezoito anos de idade, era marítimo, filho de Sérvulo Lessa e Maria Laureana, e, como todos, "não provou ser trabalhador". Augusto de Oliveira, "pardo" da Bahia, tinha 32 anos de idade e foi o sexto na fila a apresentar seus dados para o escrivão. João Moreira Amorim veio de Rio Bonito, interior da província do Rio de Janeiro, era "pardo", e, por fim, João Lopes Faria, também de Maceió como Henrique, tinha 26 anos de idade e morador da rua do Sabão, era o único que não morava no Largo da Prainha. Todos foram levados para o presídio e liberados dias depois.

Esses eram os herdeiros da casa africana, o zungu, que, apesar dos dissabores, sobreviveu anos a fio na capital do país. Somente a reforma urbana de Pereira Passos vai enterrar de vez a memória dos zungus, que renasce, volta e meia, nas casas coletivas e nos terreiros ocultos da cidade.

A TEIMOSIA DOS ANCESTRAIS

A Pequena África não era, na segunda metade do século XIX, a região mais povoada por negros e africanos na cidade. O Campo de Santana era de longe a área onde esses remanescentes da escravidão urbana eram mais numerosos, já caminhando para serem expulsos do centro na virada do século, fundando a atual Zona Norte. Mas, no detalhe, percebemos que na região do Valongo e da Pedra do Sal a raiz original foi plantada, e os personagens mais relevantes, de maior prestígio, tinham seu lugar. Destacando os africanos, portadores da memória ancestral, rejeitados pela elite carioca ansiosa para se tornar francesa; eles eram frequentemente alvos da intolerância policial, mesmo com idade elevada. A administração da cidade, tanto no nível policial como na prefeitura (criada em 1892) mostrava que tinha compromisso com o que chamamos de modernização excludente: a forma como o progresso e o desenvolvimento tecnológico não superam as barreiras da desigualdade e do preconceito, mantendo as profundas diferenças sociais e culturais de uma sociedade emanada da escravidão.

A Pequena África hoje renasce, em parte pela persistência de seus ancestrais e pela determinação de seus filhos, que, mesmo sem um conhecimento histórico das origens antigas de sua cultura, mantêm seu legado muito próximo ao daquele plantado há 250 anos.

REFERÊNCIAS

FLORENTINO, Manolo. *Em costas negras*. Rio de Janeiro, Arquivo Nacional, 1995.

SOARES, Carlos Eugênio Líbano et al. *No labirinto das nações: africanos e suas identidades no Rio de Janeiro, século XIX*. Rio de Janeiro: Arquivo Nacional, 2005.

_______. "Geografia histórica da região do Valongo 1713-1904", *Acervo: Revista do Arquivo Nacional*, vol. 29, n. 1, jan./jun. 2016.

_______. "Valongo, o cais dos escravos: tráfico negreiro e transformação urbana em uma cidade escravista: Rio de Janeiro, 1811-1831", in CHEVITARESE, A. et al. *Entre pedaços e camadas: histórias e arqueologias do Rio de Janeiro séculos XVIII-XXI*. Rio de Janeiro: 7 Letras/FAPERJ, 2017, p. 69-87.

______. *A capoeira escrava e outras tradições rebeldes no Rio de Janeiro, 1808-1850*. Campinas: Edunicamp, 2001.

______. *A negregada instituição: os capoeiras na Corte Imperial do Rio de Janeiro, 1850-1890*. Rio de Janeiro: Arquivo Geral da Cidade do Rio de Janeiro, 1994.

______. *Pequena África: um portal do Atlântico*. Rio de Janeiro: CEAP, 2011.

______. *Porto de memórias: pequena África*. Rio de Janeiro: Cultura Biz, 2014.

______. *Zungu: rumor de muitas vozes*. Rio de Janeiro: Arquivo Público Estadual do Rio de Janeiro, 1998.

Redenção de Cã
M. Brocos,
Rio de Janeiro, 1895.
MUSEU NACIONAL DE BELAS ARTES/IBRAM

EUGENIA, RACISMO E IMIGRAÇÃO NO BRASIL REPÚBLICA

Jorge Amilcar de Castro Santana

O crime internacional, o sequestro de milhões de africanos, teve início antes da conquista das Américas. Entretanto, foi em terras brasileiras onde ocorreu o maior tráfico de pessoas da História Moderna, quando milhares de viagens em embarcações no mínimo assombradas trouxeram milhões de africanos para o indecoroso trabalho compulsório. Aqui, o tráfico de pessoas escravizadas da África vigorou de 1535 até 1850. No entanto, milhares ainda desembarcaram em portos brasileiros ilegalmente após a Lei Eusébio de Queirós (1850), que colocou fim a tal atividade mercantil abominável.

A década de 1880 foi de grandes transformações em nosso país, primeiro com o fim da escravidão a partir da Lei Áurea (1888), quando aproximadamente 400 mil escravizados foram finalmente libertos. A segunda transformação ocorreu com o fim da monarquia, a família imperial brasileira foi derrubada por um golpe republicano, liderado pelo Marechal Deodoro da Fonseca (1889). Dessa forma, em um intervalo de apenas dezoito meses, o trabalho compulsório abominável e a monarquia chegaram ao fim. Entretanto, tais mudanças políticas significativas não foram tão generosas para a população negra.

O advento a República não significou um progresso considerável para população negra, apesar de ser um sistema político que preconiza a participação do povo nas decisões nacionais, a partir do sufrágio universal (direito ao voto) e demais princípios como: a liberdade religiosa, liberdade individual, liberdade de expressão, igualdade de todos perante a lei, entre outros princípios. A República brasileira, forjada em 1889 e sua Constituição promulgada em 1891, não garantiram de forma ampla e equânime tais direitos e princípios para todos os seus cidadãos. Pelo contrário, o Código Penal de 1890 promoveu uma brutal perseguição contra tudo aquilo que provinha da África ou que a lembrava.

Nesse sentido, é importante ressaltar que o Código Penal de 1890 foi significativamente prejudicial para população negra, devido ao processo de criminalização de muitas manifestações, práticas culturais e religiosas de origem na África. As religiões de matrizes africanas foram criminalizadas em três artigos do Código Penal,[1] em uma contradição profunda com a liberdade religiosa estabelecida e garantida no artigo 3º da Constituição Republicana de 1891.[2] O processo legal de criminalização das religiões afro-brasileiras promoveu o racismo religioso com a apreensão de lideranças religiosas, objetos sagrados e violação de terreiros de candomblé e centros de umbanda pela polícia em todas as unidades federativas.[3]

Ainda nesse processo de racismo religioso promovido pelo Estado brasileiro de 1889 até 1945, é preciso citar um evento traumático pouco abordado. O massacre ficou conhecido como "A Quebra do Xangô"[4] e ocorreu em 1912, no estado de Alagoas. Quando uma disputa entre grupos políticos alagoanos resultou em um ataque, sem precedentes na História do Brasil, contra a liberdade religiosa. Nos primeiros dias de fevereiro, a Liga dos Republicanos atacou centenas de terreiros de candomblé ou Xangô, no linguajar da região, os locais foram invadidos, violados, destruídos e queimados.

No campo da cultura, o samba, gênero musical criado nas comunidades negras tanto na Bahia como no Rio de Janeiro, foi profundamente perseguido pelo Estado brasileiro. Novamente a partir do Código Penal de 1890, mais especificamente do artigo 15, que criminalizava a vadiagem. Esse artigo do Código Penal foi responsável pela criminalização do samba e também dos seus músicos, sendo vários deles presos por portarem instrumentos,[5] por estarem tocando ou apenas

---

1_N. F. Oliveira, A repressão policial às religiões de matriz afro-brasileiras no Estado Novo (1937-1945), Dissertação (Mestrado em História Social). Universidade Federal Fluminense,2015. Os artigos 156, 157 e 158 do Código Penal brasileiro de 1890 criminalizavam as religiões afro-brasileiras, denominando como baixa feitiçaria, curandeirismo, uso de talismãs, xamanismo, sortilégios, cartomancia e prática ilegal da medicina. Previam pena de prisão de até seis meses e multa que poderia chegar até 500 mil réis.

2_BRASIL, Constituição (1891).

3_A repressão e a perseguição às religiões afro-brasileiras só chegaram ao fim em 1945. Na segunda Constituição da República, promulgada em 1946, a emenda do deputado federal foi aprovada. A emenda 3218 estabeleceu como inviolável a liberdade de consciência, assegurando o livre exercício dos cultos religiosos, encerrando assim a criminalizaçao.

4_A "Quebra de Xangô" pode ser equiparada à "Noite de São Bartolomeu", evento traumático ocorrido na França em 1572, quando milhares de protestantes foram violentamente assassinados por católicos.

5_O famoso sambista e compositor João da Baiana (1887-1974) um dos grandes nomes do gênero musical brasileiro, nos anos nascentes do samba também foi vitimado pela perseguição. Ele foi preso na década de 1920, quando andava pelas ruas do centro da capital brasileira, portando seu pandeiro. O instrumento foi apreendido como prova do crime de vadiagem.

por estarem na rua em horários considerados como de "vadios" circularem pela cidade.

Nessa esteira de criminalização de tudo que vem ou é dos negros, o Código Penal criminalizou a capoeira em seu artigo 402:

> Art. 402. Fazer nas ruas e praças públicas exercício de agilidade e destreza corporal conhecida pela denominação Capoeiragem: andar em correrias, com armas ou instrumentos capazes de produzir lesão corporal, provocando tumulto ou desordem, ameaçando pessoa certa ou incerta, ou incutindo temor de algum mal. Pena: de prisão celular por dois a seis meses. Parágrafo único. É considerada circunstância agravante pertencer o capoeira a alguma banda ou malta. Aos chefes ou cabeças, se imporá a pena em dobro.[6]

Os praticantes da capoeira, sobretudo negros, ex-escravizados e mestiços foram perseguidos, presos e submetidos a uma brutal repressão. A repressão ocorreu até 1940, quando a capoeira passou a ser uma prática legal.

As leis racistas no Brasil não ficaram restritas ao período colonial (1500-1822) ou período imperial (1822-1889), quando a escravidão ainda vigorava. O advento da República não significou uma melhora de vida ou sequer um arrefecimento do racismo institucional. O Estado brasileiro permaneceu sendo *sine qua non,* um agente destacado de produção permanente de racismo explícito e no corpo da lei contra a população negra. Entretanto, para além dos exemplos citados, é importante examinar a questão da imigração e o racismo produzido pelo Estado brasileiro no período da Primeira República (1889-1930) e na Era Vargas (1930-1945).

As leis, decretos e regulações brasileiras que versaram sobre a imigração de africanos e negros para o Brasil serão analisadas. Essas legislações foram construídas em nosso país sob grande influência da eugenia, que estava em voga e exerceu uma forte influência nos agen-

---

 6_BRASIL, Decreto nº 528, de 28 de junho de 1890.

tes estatais do poder Executivo e Legislativo. Buscava-se a construção de uma nação majoritariamente branca e, consequentemente, a exclusão ou aniquilamento das populações negra, indígena e mestiças vistas como "empecilhos" para o progresso nacional.

Logo, nos primeiros anos da jovem República brasileira, leis e regulações que criminalizaram a capoeira, o samba e as religiões de matrizes africanas foram aprovadas e colocadas em prática. Essas regulações racistas e que tiveram durante quase meio século legalidade em nosso país são as mais abordadas e pesquisadas, como mais conhecidas do público em geral. Contudo, nos primeiros anos um decreto publicado pelo presidente Marechal Deodoro da Fonseca é pouco conhecido. No dia 28 de junho de 1890 foi publicado o decreto nº 528 que estabelecia já no primeiro artigo:

> É inteiramente livre a entrada, nos portos da Republica, dos indivíduos válidos e aptos para o trabalho, que não se acharem sujeitos á acção criminal do seu paiz, exceptuados os indigenas da Asia, ou da Africa que somente mediante autorização do Congresso Nacional poderão ser admitidos de acordo com as condições que forem então estipuladas.[7]

O artigo acima proibiu a entrada no Brasil de imigrantes oriundos da África e da Ásia. Nos demais artigos também foram estabelecidas a proibição da entrada de imigrantes portadores de deficiência física, mendigos e indigentes. Dessa forma, o decreto revela categoricamente sua intencionalidade em selecionar um padrão de imigrante para adentrar no país: branco e europeu,[8] revelando seu teor racista, eugênico e capacitista explicitamente em prol de um suposto higienismo social.

O fato de estar nominalmente nesse decreto a proibição de imigrantes oriundos da África e Ásia evidencia a forte influência do pri-

---

7_Idem.

8_Alguns ativistas da eugenia defendiam que a predileção de imigrantes, além de brancos, deveria ser católicos, reivindicando que fossem praticantes da religião hegemônica no Brasil.

meiro governo do Brasil República em evitar a chegada indivíduos considerados pelo racismo científico e pela eugenia como "degenerados", portanto impróprios para contribuir com a nação que buscava o desenvolvimento, a industrialização e o progresso. Para compreender melhor as camadas de racismo expressas em tal política pública, é importante explorarmos mais profundamente o que foi o eugenismo e seus caminhos na Primeira República.

A eugenia nasceu na Europa na segunda metade do século XIX, quando cientistas e pensadores procuravam compreender as diferenças entre as diversas etnias existentes nos sete continentes. O termo eugenia foi criado pelo cientista britânico Francis Galton (1822-1911), em 1883, e seu significado é "melhoramento da raça". Em suma, é a busca pelo melhoramento da raça, controlando a reprodução, selecionando os indivíduos de raças consideradas como superiores, evitando a miscigenação e, portanto, contendo a disseminação de genes considerados deletérios.

Os eugenistas eram partidários do darwinismo social e do racismo científico, em voga no século XIX, que concebia uma hierarquia racial em que "raças" eram consideradas inferiores, como: indígenas, negros, asiáticos, judeus, seriam portadores de genes ou características hereditárias deletérias. Indivíduos portadores de deficiência física, mental, entre outros, também eram considerados degenerados e portadores de genes negativos. Portanto, a eugenia defendia a implementação de políticas públicas para eliminar tais genes das populações nacionais.[9] E uma das políticas públicas era evitar a entrada desses indivíduos nos respectivos países ou mesmo impedir a reprodução dessas raças.

No Brasil, um país de grande população de raças consideradas pelo racismo científico como inferiores e também de contingentes populacionais miscigenados, era preciso uma política para impedir a reprodução dessas grandes parcelas da população, assim como promover a imigração das raças superiores.

9_A eugenia negativa era mais radical nas políticas públicas e ações para conter as "raças degeneradas", tais como: proibição de casamentos inter-raciais, esterilização da população degeneradas, entre outros. As mesmas não foram aplicadas no Brasil, porém foram defendidas por figuras eugenistas, como o médico Renato Kehl (1889-1978).

A profunda desumanização dos corpos negros e africanos deixou um legado material que evidencia marcas do horror da escravidão. Nesse sentido, o Cemitério dos Pretos Novos, na região portuária do Rio de Janeiro, é prova material e crucial desse processo de genocídio que perdurou por três séculos. Lá jazem milhares de corpos de africanos que morreram logo após o desembarque no Brasil, corpos submetidos a uma violência que não terminou em 1888 (abolição da escravidão), mas continuou no período do Brasil República.

Desde o final do século XIX, mas principalmente na primeira metade do XX, o movimento eugenista cresceu e ganhou força, com a criação de sociedades eugenistas, jornais, etc., influenciando os agentes políticos. O movimento eugenista brasileiro dedicou-se a elaborar políticas nesse campo.

O crescimento do movimento eugenista resultou nas leis imigratórias racistas, xenofóbicas e capacitistas, como decreto nº 528, entre outras leis e projetos de leis. Tal corolário jurídico é a materialização da busca pelo branqueamento do país, visando eliminar as raças degeneradas a partir da vinda de imigrantes europeus e pela proibição da entrada de imigrantes de "raças inferiores".

A política de branqueamento da população brasileira teve, como um dos grandes entusiastas, o médico João Batista de Lacerda (1846-1915), que previu no Congresso Universal das Raças, realizado em 1911, na capital inglesa, que a promoção de uma política eugênica com a imigração de milhões de europeus para o Brasil produziria um país de imensa maioria branca no prazo de cem anos. Para Lacerda, os imigrantes europeus se miscigenariam com as populações degeneradas brasileiras e, devido à superioridade dos genes da raça branca, as características hereditárias brancas prevaleceriam. Dessa maneira, "limpando as características deletérias" das raças degeneradas e sobressaindo nos descendentes as características superiores. Em quatro gerações, alcançaríamos uma população branca que promoveria o progresso do país.[10]

10_L. M. Schwarcz, *O espetáculo das raças: cientistas, instituições e questão racial no Brasil (1870-1930)*, 1993

O plano elaborado por João Batista de Lacerda não era apenas brasileiro, porém partilhado por outras nações e eugenistas ao redor do mundo. O médico brasileiro previa um século para a "limpeza racial" do Brasil das raças degeneradas. O seu projeto já tinha ganhado materialidade alguns anos antes em uma famosa pintura que representava o desenvolvimento do "melhoramento racial" brasileiro. A pintura *A redenção de Cam*,[11] do pintor espanhol Modesto Brocos (1852-1936), de 1895, representa o processo de branqueamento de uma família. A família negra retratada, ao longo de três gerações, alcançaria o ideal de ter descendentes brancos.

***REDENÇÃO DE CÃ*, 1895,**
ÓLEO SOBRE TELA,
M. BROCOS,
RIO DE JANEIRO, 1895.

COLEÇÃO MUSEU NACIONAL DE BELAS ARTES/IBRAM.

11_A figura de Cam foi utilizada para justificar o racismo e a inferioridade atribuída dos africanos. Segundo a Bíblia, Cam e seu filho Canaã foram amaldiçoados pelo avô Noé. Dessa forma, Canaã teria dado origem aos povos africanos, que, portanto, seriam amaldiçoados. Esse mito foi utilizado pelos europeus na Idade Moderna como justificativa para escravizar os povos africanos. Isso explica o nome do quadro eugenista, em que o pintor intitula como *A redenção de Cam*, ou seja, a salvaçao ou recuperaçao de Cam.

Para alcançar a população branca em um século seria necessário colocar em prática duas ações no âmbito da política imigratória. A primeira proibindo a entrada no país de indivíduos considerados inferiores, tais como africanos, asiáticos, deficientes físicos, deficientes mentais, mendigos, enfermos, entre outros. A segunda era promover recursos financeiros, terras e demais ações para impulsionar a vinda de imigrantes europeus para o nosso país. Apesar da chamada "raça amarela", e de os asiáticos serem considerados como "inferiores" e degenerados pelos eugenistas, a Lei nº 97, em 1892,[12] autorizou a entrada de indivíduos oriundos da Ásia, os africanos permaneceram proibidos.

Apenas um ano depois da previsão de Lacerda acerca da eliminação da população negra em um século, em 1912, na Escola de Direito de Recife, partindo dos pressupostos eugenistas o advogado Graça Aranha afirmou:

> Falando-lhe com a maior franqueza, a civilização dessa terra está na imigração de europeus, mas é preciso que cada um de nós traga a vontade de governar e dirigir [...] E no futuro remoto a época dos mulatos passará para voltar a idade dos novos brancos [...] aceitando com reconhecimento o patrimônio dos seus predecessores mestiços que terão edificado alguma coisa porque nada passa inutilmente na terra.[13]

Um episódio na década de 1920 revela que a proibição à entrada de imigrantes tinha como elemento norteador a eugenia, portanto não apenas voltada para proibir a imigração de africanos para o nosso país. Em 1921, um grupo de negros norte-americanos da cidade de Chicago decidiu imigrar para as terras brasileiras. Esses afro-americanos foram influenciados e seduzidos pelas propagandas que circulavam na Amé-

---

12_BRASIL, Lei nº 97, de 5 de outubro de 1892. A liberação para a imigração de japoneses para o Brasil foi alvo de inúmeros protestos racistas pelos eugenistas. Os eugenistas brasileiros defendiam a tese do "perigo amarelo", que a vinda de imigrantes japoneses para o Brasil ameaçava o "melhoramento da raça" por serem degenerados. E também uma ameaça a soberania nacional, devido a expansão do Império japonês.

13_L. M. Schwarcz, op. cit., p. 111.

rica do Norte e exaltavam "oportunidades para todos, sem critério de raça e religião".[14] Diferentemente dos Estados Unidos onde imperava a segregação racial.

Um grupo de negros norte-americanos criou uma empresa chamada Brazilian-American Colonization Syndicate (Sindicato de Colonização Brasileiro-Americano), com o propósito de comprar terras no Brasil e fundar colônias agrícolas no Mato Grosso, para onde posteriormente imigrariam os afro-americanos. Contudo, quando o governo brasileiro descobriu que os futuros imigrantes eram negros, em pouco tempo, o projeto foi vetado. Os estadunidenses negros foram proibidos de receber ou comprar terras, e seus vistos foram negados. Apesar de algumas críticas na imprensa, a decisão não se tornou um absurdo por completo para a opinião pública da época.

A decisão estava nos conformes do pensamento vigente à época, que defendia a grande parte da elite política e econômica brasileira. Tal elite era entusiasta de ideais eugenistas, vide como tal ciência se espalhou com força nas primeiras décadas do século XX e também norteou inúmeras políticas públicas, entre elas a política imigratória.

A quase entrada de afro-americanos no Brasil não se encerrou apenas com a negativa do governo brasileiro em recebê-los. A ojeriza à possibilidade da imigração de indivíduos da raça negra para cá era tão grande que parlamentares se mobilizaram para impedir que novo intento obtivesse sucesso. O decreto nº 528, de 1890, proibia apenas a imigração de africanos, contudo imigrantes negros oriundos de países fora da África poderiam adentrar. Mediante a essa lacuna, os deputados federais Cincinato Braga (SP) e Andrade Bezerra (PE) elaboraram o projeto de lei que estabelecia:

> Projeto de lei (1921)
> Art. 1º. Fica proibida no Brasil a imigração de indivíduos humanos das raças de cor preta.

14_T. M. Gomes, "Problemas no paraíso: a democracia racial brasileira frente à imigração afro-americana (1921)", *Estudos Afro-Asiáticos*, 2003.

Art. 2º. Os que transgredirem esta lei serão expulsos do território nacional.[15]

No corpo do projeto de lei, o racismo ficou ainda mais explícito não se limitando a proibir apenas os africanos de entrar no país, mas incluindo no corpo do texto a "cor preta", evidenciando ainda mais a aversão aos negros. O famigerado projeto de lei não avançou,[16] porém ele revelava como a eugenia e o racismo estavam presentes em parte dos agentes públicos brasileiros que buscavam de toda forma evitar a entrada de indivíduos "degenerados" em terras brasileiras.

A política imigratória forjada a partir do racismo científico não se encerrou com a queda da Primeira República (1889-1930). A Revolução de 1930[17] alterou os rumos do país, levando um novo grupo ao poder, liderado pelo gaúcho Getúlio Vargas. O caudilho sulista permaneceu no poder por quinze anos ininterruptos, apesar de mudanças, do alijamento de parte das elites econômica e da política paulista do poder. No que tange ao racismo e à eugenia na política imigratória, esses permaneceram vigentes.

Em 1934, uma nova Constituição foi promulgada, a segunda republicana, a Constituição de 1934 (primeira eleição com participação de mulheres). Nessa nova carta constitucional foram estabelecidas cotas para imigração de estrangeiros. Apesar de não citar como nos decretos anteriores os termos "africanos" ou "negros", o texto estabelecia que apenas 2% do fluxo de entrada de cada nacionalidade que havia emigrado para o Brasil nos últimos cinquenta anos poderia entrar. Em suma, para africanos não haveria possibilidade de entrada, já que desde 1890 esses estavam proibidos de imigrar para nossas terras.

15_Ibid., p. 309.

16_No ano de 1921, entrou em vigor o decreto nº 4.247, que versava sobre o impedimento à entrada no Brasil de estrangeiros mutilados, aleijados, cegos, loucos, portadores de moléstias, prostitutas e pessoas com mais de sessenta anos.

17_Em 1930, a Primeira República Brasileira foi derrubada por uma revolução liderada pelas elites de Minas Gerais, Rio Grande do Sul e Paraíba, e colocou Getúlio Vargas como presidente provisório

Já nos anos finais da Era Vargas, um novo decreto foi responsável por manter em vigor uma política de imigração fundamentada no racismo e na eugenia. O Decreto-lei nº 7.967 de 1945:

> Art. 1º. Todo estrangeiro poderá entrar no Brasil desde que satisfaça as condições estabelecidas por esta lei.
> Art. 2º. Atender-se-á, na admissão dos imigrantes, à necessidade de preservar e desenvolver, na composição étnica da população, as características mais convenientes da sua ascendência europeia, assim como a defesa do trabalhador nacional.[18]

Nesse decreto, nos últimos dias da ditadura varguista, novamente a eugenia e o racismo aparecem de forma categórica, apresentando como até meados do século XX o Brasil expressava em lei a sua predileção por imigrantes europeus. Ao final do segundo artigo, a defesa da entrada de imigrantes de "ascendência europeia".

A Primeira República brasileira e a Era Vargas não produziram mais racismo institucionalizado e leis racistas do que o período imperial, que foi o regime político responsável pelo maior tráfico de pessoas escravizadas no século XIX. Também é importante mencionar que no período imperial foram aprovadas leis como a Lei nº 1, de 1837,[19] na província do Rio de Janeiro, que proíbia filhos de escravizados e de africanos de frequentarem escolas públicas primárias, entre outras legislações claramente racistas.

O racismo e a eugenia foram proeminentes no jovem regime republicano, sendo fundamentais para implementação de políticas públicas racistas. A busca pela constituição de um país racialmente branco, objetivando o progresso da nação, foi colocada em prática por agentes do Estado brasileiro, em uma conjuntura em que parte significativa da

---

18_BRASIL, Decreto-lei nº 7.967, de 18 de setembro de 1945.

19_A Lei nº 1, de 1837 aprovada na Assembleia Legislativa do Rio de Janeiro estabeleceu a proibição de estudo nas escolas primárias públicas de escravizados e pretos africanos mesmo que livres e libertos. Ver: P. J. S. Sousa, "Lei nº 1 de 1837, e decreto nº 15 de 1839, sobre instrução primária no Rio de Janeiro", *Revista História da Educação*, jul./dez. 2005.

elite brasileira era seduzida por ideais eugenistas e, portanto, não mediu esforços para impedir a entrada de imigrantes de "raças inferiores", sobretudo negros e africanos.

Mergulhar nos meandros dessa história ultrajante do Estado brasileiro é revelar as camadas racistas que atravessaram o regime colonial lusitano nas Américas, o período monárquico e, por fim, o regime republicano. Na direção contrária ao que a Ciência Política aponta, a República ("coisa pública", "coisa de todos", no grego) foi apropriada por uma elite racista que tinha como propósito produzir controle social sobre a população negra e indígena, além de promover o branqueamento da população.

A nossa vizinha Argentina, que desde a sua emancipação política no início do século XIX era uma república, também não mediu esforços para branquear sua população e eliminar os povos negro e originário. Lá, a política foi mais bem-sucedida, vide os números atuais de negros e indígenas nos censos populacionais da nação platina. Aqui, tal política foi colocada em prática, porém sem alcançar o mesmo sucesso e, obviamente, com contingentes populacionais indígenas e negros em tamanho muito maior.

O fato do insucesso do branqueamento no Brasil não nos exime de aprofundarmos e revelarmos as profundas camadas desse ultraje histórico e, especialmente, pensarmos o que e como foi a fundação da nossa República e as políticas públicas ensejadas por ela. Ao mesmo tempo, precisamos refletir sobre os efeitos deletérios produzidos por tais políticas públicas colocadas em prática durante mais de meio século.

A nação mais negra fora da África buscou, durante décadas, eliminar os seus negros, promovendo ações concretas. Dito isso, temos o romance do escritor e partidário da eugenia, Monteiro Lobato, um sonho ou uma sugestão para efetivar o branqueamento. O romance *O presidente negro,*[20] publicado em 1938, discorre sobre uma ação dos

20_A obra *O presidente negro* é o único romance adulto de Monteiro Lobato. No livro, de ficção o autor discorre sobre a história do primeiro negro a ser eleito presidente. Após a eleição a população branca se organiza para evitar que uma nova vitória ocorresse e a partir da criação de um xampu que alisava os cabelos dos negros. O xampu tinha como efeito tornar os usuários inférteis, dessa forma controlando e impedindo os negros de se reproduzirem. Cf: M. Lobato, *O presidente negro* [Romance do choque das raças], 1926.

eugenistas ianques para eliminar a população negra de seu país, em que xampus eram vendidos para os negros alisarem os cabelos e, por conterem veneno, foram responsáveis por matar a população negra.

Dessa maneira, podemos interpretar o romance do escritor paulista como um sonho do que os eugenistas queriam ou como uma solução para resolver aquilo que a política do branqueamento falhou. Figuras como Monteiro Lobato e outros eugenistas brasileiros defenderam e incentivaram ideais execráveis, como os que consta no famigerado livro.[21] Isso revela como os eugenistas buscaram, de inúmeras maneiras, expor suas ideais racistas e também inserir no corpo das leis os parâmetros para alcançar um "Brasil alvo".

Como defende Silvio de Almeida,[22] a Primeira República institucionalizou o racismo, uma tecnologia de poder e de controle social sobre os corpos negros. A ampla legislação em diferentes governos revela a continuidade de um projeto nacional que buscava modernizar o país e elevar a nação ao desenvolvimento. Entretanto, tal caminhada tinha como princípio norteador excluir os negros, limpar a pátria das ditas raças inferiores e, sobretudo, o Código Penal combater as práticas, rituais e demais manifestações advindas dos "degenerados". A imigração constituiu uma das áreas em que esse projeto de Brasil "branco" foi implementado, revelando as camadas racistas da República brasileira e demonstrando que esta não era uma "coisa de todos".

REFERÊNCIAS

ALMEIDA, Silvio Luiz de. *Racismo estrutural*. São Paulo: Jandaíra, 2016.

BRASIL. Constituição (1891). *Lex: Constituição dos Estados Unidos do Brasil, de fevereiro de 1891*. Disponível em <https://www.planalto.gov.br/ccivil_03/constituicao/constituicao91.htm>. Acesso em 2 jul. 2024.

21_L. T. Tramontina; F. A. Meglhioratti, "Ciência, ideologia, literatura e eugenia: aproximações entre as ideias biológicas de Renato Kehl e o discurso científico do livro *O presidente negro*, de Monteiro Lobato", Investigações em Ensino de Ciências (online), 2020.

22_S. L. de Almeida, *Racismo estrutural,* 2016.

_______. Decreto nº 528, de 28 de junho de 1890. Regularisa o serviço da introducção e localisação de immigrantes na Republica dos Estados Unidos do Brazil. *Coleção de Leis do Brasil, 1890*, vol. 1, fasc. VI, p. 1.424. Disponível em <https://www2.camara.leg.br/legin/fed/decret/1824-1899/decreto-528-28-junho-1890-506935-publicacaooriginal-1-pe.html>. Acesso em 2 jul. 2024.

_______. Decreto-lei nº 7.967, de 18 de setembro de 1945. *Diário Oficial da União*, seção 1, 06/10/1945, p. 15.825. Disponível em <https://www2.camara.leg.br/legin/fed/declei/1940-1949/decreto-lei-7967-18-setembro-1945-416614-publicacaooriginal-1-pe.html>. Acesso em em 2 jul. 2024.

_______. Lei nº 97, de 5 de outubro de 1892. *Coleção de Leis do Brasil, 1892*, vol. 1, p. 104, Disponível em: <https://www2.camara.leg.br/legin/fed/lei/1824-1899/lei-97-5-outubro-1892-541345-norma-pl.html>. Acesso em 2 jul. 2024.

OLIVEIRA, Nathalia Fernandes de. A repressão policial às religiões de matriz afro-brasileiras no Estado Novo (1937-1945). 2015. Dissertação (Mestrado em História Social). Universidade Federal Fluminense – UFF, Niterói-RJ, 2015.GOMES, T. M. "Problemas no paraíso: a democracia racial brasileira frente à imigração afro-americana (1921)", *Estudos Afro-Asiáticos*, Rio de Janeiro, vol. 25, n. 2, p. 307-331, 2003.

LOBATO, Monteiro. *O presidente negro* [Romance do choque das raças]. São Paulo: Companhia Editora Nacional, 1926.

OLIVEIRA, Nathália Fernandes. *A repressão policial às religiões de matriz afro-brasileiras no Estado Novo (1937-1945)*. Dissertação de mestrado em História. Niterói: Instituto de Ciências Humanas e Filosofia da Universidade Federal Fluminense, 2015.

SCHWARCZ, Lilia Moritz. *O espetáculo das raças: cientistas, instituições e questão racial no Brasil (1870-1930)*. São Paulo: Companhia das Letras, 1993.

SOUSA, P. J. S. "Lei nº 1 de 1837, e decreto nº 15 de 1839, sobre instrução primária no Rio de Janeiro", *Revista História da Educação*, Pelotas, n. 18, p. 199-205, jul./dez. 2005. Disponível em <https://seer.ufrgs.br/index.php/asphe/article/view/29135/pdf>. Acesso em 2 jul. 2024.

STEPAN, Nancy. *A hora da eugenia: raça, gênero e nação na América Latina*. Rio de Janeiro: Fiocruz, 2005.

TRAMONTINA, Leonardo Turazzi; MEGLHIORATTI, Fernanda Aparecida. "Ciência, ideologia, literatura e eugenia: aproximações entre as ideias biológicas de Renato Kehl e o discurso científico do livro O presidente negro, de Monteiro Lobato". *Investigações em Ensino de Ciências* (online), vol. 25, n. 1, p. 213-238, 2020. Disponível em <https://doi.org/10.22600/1518-8795.ienci2020v25n1p213>. Acesso em 2 jul. 2024.

Cais da Imperatiz.

FOTOGRAFIA DE CESAR BARRETO

CAIS DO VALONGO

PATRIMÔNIO, REPARAÇÃO E TRANSFORMAÇÃO SOCIAL

Milton Guran

O reconhecimento da cultura de matriz africana como patrimônio histórico, artístico e cultural tem sido uma luta desde que essa noção entrou no universo das políticas públicas, com a criação do Serviço do Patrimônio Histórico e Artístico Nacional (Sphan), atual Instituto do Patrimônio Histórico e Artístico Nacional (Iphan), em 1937.[2]

De fato, o Brasil estava apenas há duas gerações do fim do maior e mais longo regime escravocrata das Américas quando o Sphan foi criado, profundamente marcado pelo ranço escravagista das elites, presente até os nossos dias.

Durante três séculos e meio, o Brasil foi o destino de mais de 4 milhões de africanos escravizados, mão de obra imprescindível para realização do projeto colonial português, que se estendeu pelo Império e além. A contrapartida foi que a ampla maioria da população brasileira no século XIX fosse constituída por africanos escravizados ou livres e seus descendentes. Essa situação foi objeto de várias medidas governamentais durante o Segundo Império, que modificaram em muito a relação demográfica, mas não impediram que hoje, no século XXI, o Brasil tenha a segunda maior população nacional negra do mundo, representando mais da metade da população total do país. O objetivo daquelas medidas era não apenas promover um branqueamento demográfico, mas, sobretudo, construir uma memória social e histórica europeizada e, assim, promover a sistemática desvalorização e mesmo o apagamento do aporte africano à construção da nacionalidade.

Foi somente com a Revolução de 1930 que o país entrou, de fato, no século XX, quando a República se consolidou em um projeto de refundação do Estado brasileiro e construção de uma identidade verdadeiramente nacional. Nesse momento, o debate sobre a institucionalização do Estado republicano e da unidade nacional ganhou bastante relevância para o governo Vargas que, entre outras adversidades, havia enfrentado a Revolução Constitucionalista de 1932, em São Paulo, com forte viés separatista.

2_M. Guran, "Sobre o longo percurso da matriz africana pelo seu reconhecimento patrimonial como uma condição para a plena cidadania", *Revista do Patrimônio Histórico e Artístico Nacional*, 2017.

A noção de patrimônio nacional só foi tratada como matéria constitucional na Carta de 1934, já que, até então, qualquer tentativa de abordar a matéria esbarrava no conceito de propriedade privada absoluta, acima, portanto, da ideia de nação. Foi nesse contexto que entramos em uma nova fase de tratamento da matéria, com a implantação do Sphan, que começou a funcionar em 1936, mas foi formalmente criado somente no ano seguinte, semanas depois do advento do Estado Novo de Getúlio Vargas. Seu primeiro presidente foi Rodrigo Mello Franco de Andrade, que lá permaneceu por trinta anos.

O decreto que criou o órgão[3] definia patrimônio histórico e artístico nacional como "o conjunto de bens móveis e imóveis existentes no país e cuja conservação seja de interesse público, quer por sua vinculação a fatos memoráveis da história do Brasil, quer por seu valor arqueológico ou etnográfico, bibliográfico ou artístico". Mencionava ainda, de forma bem vaga, que também poderiam ser consideradas patrimônio, "coisas pertencentes às categorias de artes [...] ameríndia e popular". Não foi considerado que o enorme contingente de africanos pudesse, durante os séculos em que construíram esse país, ter produzido algo que valesse a pena ser destacado e preservado. A matriz africana não foi mencionada nem sequer na categoria "popular".

Na prática e na letra da lei, o que dava materialidade à identidade nacional, com destaque absoluto, eram as edificações e as artes ligadas diretamente à colonização portuguesa e à matriz europeia em geral, pois o patrimônio cultural a ser preservado era entendido como patrimônio material revestido de caráter monumental. Nessa lógica, como os indígenas e africanos não haviam erguido construções monumentais na visão do Estado – para eles próprios, bem entendido, porque ergueram todas as outras – não tinham como participar desse repertório.

Pois é justamente nesse contexto que o Sphan, pouco tempo da sua criação, fez o primeiro registro no Livro de Tombo Arqueológico, Etnográfico e Paisagístico: a dita Coleção Magia Negra, constituída pelas apreensões da Seção de Toxicos e Mystificações [sic] da Polícia do Dis-

---

3_BRASIL, Decreto-lei nº 25, de 30 de novembro de 1937.

trito Federal, em cumprimento ao Artigo 197 do Código Penal Republicano de 1890 que proibia "o espiritismo, a magia e seus sortilégios".[4]

A forma como esse tombamento deixou de considerar os princípios vigentes no órgão e foi realizado de forma sumária, sem justificativa ou identificação correta dos objetos tombados, hoje nos parece evidente, foi a de referendar a percepção negativa das manifestações culturais afro-brasileiras, consubstanciada na criminalização de suas práticas e na apreensão de seus objetos de culto pelo poder público.

Esse tombamento teve, portanto, a clara intenção de servir como prova da ligação da cultura de matriz africana com práticas então consideradas ilegais e associadas ao mal. Desde 2020, porém, graças à mobilização permanente da sociedade civil, as 519 peças da Coleção Nosso Sagrado, como foi renomeada, estão sob a guarda do Museu da República no Rio de Janeiro, onde são estudadas e identificadas por cientistas sociais, historiadores e chefes de culto.

As relações do Iphan com as expressões culturais de matriz africana, desde a sua criação até hoje, foram pautadas por "dinâmicas distintas".[5] A primeira é justamente o momento de tombamento da dita Coleção da Magia Negra, que leva o preconceito ao nível do crime.

A segunda aconteceu quase cinquenta anos depois, em agosto de 1986, quando o Terreiro da Casa Branca de Salvador, o Ilê Axé Iyá Nassô Oká, foi inscrito no Livro do Tombo Histórico e no Livro do Tombo Arqueológico, Etnográfico e Paisagístico. Nesse mesmo ano, a Serra da Barriga, onde se situou o Quilombo de Palmares, também foi inscrita neste último livro e, em 2017 foi também reconhecida como Patrimônio Cultural do Mercosul.

A terceira dinâmica corresponde ao registro de vários bens culturais afro-brasileiros em diferentes livros de registro, a partir de 2000. Os processos culturais e as políticas públicas sofrem com avanços e recuos. Um grande avanço, que possivelmente será visto com o ponto

---

4_A. F. Corrêa, "A coleção do museu de magia negra do Rio de Janeiro: o primeiro patrimônio etnográfico do Brasil", MNEME *Revista de Humanidades*, out./nov. 2005.

5_A. R. Lima, *Patrimônio Cultural Afro-brasileiro: narrativas produzidas pelo Iphan a partir da ação patrimonial*, 2012.

de partida de uma nova fase, foi a proposição da candidatura do Sítio Arqueológico Cais do Valongo a Patrimônio Mundial pela Unesco, feita por um governo de natureza inclusiva. Infelizmente, a esse governo se seguiram dois absolutamente excludentes na esfera federal, com um hiato francamente adverso no âmbito municipal, o que dificultou bastante a implementação das medidas condizentes com o bem tombado pela Unesco.

O Cais do Valongo foi inscrito na lista do Patrimônio Mundial da Unesco, em 2017, por ser o único vestígio material conhecido da chegada dos cativos africanos que ainda existe nas Américas, sendo o mais importante sítio de memória da ancestralidade africana fora da África.

Segundo os dados mais recentes, mais de 10 milhões de africanos chegaram vivos às Américas, sendo que quase a metade, cerca de 4 milhões, veio para o Brasil. Desse enorme contingente de africanos, estima-se que por volta de 60%, ou seja, pelo menos 2,5 milhões de indivíduos, tenham sido comercializados no Rio de Janeiro,[6] o que faz da cidade o maior mercado de escravos da história. Desse contingente, segundo alguns estudos mais recentes, é possível que várias centenas de milhares tenham passado pelo Cais do Valongo.

O cais está localizado na zona do porto, no Rio de Janeiro, na região conhecida como Pequena África, pela forte presença física e simbólica de africanos e de seus descendentes desde o século XVIII. Nessa parte da cidade, em função mesmo da comercialização de escravizados, foram instaladas as primeiras casas de culto de matriz africana e formadas as mais concorridas rodas de capoeira, além de ter sido palco, no começo do século passado, dos encontros de Donga (1890-1974), João da Baiana (1887-1974), Pixinguinha (1897-1973) e Heitor dos Prazeres (1898-1966), que estão na origem do samba que conhecemos hoje.

A história do cais começa com uma lei de 1774, implementada pelo marquês do Lavradio, então vice-rei da colônia, que determinava a transferência dos cativos recém-chegados para o local conhecido como Valongo, fora dos limites da cidade. Naquela época, o desembarque dos

6_SLAVE VOYAGES, *Trans-Atlantic Slave Trade – Database.*

cativos era feito na praia próxima de onde hoje se situa a Praça XV, e a sua comercialização se dava na rua Direita, atual avenida Primeiro de Março, principal logradouro da cidade na época, o que incomodava bastante os demais comerciantes.

Transferido o desembarque para a Praia do Valongo, situada além do mosteiro de São Bento, logo se formou ali um forte núcleo comercial, com o estabelecimento das várias estruturas de apoio ao tráfico, notadamente um local para serem enterrados aqueles que faleciam ao chegar e um lazareto, para abrigar os doentes. Administradas principalmente por ciganos, as inúmeras casas dedicadas à venda de cativos ensejaram a criação de um intenso comércio de bens e serviços ligados às práticas escravagistas. Hoje denominado Complexo do Valongo, constituiu-se no maior mercado de escravos das Américas.

Em 1831, por pressão da Inglaterra, d. Pedro I promulgou a primeira lei proibindo o tráfico, o que levou ao fechamento formal do cais, mas não impediu que o comércio de gentes e seus desdobramentos continuassem florescentes por muitos anos mais. Em 1843, o Segundo Reinado tentou mudar o perfil do bairro ao construir um ancoradouro para acolher a princesa das Duas Sicílias, futura esposa de d. Pedro II, no seu desembarque. Para a ocasião, o arquiteto francês Grandjean de Montigny (1776-1850) desenhou um aparato cenográfico de inspiração neoclássica para envolver o espaço de chegada da futura imperatriz.[7]

O Cais da Imperatriz deu lugar ao Largo ou Praça da Imperatriz, que se transformou na Praça Municipal, ainda no Império. Já na República, ela foi remodelada e rebatizada de Praça Jornal do Comércio. Assim permaneceu por quase cem anos, até que as obras de requalificação da região do porto implicaram em pesquisas arqueológicas que trouxeram de volta o Cais do Valongo. Essas pesquisas são imperativas pela Lei 3.924/61,[8] conhecida como Lei da Arqueologia, que determina que escavações devem ser efetivadas sempre que houver indicativo de vestígios

7_J. Pessoa, "Cais da Imperatriz e Praça Municipal: análise de um espaço público neoclássico carioca", *Anais do Museu Paulista: História e Cultura Material*, 2022.

8_BRASIL, Lei nº 3.924, de 26 de julho de 1961.

históricos e arqueológicos no local. No caso do Cais do Valongo, as escavações tiveram início em 2011, sob a coordenação da prof.ª Tania Andrade Lima do Museu Nacional, Universidade Federal do Rio de Janeiro (UFRJ), e revelaram vestígios do Cais do Valongo e do Cais da Imperatriz.

Nesse processo, mais de um milhão de peças arqueológicas foram achadas e catalogadas, sendo que aquelas diretamente ligadas ao comércio de escravos formam a mais importante coleção do gênero no mundo, hoje sob a guarda da prefeitura, que pretende implementar o Laboratório Aberto de Arqueologia Urbana (LAAU).

A candidatura do Sítio Arqueológico Cais do Valongo a Patrimônio Mundial, por iniciativa da então presidenta do Iphan, Jurema Machado, foi o mais importante ato de reconhecimento da matriz africana por parte do estado brasileiro no plano internacional. Com essa candidatura, um ato de reparação histórica sem precedente entre nós, o Brasil assumiu diante do concerto das nações a sua condição de maior beneficiário do tráfico de africanos escravizados e se comprometeu a reconhecer a importante participação desse contingente na formação da nação.

A redescoberta do Cais do Valongo levou a uma revitalização da cultura de matriz africana no bairro, tendo a prefeitura criado o Circuito Histórico e Arqueológico da Celebração da Herança Africana, composto de seis locais de relevância ligados ao tema. Também ganhou destaque o prédio conhecido como Docas Pedro II, atualmente renomeado Docas André Rebouças, por ter sido construído pelo engenheiro negro André Rebouças. Docas foi a primeira grande obra civil do país realizada sem mão de obra escravizada e, no futuro, deverá abrigar um centro de interpretação do cais e o LAAU.

Outro destaque de primeira grandeza na região é o Instituto de Pesquisa e Memória Pretos Novos (IPN), instalado no antigo cemitério onde foram enterrados os cativos que morriam ao chegar. O IPN foi pioneiro na região e promoveu e ainda promove o maior número de cursos e formação de guias para visitas comentadas ao Cais do Valongo e região, além de manter aberta para visitação uma exposição permanente com janelas arqueológicas onde podem ser vistos remanescentes do cemitério. O Quilombo Pedra do Sal, por sua vez, é testemunho da ocupação permanente de população afrodescendente na região.

As entidades ligadas à matriz africana vêm se apropriando progressivamente do cais e de sua dimensão simbólica, resgatando a importância da presença da população de matriz africana naquela parte da cidade. São inúmeras as iniciativas de cunho cultural, gastronômico e de entretenimento, além de um crescente turismo de memória, que se desenvolvem em torno do cais e arredores.

Pela sua importância e pelo caráter exemplar de que se reveste, essa candidatura e seu processo de construção merecem ser devidamente destacados.[9]

No plano interno, a candidatura sinalizou a intenção do estado brasileiro de dar seguimento a uma política de reconhecimento da importância do aporte dos africanos e de seus descendentes na constituição da nação brasileira e, consequentemente, prosseguir na implementação de políticas de inclusão social e reparação. No plano externo, a candidatura teve ainda o objetivo de dar um protagonismo de primeira grandeza ao Brasil nos debates inerentes à Década Internacional de Afrodescendentes, estabelecida pela Organização das Nações Unidas (ONU) para 2015-2024, reafirmando a sua condição de segunda maior população nacional negra no mundo.

O valor simbólico de Cais do Valongo adquire um status ainda mais elevado por estar localizado na cidade que recebeu e comercializou o maior número de escravizados que a História conheceu.

Como nenhum outro local fora da África, o Cais do Valongo materializa a dor e o sofrimento causados pelo tráfico de africanos, hoje considerado crime contra a humanidade. Por isso, foi reconhecido pelo Comitê do Patrimônio Mundial como sítio de memória sensível, ou seja, um local que representa a dor extrema causada por uma situação que a humanidade não aceita que torne a ocorrer. Assim como Auschwitz, o Cais do Valongo foi declarado Patrimônio Mundial como um sítio de

---

9_Os propósitos apresentados a seguir fizeram parte da comunicação do autor na Audiência Pública para os Equipamentos de Cultura Afro-Brasileira na Região do Porto da Cidade do Rio de Janeiro, na Assembleia Legislativa do Estado do Rio de Janeiro, em 12/06/2018.

memória sensível. Esse reconhecimento é em respeito às vítimas que por ali transitaram e pereceram, além de sinalizar um evento que a humanidade não aceita que se repita.

Essa candidatura se construiu pela base desde o primeiro momento, quando o cais foi redescoberto e se criou um movimento para garantir que não fosse recoberto, como testemunha a "Carta do Valongo", de junho de 2011, que traz as assinaturas da prof.ª Tania Andrade Lima, coordenadora da pesquisa arqueológica, e de representantes da Fundação Cultural Palmares, Conselho Estadual dos Direitos do Negro (Cedine, RJ), Coordenadoria Especial de Promoção de Políticas de Igualdade Racial (Ceppir, RJ), Instituto de Pesquisa e Memória Pretos Novos e Museu Nacional/UFRJ. Poucos meses depois, por iniciativa do movimento negro organizado, de entidades ligadas à cultura afro e por meio de audiências públicas realizadas pelo Conselho Municipal de Defesa dos Direitos do Negro (Comdedine, RJ), a prefeitura foi instada a envolver a sociedade civil na gestão da Zona Portuária e do Valongo, o que aconteceu com a criação do Grupo de Trabalho Curatorial do Sítio Arqueológico do Cais do Valongo pelo Decreto municipal 34.803/2011,[10] uma vitória do movimento negro e da sociedade civil como um todo.

Neste mesmo decreto foi criado o Circuito Histórico e Arqueológico de Celebração da Herança Africana, com forte protagonismo do Instituto Rio Patrimônio da Humanidade (IRPH). Esse grupo de trabalho curatorial, em julho de 2012, após debater em profundidade as questões relativas à presença dos afrodescendentes na região, encaminhou ao prefeito um documento intitulado "Recomendações do Valongo", do qual fui um dos signatários, listando uma série de propostas e de reivindicações até hoje na maioria não atendidas.

Ainda em 2011, o Comitê Científico Internacional do Projeto Rota dos Escravos, hoje renomeado Rota do Escravo, tirou uma moção de apoio à candidatura do Cais a Patrimônio Mundial.[11] O primeiro passo

---

10_RIO DE JANEIRO, Decreto municipal 34.803, de 29 de novembro de 2011.

11_S. P. Vassallo, "O antropólogo como agente e o processo de patrimonialização do Cais do Valongo no Rio de Janeiro", 2016.

mais efetivo para a construção da candidatura do Cais do Valongo com a realização, em 2012, do Seminário Internacional "Herança, identidade e cultura: gestão dos sítios e lugares de memória ligados ao tráfico negreiro e à escravidão", proposto pelo Projeto Rota do Escravo à Fundação Cultural Palmares. A Unesco estava empenhada em impulsionar o turismo cultural e o Projeto Rota do Escravo – que por três anos consecutivos viria e apoiar formalmente a proposta da candidatura viu aí uma oportunidade de realçar o potencial do Cais do Valongo no campo do turismo de memória ligado à diáspora africana.

A possiblidade de incremento do turismo sensibilizou a administração municipal e levou o embaixador Laudemar Aguiar, então coordenador de relações internacionais da prefeitura, a conseguir que o município arcasse com os custos da reunião do Comitê Científico Internacional do Projeto Rota do Escravo, efetivada em novembro de 2013.

Na seção de abertura dessa reunião, realizada na Academia Brasileira de Letras, o acadêmico e historiador Alberto da Costa e Silva propôs formalmente a candidatura do Cais do Valongo a Patrimônio Mundial. Nesta ocasião, o projeto Rota do Escravo fixou uma placa no cais, a primeira ali colocada, assinalando-o como Lugar de Memória da Diáspora Africana, como fez também no Instituto dos Pretos Novos.

Na inauguração do Centro José Bonifácio restaurado – um evento que fez parte da agenda do Comitê Científico Internacional – Ali Moussa Iye, diretor da Seção de História e Memória da Unesco, teve a oportunidade de tratar da candidatura com o prefeito Eduardo Paes, que reconheceu a importância do Valongo e deixou entender que não se oporia à candidatura desse bem a Patrimônio Mundial. Poucos meses depois, o Iphan e a prefeitura constituíram o grupo de trabalho para elaboração do dossiê, e que foi composto pela historiadora Monica Lima, da UFRJ, indicada pela Fundação Palmares, pela arqueóloga Rosana Najjar, do Iphan, e pelo arquiteto José Pessoa, da Universidade Federal Fluminense (UFF).

O grupo também foi apoiado por um corpo de assessores técnicos de alto nível, do qual fizeram parte os especialistas na história da região, como Cláudio Honorato e Daniela Yabeta; as arqueólogas Guadalupe Campos, Carolina Guedes e Renata Jardim; os arquitetos Guilherme Meirelles Mattos e Paula Donegá; e o fotógrafo João Maurício Bragança. A esses se somaram Til Pestana, do Centro Lúcio Costa do Iphan; Pedro Vicente Bittencourt, da Coordenadoria de Relações Internacionais da Prefeitura; Laura di Blasi, Henrique Fonseca e Juliana Oakin, do IRPH; e Manoela Ganen, da Companhia de Desenvolvimento Urbano da Região do Porto (CDURP). Também foi constituído um conselho consultivo, que reuniu acadêmicos, representantes da sociedade civil e da gestão pública. Vale destacar que foi intensa a participação direta de entidades da sociedade civil estabelecidas na região do porto, como o IPN, em todas as decisões centrais do dossiê de candidatura.

Uma candidatura como a do Cais do Valongo implica em negociações de várias naturezas e em diversas arenas, tanto no plano interno quanto no internacional. Ademais, a sua tramitação atravessou dois presidentes da República, cinco ministros da Cultura, dois prefeitos, dois presidentes do Iphan: Jurema Machado, autora da proposta, e Kátia Borgéa, que concluiu o processo. No que toca à questão administrativa e operacional, a candidatura esteve ligada ao Departamento de Articulação e Fomento do Iphan, inicialmente dirigido por Luiz Philippe Torelli e depois por Marcelo Brito. Aliás, vale notar que, quando o governo de Michel Temer assumiu em 2016, a candidatura do Cais do Valongo já era irreversível e, por essa razão, não foi sequer questionada pela nova administração.

Cabe lembrar que o poder transformador do Sítio Arqueológico Cais do Valongo reside, em grande parte, na sua dimensão simbólica face à diáspora africana, mas ganha ainda mais legitimidade pelo fato de o bem se encontrar em uma região da cidade de tradicional e ininterrupta presença africana, como testemunham o Instituto dos Pretos Novos, denunciando o passado, e o Quilombo Pedra do Sal, trazendo a luta pela reparação até os nossos dias. A isso se soma o fato de o cais ter diante si o prédio Docas André Rebouças. O simbolismo dessa proximidade, onde o cais representa a tragédia e o prédio Docas materializa a superação, contribui de forma expressiva para amplificar a densidade e transcendência ao Patrimônio Mundial.

REFERÊNCIAS

BRASIL. Decreto-lei nº 25, de 30 de novembro de 1937. *Organiza a proteção do patrimônio histórico e artístico nacional*. Disponível em <https://www.planalto.gov.br/ccivil_03/decreto-lei/del0025.htm>. Acesso em 5 jul. 2024.

______. Lei nº 3.924, de 26 de julho de 1961. Dispõe sobre os monumentos arqueológicos e pré-históricos, 1961. *Coleção de Leis do Brasil*, vol. 5, p. 44. Disponível em <https://www2.camara.leg.br/legin/fed/lei/1960-1969/lei-3924-26-julho-1961-353715-norma-pl.html>. Acesso em 5 jul. 2024.

CORRÊA, Alexandre Fernandes. "A coleção do museu de magia negra do Rio de Janeiro: o primeiro patrimônio etnográfico do Brasil", *MNEME Revista de Humanidades*, Rio Grande do Norte, vol. 7, n. 18, out./nov. 2005. Disponível em <https://periodicos.ufrn.br/mneme/article/view/330/303>. Acesso em 5 jul. 2024.

GURAN, Milton. "Sobre o longo percurso da matriz africana pelo seu reconhecimento patrimonial como uma condição para a plena cidadania", *Revista do Patrimônio Histórico e Artístico Nacional*, n. 36, p. 213-225, 2017. Disponível em: <http://portal.iphan.gov.br/uploads/publicacao/revpat_35.pdf>. Acesso em 5 jul. 2024.

LIMA, Alessandra Rodrigues. *Patrimônio Cultural Afro-brasileiro: narrativas produzidas pelo Iphan a partir da ação patrimonial*. Dissertação de mestrado em Preservação do Patrimônio Cultural. Rio de Janeiro: Iphan, 2012.

PESSOA, José. "Cais da Imperatriz e Praça Municipal: análise de um espaço público neoclássico carioca", *Anais do Museu Paulista: História e Cultura Material*, vol. 30, p. 1-27, 2022. Disponível em <https://www.revistas.usp.br/anaismp/article/view/183377>. Acesso em 5 jul. 2024.

RIO DE JANEIRO. Decreto municipal 34.803, de 29 de novembro de 2011. *Dispõe sobre a criação do circuito histórico e arqueológico de celebração da herança africana e o grupo de trabalho curatorial do projeto urbanístico, arquitetônico e museológico do circuito*. Disponível em <http://leismunicipa.is/uaiql>. Acesso em 5 jul. 2024.

SLAVE VOYAGES. *Trans-Atlantic Slave Trade – Database*. Disponível em <https://www.slavevoyages.org/voyage/database>. Acesso em 5 jul. 2024.

VASSALLO, Simone Pondé. "O antropólogo como agente e o processo de patrimonialização do Cais do Valongo no Rio de Janeiro". Trabalho apresentado na 30ª Reunião Brasileira de Antropologia, Antropologia dos Patrimônios e Esfera Pública. João Pessoa, 3 a 6 de agosto de 2016.

SOBRE AS AUTORAS E AUTORES

ANDREA DE LESSA PINTO

Possui graduação em Arqueologia pela Universidade Estácio de Sá, mestrado e doutorado em Saúde Pública com ênfase em Bioarqueologia pela Escola Nacional de Saúde Pública Sergio Arouca/Fundação Oswaldo Cruz (ENSP/Fiocruz), e pós-doutorado pelo Museu Nacional de História Natural e de Ciência/Universidade de Lisboa, em Portugal. É professora associada do Museu Nacional/Universidade Federal do Rio de Janeiro (UFRJ) e docente no Programa de Pós-graduação em Arqueologia. É curadora do acervo arqueológico e responsável pelo Espaço Dedicado de Arqueologia do IPN.

CARLOS EUGÊNIO LÍBANO SOARES

Graduado em História pela Universidade Federal do Rio de Janeiro (UFRJ), com mestrado em História pela Universidade Estadual de Campinas (Unicamp) e doutorado em História Social do Trabalho pela mesma instituição. Professor adjunto da Universidade Federal da Bahia (UFBA). Tem vasta pesquisa em História da escravidão urbana no Rio de Janeiro e Salvador. Vencedor dos prêmios Carioca de Monografia, do Arquivo Municipal do Rio de Janeiro Biblioteca Carioca (1994); Memória Fluminense, do Arquivo Estadual do Rio de Janeiro (1998) e Arquivo Nacional do Rio de Janeiro (2003).

CLAUDIO DE PAULA HONORATO

Possui mestrado em História pela Universidade Federal Fluminense (UFF) e doutorado pela Universidade Federal do Estado do Rio de Janeiro (UniRio). É coordenador do Núcleo de Pesquisas e da Pós-graduação em História da África e da Diáspora Atlântica no Instituto de Pesquisa e Memória Pretos Novos (IPN-RJ), onde leciona as disciplinas Ensino de História da África e História da África Pré-colonial. Autor do livro: *Valongo: o mercado de almas da praça Carioca* (Appris, 2019).

CLÁUDIO ZEFERINO

Mestre em Administração pela Universidade do Grande Rio (Unigranrio), é pesquisador da cultura e ancestralidade do povo bantu e suas influências dentro da macumba e da umbanda. Idealizou e lidera o Quilombo das Almas: Escola de Filosofia e Disseminação de Saberes Espirituais e Civilizatórios de Raiz Bantu. Coordenador do Programa de Mentoria e Orientação Espiritual para Médiuns Umbandistas.

EDUARDO POSSIDONIO

Doutor em História Social pela Universidade Federal Rural do Rio de Janeiro (UFRRJ), com um período na Boston University (BU) como parte do programa de bolsa sanduíche. Professor da Pós-graduação em História da África no Instituto de Pesquisa e Memória Pretos Novos (IPN-RJ) e da rede pública de educação básica do Rio de Janeiro. Desenvolve pesquisa histórica sobre o Acervo Nosso Sagrado, no Museu da República. É autor do livro *Entre ngangas e manipansos: a religiosidade centro-africana nas freguesias urbanas do Rio de Janeiro de fins do Oitocentos (1870-1900)* (Sagga, 2018).

JOÃO CARLOS NARA JÚNIOR

Arquiteto e urbanista formado pela Universidade Federal Fluminense (UFF), doutor em História Comparada pela Universidade Federal do Rio de Janeiro (UFRJ), mestre em Arqueologia pelo Museu Nacional/UFRJ e licenciado em História na Universidade Federal do Estado do Rio de Janeiro (UniRio). Assessor de Patrimônio Cultural do Fórum de Ciência e Cultura da UFRJ. É sócio efetivo do Instituto Histórico e Geográfico do Rio de Janeiro (IHGRJ) e diretor de relações institucionais da Associação Brasileira de Humanidades Digitais (ABHD).

JORGE AMILCAR DE CASTRO SANTANA

Doutor em Ciências Sociais pela Universidade do Estado do Rio de Janeiro, mestre em Ciências Sociais pela Universidade do Estado do Rio de Janeiro e licenciado em História pela Universidade do Estado do Rio de Janeiro (UERJ-FFP). Professor de História efetivo do IFPR, campus Campo Largo e coordenador do NEABI campus Campo Largo. Autor do romance histórico *Desculpas, meu ídolo Barbosa*, lançado em 2021, pela editora Multifoco.

JÚLIO CÉSAR MEDEIROS DA SILVA PEREIRA

Graduado em História pela Universidade do Estado do Rio de Janeiro (UERJ), com mestrado em História Social pela Universidade Federal do Rio de Janeiro (UFRJ) e doutorado em História das Ciências pela Fundação Oswaldo Cruz (2011). É professor adjunto da Universidade Federal Fluminense (UFF) e leciona História da África Antiga, no Instituto de Pesquisa e Memória Pretos Novos (IPN-RJ). É líder do Núcleo de Estudos e Pesquisas Sankofa: relações étnico raciais, memória, cidadania e Direitos Humanos da UFF.

LAURENTINO GOMES

Jornalista formado pela Universidade Federal do Paraná (UFPR), com pós-graduação em Administração pela Universidade de São Paulo (USP). É autor dos livros *1808* (2007); *1822* (2010); *1889* (Globo, 2013) e da trilogia *Escravidão* (2019). Foi oito vezes ganhador do prêmio Jabuti.

MARCELO MONTEIRO

É babalaô, professor, pesquisador, escritor e consultor das tradições culturais de matriz africana iorubá, sacerdote supremo do Àse Ìdásílè Ode e representante do Ìretè Tutu Temple no Brasil, fundador do Centro de Tradições Afro-Brasileiras (Cetrab), Partido Popular de Liberdade de Expressão Afro-Brasileiras (PPLE) e de várias instituições sociais, culturais e políticas. Atualmente, preside nacionalmente o Movimento Axé do Partido Democrático Trabalhista (PDT), para além do sacerdócio e consultoria desempenhados por quase todo o Brasil.

MARCOS COUTINHO

Possui bacharelado em Relações Internacionais pela Pontifícia Universidade Católica do Rio de Janeiro (PUC-Rio) e mestrado em Planejamento Urbano e Regional pela Universidade Federal do Rio de Janeiro (UFRJ). Ministra cursos no Instituto de Pesquisa e Memória Pretos Novos (IPN-RJ).

Atualmente, cursa doutorado em História, Política e Bens Culturais na Fundação Getúlio Vagas (FGV).

MERCED GUIMARÃES DOS ANJOS

É filha de imigrantes da Galícia e de Portugal, nasceu em Botafogo, no Rio de Janeiro, em 1956. Aos 10 anos, foi com a família para região da Gamboa, onde cresceu, morando em diversos cortiços. Completou o segundo grau e começou a trabalhar aos 13 anos de idade em empregos como balconista e com o jogo do bicho até tornar-se empresária. É mãe de três mulheres e presidente do Instituto Pretos Novos desde 2005.

MILTON GURAN

É antropólogo e fotógrafo. Possui mestrado em Comunicação Social pela Universidade de Brasília (UnB), doutorado em Antropologia pela École des hautes études en sciences sociales (EHESS, França), com pós-doutorado na Universidade de São Paulo (USP). Pesquisador do Laboratório de História Oral e Imagem da Universidade Federal Fluminense (LABHOI-UFF). Especialista em cultura da diáspora africana e foi membro do Comitê Científico Internacional do Projeto Rota do Escravo da Organização das Nações Unidas (Unesco) e coordenou o grupo de trabalho responsável pelo dossiê de candidatura do Sítio Arqueológico Cais do Valongo a Patrimônio Mundial, título obtido em 2017.

MONICA LIMA

Professora de História da África do Programa de Pós-graduação em História Social e do Programa de Pós-graduação em Ensino de História do Instituto de História da Universidade Federal do Rio de Janeiro (IH-UFRJ). Coordenadora do Laboratório de Estudos Africanos (Leáfrica) na mesma instituição. Tem longa experiência como docente no ensino de História da África, da diáspora africana e dos africanos no Brasil, em cursos de graduação e pós-graduação. Atualmente, é coordenadora-geral de Projetos de Internacionalização do Arquivo Nacional.

MÔNICA SANCHES

Jornalista formada na Universidade de São Paulo (USP), foi repórter especial da TV Globo durante 31 anos. Vencedora do prêmio Imprensa Embratel de Cultura (2008) com as séries sobre os duzentos anos da vinda da Corte portuguesa ao Rio de Janeiro. Consultora histórica da novela *Nos tempos do Imperador*, indicada ao Emmy em 2022. Realizou a pesquisa e as reportagens das séries sobre o Bicentenário da Independência no *Fantástico* e no *Jornal Nacional*, destacando a participação de negros, mulheres e indígenas neste processo.

REINALDO B. TAVARES

Arqueólogo, historiador e professor de História. Possui mestrado e doutorado em Arqueologia pelo Museu Nacional/Universidade Federal do Rio de Janeiro (UFRJ). Atualmente, é diretor do Departamento de Arqueologia do Instituto de Pesquisa e Memória Pretos Novos (IPN-RJ), onde atua em programas de pesquisa continuada, educação patrimonial e docência da cadeira de Arqueologia da Diáspora Africana no curso de Pós-graduação em História da África e da Diáspora Atlântica.

YNAÊ LOPES DOS SANTOS

Possui bacharelado, mestrado, doutorado em História pela Universidade de São Paulo (USP) e pós-doutorado na Fundação Getúlio Vagas (FGV). Suas áreas de pesquisa tratam da História da Escravidão nas Américas, bem como o estudo das relações étnico-raciais no continente americano e também do ensino de História da África e da questão negra no Brasil, com livros publicados nessas áreas. Atualmente, é professora de História da América da Universidade Federal Fluminense (UFF). É autora dos livros: *Além da Senzala: arranjos escravos de moradia no Rio de Janeiro (1808-1850)* (2010); *História da África e do Brasil afrodescendente* (2017); *Juliano Moreira: o médico negro na fundação da psiquiatria brasileira* (2020) e *Racismo brasileiro: uma história da formação do país* (2022).

Este livro foi editado pela Bazar do Tempo,
na cidade de São Sebastião do
Rio de Janeiro, na primavera de 2024.
Ele foi composto com a tipografia Margem e
impresso em papel pólen bold 70 g/m²,
na gráfica Rotaplan.